한민족 韓民族
바다를 지배하다

• 윤명철 지음

상생출판

한민족韓民族 바다를 지배하다

발행일   2011년 11월 11일
지은이   윤명철
발행처   상생출판
주 소   대전시 중구 선화동 289-1
전 화   070-8644-3161
팩 스   0505-116-9308
홈페이지 www.sangsaengbooks.co.kr
출판등록 2005년 3월 11일(175호)
배본대행처 대원출판 02) 425-5315

ISBN 978-89-94295-28-2 04900
     978-89-94295-27-5 04900 (세트)

ⓒ2011 상생출판
이 책에 수록된 사진들은 저작권 허가를 받은 것입니다.
글과 사진의 복제와 무단 전재를 금합니다.
저작권자를 찾지 못한 작품에 대해서는 저작권자가 확인되는
대로 절차에 따라 허가를 받고 저작권료를 지불하겠습니다.

가격은 뒤표지에 있습니다.

자서(自序)

한민족(韓民族) 바다를 지배하다

사람은 몸과 마음이 함께 간다.
사물도 형태와 성질이 함께 간다.
역사도 과거와 현재 미래가 함께 간다.
그리고 사람과 시간과 공간이 함께 한다.

그래서 다름만이 아니고 같음만도 아니고, 다름과 같음을 함께 갖고 있다.

그래서 서로가 북돋아가며 모자라고 넘치는 부분들을 교류하면 상생한다.

우리 역사?

당연한 일이지만 사람이 육지와 바다를 하나로 여기면서 만들고 가꾸어 온 것이다. 우리 민족이 살아온 터전은 육지만이 아니며, 더더욱 한반도라고 불리는 터만은 아니다. 소위 한반도와 만주일대, 그리고 바다가 모두 삶의 터이다.

우리는 만주의 평원에서 양치기하든, 송화강물에서 물고기를 잡든, 강원도의 백두대간 산골에서 늑대사냥을 하고 약초를 캐든, 호남평야에서 논의 물꼬를 트든 간에, 그리고 동해나 서해에 돛단배를 띄운 채 그물을 드리우든 간에, 하나로 이어진 너른 터에서 함께 살아가던 사람들이다.

그런데도 바다를 버리고, 한동안 멀리하고, 그러다 보니 과거에 바다에서 활동했던 흔적도 사라지고 기억도 잊어버렸다. 사실을 잊고, 잃어버리는 일은 그런대로 참을 만하다. 하지만 사람들을 잊을 수야 없지 않은가? 그렇게 힘겹게 노력하면서 먹을 것을 구하고, 다른 사람들과 경쟁하면서 오늘날의 우리와 역사를 있게 한 그들의 존재마저 잊는다는 것은 양심의 문제가 아닌가?

우리가 살아온 곳은 동아시아의 만주 대륙과 중국지역, 한반도와 일본열도가 있고 그 가운데 동해(타타르해 포함), 남해, 황해, 동중국해라는 바다가 있고, 또 그 모든 움직임의 가운데, 중핵에 한륙도(한반도와 만주대륙의 일부)가 있다. 그래서 나는 이 역사의 터전을 동아지중해라고 명명하고 개념화시켜왔다. 이렇게 보는 역사관을 해륙사관이라고 명명했다.

이러한 자연환경 속에서 우리의 해양활동이 활발했으리라는 것은 너무나 당연한 발상이다. 연구해보니 실제로 우리는 적극적인 해양활동을 했으며, 이를 나라를 발전시키고 삶을 풍요롭게 하는데 최대한 활용하였다. 당연히 국가는 해륙국가를 지향해야 하고, 그러기 위해 해양활동을 활발하게 하는 정책을 추진하였다. 백성 또한 어업에 종사했을 뿐만 아니라 해양을 활용하여 주위의 여러 나라와 무역을 벌였다.

한민족의 전체사를 돌이켜 보면, 해양활동을 활발하게 하고 국가정책에 활용한 시대와 나라는 성공을 거두었고, 그렇지 않을 때는 실패하거나 몰락했다. 고구려는 광개토태왕과 장수왕이, 백제는 근초고왕이, 신라는 진흥왕이, 고려는 왕건이 해륙정책을 성공적으로 수행하여 성공했다. 반면에 고려 말과 조선 중기의 임진왜란, 병자호란 그 뒤를 이은 조선말은 해양활동을 소홀하게 하여 실패하였다.

21세기

이미 바다는 영토이다. 해양력이 국가의 정치력, 군사력은 물론이고, 경제력을 좌지우지하는데 결정적인 요소가 되고 있다. 물류의 통로일 뿐만 아니라 자원의 보고로 주목을 받기 시작했다. 따라서 모든 나라가 해양을 발전시키는 전략을 구사하고 있다. 특히 동아지중해는 한민족, 중국지역, 일본지역이 바다를 가운데 두고 EEZ, 영토분쟁 등을 놓고 경쟁과 갈등이 벌어지고 있다. 해양을 제대로 적극적으로 활용하려면 해양의 가치와 중요성, 메커니즘 등을 알아야 하고, 깊은 관심이 있어야 한다. 그러기 위해선 해양과 연관된 역사를 이해하고 아는 작업은 근본적이다. 더구나 역사가 과거의 사실을 단순하게 밝히는 것이 아니라 과정의 분석을 통해서 성공과 실패의 원인을 알고, 대비책까지 전달할 수 있는 기능이 있다면 더더욱 필요한 것이 아닌가.

필자는 STB 상생방송을 통해 「한민족의 해양활동과 대외진출사」라는 주제로 특강을 하였다. 이 책은 특강의 내용을 대중이 좀 더 쉽게 이해하도록 가다듬은 것이다. 이 책이 많은 분께 우리 민족의 베네핏과 터전 등을 보다 진지하게 이해하고, 앞으로 다가올 민족의 미래를 밝히는 도구로 쓰이기를 바란다.

녹화와 책자작업에 애쓴 STB 제작진과 상생출판사에 감사의 말씀을 전한다.

언제가 올 '상생'의 그날을 꿈꾸며…….

2011년 이른 여름에
윤명철

| 차 례 |

1강
바다를 건넌 우리 민족들(해류사관)　　　　　　9

2강
고구려의 대외진출과 무역망　　　　　　　　　49

3강
동아지중해의 임금 장보고의 해양활동과 재외 신라인들　　101

4강
동해의 겨울 바다를 건넌 발해선단들　　　　　141

5강
해양의 나라 고려의 외교와 국제무역　　　　　185

6강
해양의 나라 고려의 해양활동과 대전쟁　　　　223

한민족의 해양활동과 대외 진출사

1강
바다를 건넌 우리 민족들
(해륙사관)

역사학은 미래학 : 역사학의 궁극적인 목적은 과거의 사실 규명에 그치지 않고, 현실과 미래를 지향하는 것으로서 what(무엇)의 문제를 넘어서 why(왜), how(어떻게) 단계를 포함한다.

해륙사관 : 육지와 바다를 각각 따로 보는 것이 아니라 연결되고 통일적으로 작동하는 하나의 유기체로 보는 역사관

반도사관 : 일본인들이 식민사관의 하나로서 만들어낸 사관. 한민족의 역사의 전체를 반도의 역사로 재단한 역사관

동아지중해(東亞地中海 East Asian-Mediterranean-Sea) : 동아시아 역사활동의 터를 지중해적인 관점에서 보는 이론. 한반도와 만주일대, 그리고 황해, 남해, 동중국해, 동해 타타르해를 포함한 역사영역.

동방문명 : 동아시아 문명은 동방문명, 중화문명, 북방문명으로 구성되어 있다. 동방문명의 범주는 한반도와 만주 일대 및 해양으로 구성되며, 이 터에 살았던 종족들과 그들이 가꾸어온 문화의 총체를 말한다.

1강

바다를 건넌 우리 민족들
(해륙사관)

안녕하세요. 동국대학교에서 역사학을 가르치고 있는 윤명철입니다. 저는 오늘부터 '한민족의 해양활동과 대외진출사'라는 제목으로 6강에 걸쳐서 여러분과 함께 공부하겠습니다. 오늘 첫 강의는 '바다를 건넌 한민족들'이란 제목입니다. 기본적으로 우리나라 사람들은 우리 민족이 해양활동이 활발했다는 사실에 대해서는 잘 모르고 있습니다. 그렇죠?

여러분이 가장 좋아하는 나라가 어느 나라입니까? 우리 역사에서, 물론 사람마다 견해가 다릅니다. 제가 조사해보니까 역시 보편적으로 고구려를 좋아하더군요. 그럼 고구려하면 제일 먼저 떠오르는 이미지는 무엇일까요? 주로 광활한 대륙과 함께 말 타고 달리는 기마민족을 연상합니다. 그런데 꼭 그렇지만은 않습니다. 우리 민족은 기본적으로 해양활동이 활발했습니다. 고구려도 대륙에서 기마 활동을 했지만, 동시에 해양활동도 매우 활발했습니다. 해양활동을 활발하게 해야지만 우리 민족은 대외적으로 진출할 수가 있었습니다.

여러분과 제가 6강을 함께 공부하면서 그동안 잘 몰랐던, 또는 전혀 몰랐던 우리 민족의 해양활동에 대해서 공부할 수가 있습니다.

먼저 역사라는 존재에 관해서 몇 가지 말씀을 드리겠습니다. 저는 역사에 대해서 색다른 생각을 가지고 있습니다. 그 중의 하나는 역사학은 단순히 관념적인 것이 아니고, 집단의 자존심을 지키기 위해서 알아야 하는 것이 아닙니다. 물론 그런 당위와 명분 또한 중요하지만, 그것보다는 우리 실생활에 중요하고, 나아가서는 우리의 생존전략에도 필요하다고 봅니다. 학생들에게는 역사가 중요하고 필요하다는 것을 인식시키기 위해서 이런 이야기를 합니다.

예를 든다면, '부동산에 투자하기 위해서도 역사가 필요하다.' 이렇게요. 그것은 공간의 문제이기 때문입니다. 어떤 곳이 발전할 소지가 있는지, 개발가능성이 큰가를 알 수 있기 때문입니다. 또 한 가지는, 주식투자를 잘하기 위해서도 역사를 공부해야 한다고 이야기하고 있습니다. 왜 그러냐 하면 역시 시간의 문제이기 때문입니다. 시간의 흐름 속에서 가장 결정적인 목을 장악해야 주식투자에 성공할 수 있으니까요. 이렇게 공간적으로나 시간상으로 가장 중요한 곳, 이런 상황과 목을 알려주는 지혜가 바로 역사학이 되겠습니다.

따라서 여러분은 이번 강의를 계기로 역사학은 단순한 관념의 문제가 아니라, 또는 명분의 문제, 또는 자손된 도리로서의 의무가 아니라, 물론 그것은 당연하지만 우리 현실과 직결되어 있고, 미래를 위해 꼭 필요한 절대적이라는 것을 인식하셨으면 좋겠습니다.

여러분에게 제가 가져온 몇 가지 도형을 보여 드리겠습니다. 이 도형을 찬찬히 살펴보면 '아, 역사란 미래학이로구나.' 이런 사실을 알 수 있습니다.

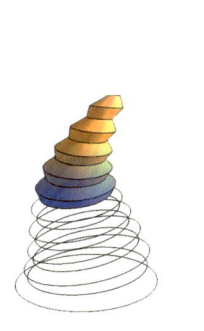 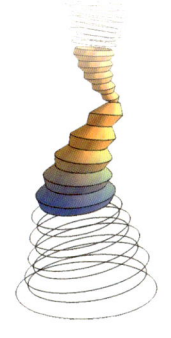 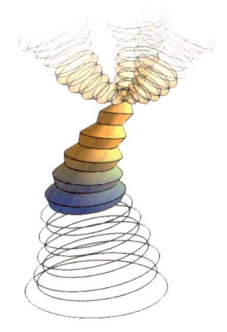

역사는 미래라는 운동과정을 표현한 도형

여기 3개의 도형이 있습니다. 이 다이어그램은 '역사학은 미래학이다.'라는 것을 설명하기 위한 장치입니다. 대부분 이 도형을 보여주면서 무엇 같은가요, 하고 질문하면 보통은 '회오리바람 같다.' 이렇게 답변을 합니다. 그렇게 보일 수도 있습니다. 하지만 사물은 늘 정확하게 봐야 합니다. 뭐든지 사물을 구체적으로 파악해야 하고요, 특히 역사는 정확히 알지 못하면 큰 오류를 범할 수 있습니다. 우리는 사실을 정확하게 보기보다는 통념을, 그것도 남들이 주입한 통념을 갖고 역사를 보고 해석해온 경향이 강합니다. 최근에 한국 사회에는 그런 모습이 적습니다. 감성에 흔들리는 경향이 많은데, 가능하다면 사실을 정확히 보고 분석하는 것이 중요합니다. 형태도 중요하고, 색깔도 중요하고 스타일도 중요합니다. 저는 학생들에게 그런 얘기를 많이 합니다.

그런데 하나, 둘, 셋. 이 세 가지의 도형을 살펴보면 조금씩의 차이가 분명히 있죠? 첫 번째, 두 번째 도형은 생략하고, 세 번째 도형을 갖고 역사학은 왜 미래학인가를 말씀드릴게요.

역사는 과거부터 시작해서 현재까지 쭉 이루어오면서 만들어진 겁니다. 이것이 그 도형인데요(3번째 도형). 그런데 중요한 것은 지금 이 순간에도 우리는 미래와 끊임없이 교신하고 있다는 겁니다. 앞으로 1년 후, 10년 후, 100년 후. 인간은 평균수명이 늘어가기 때문에, 지금 젊은 세대들은 최소한 250살까지도 살 수 있습니다. 그리고 만약에 거기에 좀 더 새로운 각도로 인간이 발전하게 된다면, 그때는 뇌를 유지하면서 또 다른 형태의 인간으로 존재할 수도 있죠. 인간의 수명이란 종잡을 수 없게 됩니다. 인간은 늘 미래를 염두에 둘 수밖에 없는데, 더욱 그렇게 될 수밖에 없습니다. 이제는 정말 먼 미래까지도 염두에 둘 수밖에 없고, 심지어는 미래를 위해 현재가 존재한다고 생각할 정도지요. 그렇지만 미래란 것은 어느 것 하나 정확한 것도 없고, 결정된 것도 없습니다. 늘 불투명하고 불확정적이고, 일종의 카오스(Chaos) 상태인 거죠. 그래서 이렇게 미래로부터 불확실한 생각과 상황들이 현재를 향해 모여들지만, 결국 그 과정에서 몇 개의 시나리오로 압축되고, 그것이 마지막으로 우리 뇌에 입력된다는 겁니다. 그러면 우리는 마지막으로 뇌에 입력된 내용을 가지고, 미래를 인식하는데 이런 것이 역사라는 겁니다.

그러면 이제는 또 다른 도형을 한번 볼까요? 자 이것도 제가 만든 이론을 표현한 겁니다. 역사 속에서 시간의 성격을 이해하고자 만든 겁니다. 여러분, 주름상자를 아십니까? 본적이 있지요?

불탄일이 되면 모든 절에서 연등을 달죠? 연꽃등 말고, 이런 둥글면서 주름이 접힌 모양의 등도 있어요. 수~욱 누르면 평평하게 낮아지고, 좌~악 펼치면 이렇게 높아집니다.

그런데 사람들에게는 이상한 점이 있습니다. 현시대를 살아가는 사람들은 이렇게 복잡한 주름상자를 단순한 평면으로 보려고 합니다. 백 년 전, 이백 년 전, 천 년 전, 만 년 전, 그리고 450만 년까지 인류의 역사가 올라갑니다. 이 엄청나게 긴 기간과 기간 속에 발생한 무한한 사건들을 동북공정이란 것은 중국의 베이징을 중심으로 했을 때, 동북지방에 해당하는 만주, 이 만주지역의 역사에 대한 재해석입니다. 동북변강사지연구중심이 주도한 '동북 변경 역사 현상 공정'이 동북프로젝트가 되는 것이죠. 그런데 이 만주에 대한 역사적 재해석을 원래 그 지역에 살았던 우리를 비롯한, 우리의 방계(傍系)일 수 있는 유목종족들 또는 수렵 삼립 민족들을 주체로 한 것이 아니라 한족(漢族)들을 중심으로 한다는 것입니다. 여러분은 이 부분에 대해서 매우 민감한 반응을 보이셨는데. 동북공정을 계기로 우리는 중국에 불쾌한 감정을 가지게 되었고, 또 중국이 얼마나 위협적인 존재라는 것을 새삼 인식하게 되었습니까? 2002년 3월부터 시작한 동북공정은 유감스럽게도 2003년 6월경에야 한국 사회에 알려지기 시작했습니다. 그리고 2003년 11월 달부터 본격적으로 전 국민이 알게 됐는데, 그때야 비로소 중국이 위협적 존재라는 것을 실감했습니다. 그 이전까지는 몰랐었어요.

그렇다면 중국정부가 이런 것을 몰랐겠습니까? 분명히 알았죠. 한국 사람들이 반발하리란 것을 분명히 알면서도 중국정부는 동북공정이라는 국책사업을 실행한 겁니다. 실제 동아시아 지역의 질서가 재편되고 그런 과정에서 중국의 편을 들 수 있는 유일한 나라가 사실은 우리나라였거든요. 예를 들어 러시아가 중국 편을 들겠습니까? 아닙니다. 일본이 중국 편을 들겠습니까? 아닙니다. 그렇다면 누가 중국 편을 들겠습니까? 그나마 우리가 우호적으로 중국을 대할 수 있었는데, 동북공정을 계기로 이제 중국을 믿질 않습니다. 그런데 중국정부가, 중국의 공산당이 이런 현상들을 예측했으면서도 동북공정을 추진한 이유, 그것은 중국의 국가발전 전략, 아니면 중국의 세계질서전략과 직결되기 때문이죠. 그만큼 역사는 중요한 겁니다. 그러니까 우리는 역사를 알아야 하는데, 아직도 사람들은 우리는 '한반도' 또는 '삼천리금수강산' 같은 용어를 굉장히 긍정적으로 자랑스럽게 생각하지만, 그 용어를 사용하는 순간부터 우리 민족의 역사는 천 년으로 단절이 되는 것입니다. 또 우리 민족의 활동 무대도 이렇게 넓은 지역이 아니라, 압록강과 두만강 아래에서 펼쳐진 조그만 공간으로 규정되는 것이죠.

이것이 일본이 만든 반도사관이고, 식민사관입니다. 일본인들은 철저하게, 교묘하게 또 논리적으로 이렇게 역사를 왜곡했는데, 우리의 근대역사학은 벌써 백 년이 지났음에도, 우리 역사의 활동 무대를 설정하는 단어조차 못 만들고 있어요. 그러니 얼마나 문제가 많겠습니까?

조금 전에 말씀을 드렸는데요. 역사는 말 그대로 생존과 직결되어 있는 것이고, 특히 국가라든가 민족단위에는 매우 중요합니다. 여러분이 너무나도 잘 아시겠지만, 일본이 역사교과서를 1981년도부터 왜곡하기 시작했습니다. 그리고 최근 들어서 임나일본부와 연관해서 "이제 임나일본부는 교과서에 꼭 반영하지 않아도 된다."라고 발표했습니다. 이것은 후쇼사(自由社)에서 나온 책 한 권을 놓고 이야기한 겁니다. 그 기사를 보면서 임나일본부 문제가 해결되었다고 모두가 좋아했었지요? 그런데 채 한 달도 되지 않아서 독도를 자기 영토라며, 아이들이 보는 교과서에 수록했다는 겁니다.

그럼 일본이 우리 민족의 감정을 굉장히 거슬려가면서까지 역사를 왜곡하는 이유는 무엇일까요? 그것은 역사가 국가의 이익과 직결되어 있음을 반증하는 것이죠. 우리는 다시 생각해야 합니다. 여러분이 잘 아시는 동북공정을 어렵게 생각하실 필요가 하나도 없습니다. 지도를 한번 보도록 할까요?

맞습니까, 한반도라는 용어가? 제가 너무 상식적인 질문을 던지니까 오히려 답변을 제대로 못 하고 계세요. 우리는 이 땅을, 역사의 무대를, 터를 한반도라고 부르고 있습니다. 그럼 다시 질문을 드리겠습니다. 여러분은 한반도라는 용어가 우리 역사를 규명하는데 적합한 단어이고 개념이라고 생각하십니까? 우리 역사는 최소한도 3,500년 이상이 됩니다.

여러분은 지난 시간에 요하문명과 연관해서 강의를 들었을 거라고 생각됩니다. 굳이 '요하문명론'과 연관시키지 않더라도, 가장 평범하고 무난하게 계산하더라도 우리 민족의 최초국가는 기원전 15세기까지 올라갑니다. 물론 더 올라갈 가능성도 있습니다. 그리고 그 이후에 원조선의 뒤를 이어 고구려라는 나라가 있었고, 또 그 뒤를 이어서 발해라는 나라가 있었습니다. 그런데 그 나라들이 있었던, 활동했던 지역은 현재 우리가 사는 한반도가 아니죠? 그 국가들은 한반도의 중부부터 시작해서 만주 전체를 차지하고 있었습니다. 그런데 왜 우리는 역사의 무대로서 한반도라는 용어를 사용하고 있는 것이죠? 일단, 거기서 의문을 가지지 않으면 안 된다는 겁니다. 분명히 말씀드리지만, 한반도란 용어를 처음 만든 사람들은 우리가 아니라 일본인들입니다. 일본인들이 조선반도라는 용어를 썼어요. '조선반도'라는 용어와 개념을 이용해서 조선반도의 역사를 편찬하기 시작했습니다. 일본인들이 우리 역사를 왜곡시키기 위해, 또 역사 왜곡을 통해서 우리 민족을 더욱 쉽게 식민지화시킬 목적으로 만든 이론이 '반도사관'이 되겠습니다.

그러니까 '한반도'란 용어 속에서는 '우리 민족은 반도의 숙명을 가질 수밖에 없다.'라는 '반도적 숙명론'이 나오게 됩니다. 그리고 또 우리를 반도인이라고 부르며 반도인들이 가질 수밖에 없는 나쁜 성격을 가지고 있다고 세뇌시켰던 겁니다.

현시대인들의 역사인식을 표현한 도형

이렇게 압축시켜서 오로지 동시대적인 관점에서 보게 됩니다. 이렇게 되면 인간은 과거도 없고, 미래도 없고, 오로지 현재만이 존재할 뿐입니다. 그런데 만약 거꾸로 해석하면 주름상자를 펴면 과거는 물론이지만 먼 미래까지도 연결될 수 있습니다. 주름상자를 펼치면 주름 속에 감추어졌거나 사라졌던 사건과 사람들이 모양을 되찾으면서 되살아나게 됩니다. 그러면 우리는 어느 정도 사실을 찾거나 볼 수 있게 됩니다. 이렇게 과거로부터 현재를 거쳐 미래까지 단절 없이 이어지게 하는 것이 역사라고 봅니다. 인간과 다른 생물과의 다른 점입니다.

그런 의미에서 이런 도형을 통해서 역사라는 것은 단순한 현재적인 것이 아니라 미래를 지향하는 것이고, 과거도 압축된 것이 아니라, 이렇게 주름상자를 주~욱 펴서 이 속에 숨어 있는 다양한 존재들, 그들이 만들었던 다양한 사건과 경험들, 이런 것을 그대로 찾아내어 그들과 더불어 같이 살아가고자 하는 것이라고 주장합니다. 이런 관점에서 우리 역사를 다시 봐야 합니다. 이것은 시간의 문제인데, 공간, 즉 지역 또한 마찬가지라고 봅니다. 제가 조금 전에 말했듯이 우리 역사는 단순히 육지 위의 역사가 아니라, 육지와 해양을 연결해서 포함하는 것이었습니다. 여러분은 우리가 살고 있는 이 터를 어떤 용어로 부르십니까? (한반도~)

우리역사지도(윤명철 제작)
동북공정에 맞서 필자가 우리역사 바로찾기 일환으로 MBC〈!느낌표〉와 제작한 역사지도. 해
류사관이 표현되어 있다.

역사를 관념적으로 이해한다는 겁니다.

자, 다시 한 번 제가 만든 이 지도를 보시죠. 한반도와 함께 대륙도 우리의 역사라고 주장을 하는 겁니다. 이런 주장은 과거에 백암 박은식 선생, 단재 신채호 선생부터 시작해서 많은 분이 하셨던 겁니다. 역사적 자존심이 강한 분들은 우리 역사는 반도의 역사가 아니라 대륙이다. 그래서 '대륙사관'이란 역사관을 만들어냈는데, 저도 심정적으로는 동조했었습니다. 대륙사관도 맞습니다. 나중에 보완설명을 해 드리겠는데요. 하지만 여러분은 사실을 있는 그대로를 봐야 됩니다.

분명히 여기는 현재 한반도이고, 여기는 대륙이 있는데, 나머지 부분은 대부분 푸른색으로 칠해져 있네요. 바다입니다. 우리 역사에서 바다는 없었습니까? 삼면이 바다이기 때문에 한반도라는 용어를 즐겨 사용했는데, 왜 정작 바다에서 우리 민족이 활동했다는 사실은 구체적으로 인식하지 못하고 있죠? 삼면이 바다였다면, 해양을 최대한 활용해서 우리 민족을 발전시키거나 또는 국가발전전략을 수립한다거나, 심지어는 전쟁준비나 동원체제를 수립했을 겁니다. 심지어는 모든 나라가 해군력을 강화시켰을 겁니다. 그런데 준비를 안 했어요.

저는 역사학계에서는 처음으로 해양의 존재에 대해 주목하면서 '해양사관'이란 용어를 썼어요. 해양적 입장에서 역사를 바라볼 필요가 있다. 그래서 저는 반도사관을 극복하는 대안으로서 해양사관이라는 용어를 썼었는데, 그런데 조금 더 공부하다 보니, 제가 실수했다는 것을 알게 되었어요. 제가 무슨 실수를 했는지 여러분 금방 알아차리셨죠?

자, 보세요. 반도사관은 결국은 반도의 역사죠? 대륙사관은 대륙의 역사죠? 해양사관은 해양의 역사죠? 그런데 실제로 우리의 역사는 말 그대로 한반도와 대륙, 그리고 해양을 전부 포괄하는 역사 아니겠습니까? 물론 역사관이란 것은 관점에 따라 다양하게 만들어질 수 있습니다. 시대에 따라서, 역사활동의 주체에 따라서, 또는 주된 생산양식에 따라서 등등 여러 가지 기준에 따라서 달라질 수 있습니다. 저는 앞에서 예를 든 반도사관, 대륙사관, 해양사관 같은 지역, 지형 또는 공간을 기준 틀로 하나의 사관을 다시 만들었습니다. 해양과 육지를 동시에 포괄하는 역사관!

자, 저는 어떤 용어를 만들었을까요? 여러분도 생각해보세요. 용어는 누구나 만들 수 있습니다. 용어와 이론은 누구나 만들 수 있는 권리가 있고, 또 지식인에게는 만들지 않으면 안 되는 의무입니다. 우리 역사를 해석하면서 이제는 남의 평가와 기준에 맡길 수가 없어요. 일본인이나, 중국인이나, 아니면 서양인들에게 맡길 하등의 이유가 없고, 그렇게 해서도 안 됩니다. 그들은 그들의 눈으로 볼 뿐입니다. 우리의 눈으로, 우리의 귀로, 우리의 가슴으로 우리 역사를 바라보는 것이 바른 태도입니다.

어떻습니까? 너무도 쉬운데요.

육지와 바다를 포함하는 역사. 모든 것을 유기적으로 연결하고자 하는 우리의 사상, 마치 단군신화에 등장하는 천부인 3개, 삼족오의 다리 세 개처럼 3의 원리가 작동하는 것. 우리 모든 사람이 주장하는 만물일체원리. 모든 것의 조화. 모든 것의 합일, 상생, 이런 관점으로 생각해보세요.

바로 '해륙사관'이 되겠습니다. 처음에는 아무래도 육지가 중요하고 비중이 크니까 육지를 앞에 놓고 '육해사관'이라고 잠정적으로 생각해봤어요. 그런데 육해사관이라고 하면 어감이 좀 이상하잖아요, 그렇죠? 그래서 '할 수 없지 뭐, 그럼 해륙사관이라고 불러볼까? 해륙', 너무나 자연스러운 거예요. 이렇게 해서 우리 역사를 바라보는 관점을 해륙사관이라고 명명을 한 겁니다. 우리 역사를 바라볼 때는 육지뿐만 아니라, 대륙과 해양을 하나의 유기체로 보는 해륙사관으로 봐야겠구나, 이렇게 결정을 내리게 된 겁니다. 이러한 시각으로 보면 우리 역사의 활동 무대는 더 넓어집니다. 이렇게 아주 넓어졌습니다.

그리고 또 한 가지, 조금 전에 제가 '유기체'라고 말을 사용했습니다. 지구역사 이래 모든 생명체의 진화과정에서, 최종 결정체가 인간 아니겠습니까? 35억 년 전부터 지구 상에는 생명체가 탄생했습니다. 그 모든 진화의 결정체가 바로 인간입니다. 가장 완벽한 겁니다. 인간은 유기체의 맨 꼭대기에 놓인 완벽한 존재이고, 내려가면서 나머지 모든 것들이 유기체에 해당합니다. 그렇다면 '인간이라는 최고의 유기체를 중심으로 모든 유기체가 모여, 다른 무기체들과 작동하며 만들어낸 총체'가 결국은 역사 아니겠습니까? 무기체만 움직인 것은 '자연사(自然史)'입니다. 또 일부 유기체만 만나도 자연사입니다. 그런데 인간을 포함해서 모든 것들이 만나서 이루어진 것은, 말 그대로 완벽한 의미의 유기체란 겁니다. 그렇다면 역사라는 것도, 또는 역사의 산물인 가정, 씨족, 부족, 종족, 민족, 국가, 나아가 인류까지도 유기체적 성질이 있어야 하지 않을까요? 저는 그렇게 생각합니다. 그렇게 생각하지 않는 분들이 있습니다. 현대 한국사회에는 그런 분들이 다수였어요. 특히 18C 이후의 세계사는 그런 조류가 주류였고, 동아시아는 그것을 모방해왔습니다. 그런데 그 이전에는 서구인들도 그랬지만, 특히 이쪽 동아시아지역에서는 모든 것이 살아 있고, 모든 유기적으로 연결된 하나의 틀 속에 있다고 보았습니다.

고구려 오회분 5호묘의 삼족오

일본 축구협회의 엠블렘

모든 것이 살아서 움직인다고 보니까, 역사를 단순히 사건이나 지식의 파편 또는 파편들을 계량적으로 조합해놓은 것이 아닌, 말 그대로 살아 있는 생명체 덩어리라고 보는 것이죠. 이를테면 DNA 구조가 여러 가지 염기가 모여 나선형을 만들어가면서 운동하듯 역사를 하나의 살아 있는 생명체로 보는 겁니다. 그런 경우, 우리는 역사를 굉장히 소중하고 고귀한 것으로 느끼게 됩니다. 역사를 단순하게 생각하는 것이 아니라 매우 경건하게 바라보는 것이죠. 그렇죠?

여러분이야 원래 그런 생각을 하는 분들이지만, 그렇지 않은 분들로서는 제 이야기를 듣게 되면, '아, 그렇게도 역사를 볼 수가 있나?' 이렇게 생각할 겁니다. 당연히 우리가 살아온 터, 산천은 소중합니다. 풀 한 포기, 작은 돌맹이, 바람 한결, 다 소중하죠. 그리고 우리 주위에서 보고 만나는 보통사람들도 중요하고요. 역사상에 사라져간 많은 사람도 중요하고 소중하다는 것을 자연스럽게 인식하게 되면서, 인간은 이 우주를 하나로 인식하게 된다는 겁니다. 이런 인식이 필요합니다.

또 한 가지는 유기체이기 때문에. 유기체가 갖춘 특성 가운데 하나는 뭡니까? 계속 움직이는 것이죠? 유기체는 어떤 형식이나 모습으로 움직이지 않으면 안 되는 것입니다. 바위는 모르겠습니다만 거대한 바위산을 제외한 모든 것들은 부지런히 움직이고 있거든요. 사실은 눈에 뜨이지 않을 정도로 작은 흙 알맹이 하나도 역동적으로 움직이고 있죠. 유기체는 움직이지 않으면 존재할 수 없습니다. 이때 움직임이란 것은 자체적으로도 생리적으로 운동에너지가 발생하는 면도 있지만, 존재가 구성되기 위해서는 주변 상황이 끝없이 변하니까, 거기에 대응, 조응, 적응하기 위해서라도 움직이지 않으면 안 됩니다. 그러니까 모든 유기체는 이중의 운동을 할 수밖에 없고, 그 합인 역사는 매우 역동적으로 움직이게 된다는 겁니다. 그렇다면 우리 역사도 다른 민족의 역사처럼 당연히 능동적이고 역동적이어야죠.

해모수호 1983년 대마도 북쪽해안에서 찍은 사진

그런데 여러분이 그동안 배워왔던 역사, 여러분은 좀 다르겠습니다만, 나이 드신 분들이 배웠던 우리 민족의 성격, 우리 민족의 역사는 어땠습니까? 우리는 한 번도 남을 침략해본 적이 없다고 배웠습니다. "평화를 너무나 사랑했기 때문에, 천여 회에 달하는 침략을 받아왔음에도 한 번도 침략한 적이 없다."라고 자랑스럽게 배웠습니다. 인간이 평화를 사랑하는 것은 당연하죠? 그렇다고 우리가 일본에 의해서 식민지가 돼도 좋습니까? 그렇지 않잖아요.

앞으로 어떻게 될지도 모르는 것이고. 평화는 사랑하지만, 우리 역사를 수동적으로, 쇄국적으로, 방어적으로 생각할 필요는 없다는 겁니다. 능동적으로, 적극적으로 생각해야 합니다. 저는 우리 민족이 대외적으로 진출을 많이 했다고 보는 사람입니다. 얼마 전에 한·일간에 역사 갈등을 일으키는 '임나일본부' 때문에 문제가 다시 발생했을 때 신문칼럼을 쓰며 이런 얘길 했습니다. "임나일본부가 한반도 남부지역에 없었다고 주장하는 것은 좋은데, 우리가 일본의 그런 의견을 결정도 아니고 의견을 표현을 좋다고만 받아들이고만 끝낼 수는 없다."라고 썼어요. 그것은 '사실(fact)'이지만 우리 민족이 일본열도로 건너가 진출하고, 개척한 것도 사실입니다. 그런 부분들은 왜 연구하지도 않고 가르쳐주지 않죠? 그래도 과거에 비하면 최근에는 나아진 경향이에요.

저는 1982년 11월에 대한해협에 해모수라는 뗏목을 띄워서 일본열도로 항해한 적이 있습니다. 그런데 출항한 지 33시간 만에 실패했죠, 폭풍이 불어 닥쳐서 뗏목에 이상이 생겼고, 마침 지나가는 유조선에다 연막탄을 터트려 구조가 됐습니다. 그런데 그 뗏목이 혼자 떠내려가서 일본의 혼슈 남부지역에 도착했어요. 9일 만에 도착했죠. 한반도 남부에서 일본열도까지는 뗏목을 타고도 항해할 수 있구나 하는 확신을 하게 된 거죠.

'나까소네 야스시히로' 라는 인물이 일본 내각 총리대신으로 등장하면서 일본역사를 왜곡하기 시작할 무렵이에요. 저는 그 당시에 역사를 전공하는 대학원생이기 때문에, 한일 고대역사를 실증하기 위해 출발했던 것이죠. 83년도에는 대마도의 북부인 사고마을에 43시간 만에 도착했습니다. 이 사진은 대마도에서 남쪽으로 내려가는 것을 대마도의 사진작가가 찍은 겁니다.

  이 사실 하나만 보더라도 한반도 남부를 출항해서 대한해협을 통과한 후에 일본본토까지도 뗏목을 통해서 항해할 수 있다는 겁니다. 그렇다면 이미 오래전부터 인간은 서로가 오고 갔던 것이죠. 그런 증거가 많이 나타납니다. 부산에는 많은 사람이 관광하러 가는 유명한 장소가 있습니다. 동백꽃, 동백꽃이 가장 많이 피는 부산의 명소인 태종대입니다. 태종대에 서서 쭉 앞을 보면 멀리 대마도가 보입니다. 가깝죠. 직선거리로 55km 밖에 안 되니까. 정말 가까운 곳이죠. 그런데 태종대로 가기 바로 못 미쳐 있는 곳이 동삼동이고, 그 앞 조도라는 섬에 해양대학교가 있습니다. 그

대마도의 북부해안 리아스식해안이다.

일대에서는 7천 년 전의 일본열도에서 만들어진 전형적인 토기들이 발견됩니다. 울산의 서생포에서도 발견되고 있습니다. 이건 지극히 당연한 현상입니다.

자 이 지도를 다시 한 번 보실까요? 이것은 쿠로시오라는 해류입니다. 한자로는 '흑조(黑潮)'라고 부릅니다. 일본에서 명명했기 때문에 구로시오라고 그러는데, 이 쿠로시오와 함께 봄철에 불어오는 남서 계절풍을 타게 되면 동남아시아부터 쭉 동북상하게 됩니다. 대마도에서는 현재 부산지역이라든가 울산지역에 자연스럽게 도착할 수가 있죠.

7천 년 정도 전에도 일본열도의 큐슈지역에서 대마도를 거쳐서 부산일대까지 사람들이 왔다는 겁니다. 그렇다면 반대로 우리지역에서 대마도를 거쳐서 일본열도로 가는 것도 가능합니다. 더구나 그 시대의 문화적 층위를 놓고 보면 우리 지역이 우위에 있었기 때문에, 우리 지역 사람들이 더 적극적으로 진출했겠죠. 조금 있다가 더 상세히 설명해 드리겠습니다만, 우리 민족은 수동적이고, 방어적이고, 쇄국적인 성격의 집단이 아닙니다. 그것은 조선시대 500년 동안에 한정된 것이고, 그 이전에는 해양활동이 매우 활발했고, 대륙을 통해서 주변지역으로 열심히, 열심히 적극적인 개척활동을 했습니다. 제가 분명히 말씀을 드립니다.

자, 지금까지 역사유기체라는 점에 대해서 말씀을 드렸습니다. 이제 또 한 가지가 있습니다. 우리 역사를 바

동북아 해류도

라볼 때는 한반도와 만주와 해양을 하나의 유기체로 보는 것도 필요합니다. 이전보다 더 크게 역사를 바라볼 필요가 있다는 겁니다.

과거에는 우리 역사를 바라볼 때, 한반도적인 관점에서만 봤어요. 그런데 조금 시야가 큰 사람들이 역사를 보면 말 그대로 거시적

터와 다핵이론을 표현한 도형

관점에서 멀리 내다보게 됩니다. 현미경이 아닌 망원경을 통해서. 이런 관점과 시각에서 나온 정책이 요즘 유행하는 말로 '큰 디자인(The Grand Design)'이라고 해요.

여러분은 지금 대한민국의 어느 특정한 지역에 있습니다. 그런데 여러분이 있는 곳은 대한민국의 중심이고, 세계의 중심이고, 더 나아가서는 지구의 중심일 수가 있습니다. 우리가 중심인 것은 틀림없어요. 그러나 여러분은 그 무엇들, 여러분이 생각을 입게 한 그 무엇들, 여러분이 입고, 먹고, 살고 있는 의식주에 관한 모든 것들, 즉 문화현상이란 것은 바로 이 장소에서만 탄생한 것들이 아닙니다.

여기를 둘러싸고 있는, 연결되고 있는 주변의 여러 지역에서 시작되어서 회오리바람처럼 몰아치면서 가운데인 이곳으로 온 것이거든요. 그러니까 나, 우리를 제대로 알기 위해서는 가운데인 이곳의 정체성도 중요하겠지만, 나를 있게 한 주변지역 전체를 훑어가면서 이해해야 합니다. 그 훑어가는 범위를 우리 선생님들 세대는 한반도로, 우리 세대는 동아시아로 넓혀가고 있습니다. 하지만 저는 동아시아를 넘어서 좀 더 넓은 관점에서 역사를 보자고 말씀을 드리는 겁니다.

제가 '범(凡)아시아라는 말을 쓰고 있죠. 아시아 전체를 하나의 역사권(圈), 역사터로 보는 겁니다'. 그래서 범아시아라고 말한 겁니다. 괜찮죠? 이를테면 로마제국도 그러한 거시적이고 범공간적인 관점으로, 미국도 그렇게 보고, 중국도 마찬가지로 그렇게 보는데, 우리는 왜 그렇게 보면 안 되죠?

그다음에 지금 여러분이 이 자리에 앉아 계시고, 제가 서 있고, 시청자들도 보고 계십니다. 우리 모두는 몽골로이드 속에서도 북방 몽골로이드에 속하고, 그중에서도 그 다양한 종족들의 후손으로 구성된 겁니다. 그리고 민족으로 형성됐습니다. 하지만 또 다른 점도 있습니다. 신체 구조도 사실은 정확히 말하면 다른 점들이 있습니다. 우리가 다 같은 '한민족'인 것 같아도.

그러니까 우리는 역사를 바라볼 때 범아시아, 즉 Pan-아시아라는 틀에서 보고, 다시 좁히고 줄여서 동아시아라는 틀에서 보는 것이 옳습니다. 그리고 다시 오늘의 강의 주제인 한민족의 해양활동과 연관 지어 볼 때는 바로 육지와 해양을 하나의 시스템으로 해야 합니다.

한 가지 질문이 있습니다. 여기는 땅입

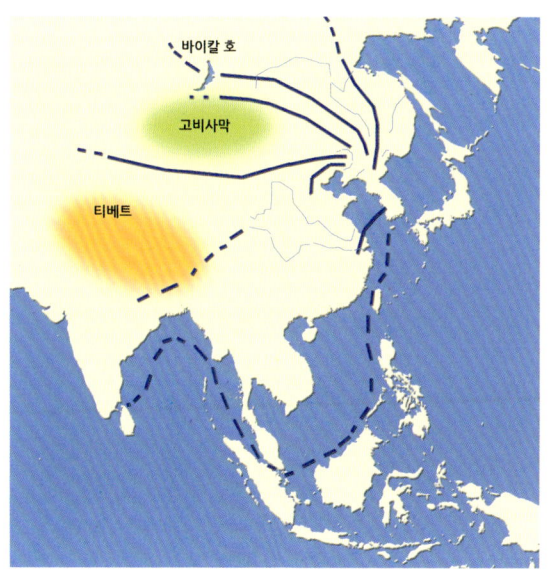

한민족 형성과 문화 전파의 경로

니다. 그렇죠? 여기는 바다가 있습니다. 그런데 마치 대륙처럼 넓은 땅의 가운데에 바다가 있습니다. 이런 지형을 지리용어로 무엇이라고 부릅니까?

땅 가운데의 바다. 그렇죠. 지중해 맞습니다. 그런데 지중해라고 하면 여러분은 주로 어디를 떠올립니까? '유럽, 아프리카, 아시안 지중해'를 떠올립니다. 그런데 지구 상에는 그런 완벽한 지중해만 있는 것이 아닙니다. 인간이 느끼기에는 지구는 참 크고 넓습니다. 저는 1994년도에는 해군 순양함을 타고 90일 동안 유럽의 북해까지 다녀왔습니다. 그때에 지중해를 왕복하고 흑해도 들어갔다가 나왔습니다. 저는 천안함이 아니라 마산함을 타고 다녀왔습니다.

사실 지중해는 지구 상에 여러 곳이 있고, 또 그런 완벽한 의미의 지중해도 있지만, 멀티내셔널 즉 여러 개 국가로 이루어진 다국간 지중해(多國間 地中海)도 있습니다.

그런데 여러분이 지도에서 보시는, 우리가 있는 이곳은 '다국간 지중해'에 해당한다는 것입니다. 이 남서쪽 끝이 대만이고, 여기가 동중국해가 됩니다. 참, 일본인들은 중국이란 용어 대신에 '지나(支那)'라는 말을 썼습니다. 그래서 동지나해라고 부릅니다. 왜? 중국을 인정할 수 없다는 것이죠. 中國이라는 단어 자체가 세계의 중심이라는 뜻이 있기 때문에, 그러면 일본이 변방으로 될 수밖에 없다는 생각 때문입니다. 그런 자의식은 우리보다 더 나은 것 같습니다. 이 동중국해부터 시작해서 북으로 황해 또는 서해가 있고, 다시 남해가 있고, 동해가 있습니다. 그리고 연해주와 사할린 사이의 좁은 타타르 해협까지가 지중해이고, 우리 민족의 해양활동 무대가 됩니다. 이런 내용은 6강을 마칠 때까지 찬찬히 말씀드리겠습니다. 이렇게 동아시아의 모든 지역이 연결되고 포함된 지중해 형태가 있고, 그 가운데 있는 땅이 바로 우리 역사의 터입니다.

우리 터! 그러니까 소위 한반도는 '동아시아 지중해'의 한가운데에 있는 것입니다. 한가운데라는 말을 영어로 표현하면 센터(Center)가 되는 것이죠? 그러나 또 다른 말로 하면 코어(Core)가 됩니다. 센터(center)는 모든 것이 모여들고 집중되는 가운데이기 때문에 흡수할 수도 있는 제국

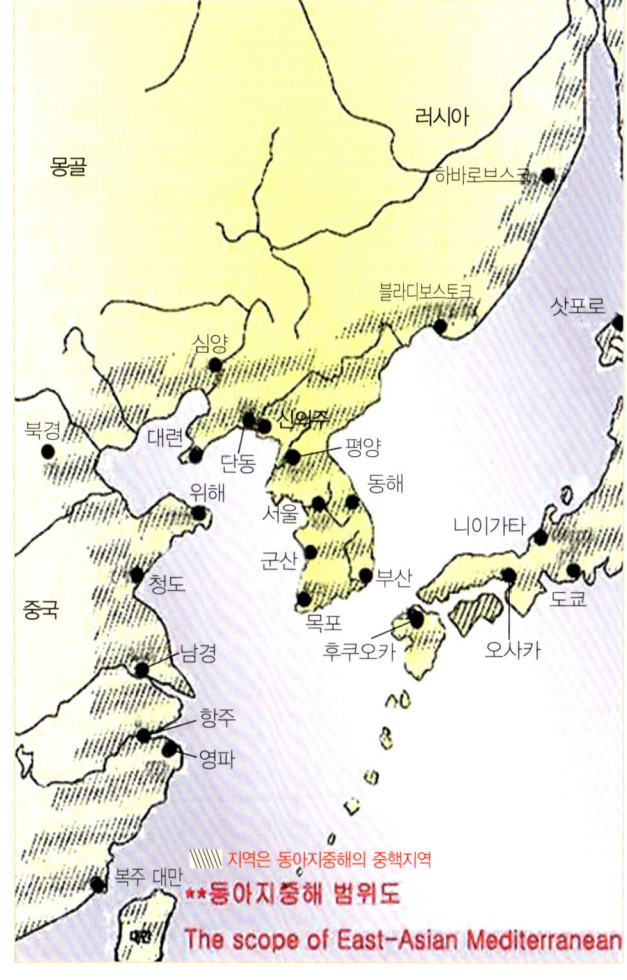

동아지중해 범위도

1강 바다를 건넌 우리 민족들(해류사관) 31

주의적인 개념이 강합니다. 미국이라든가 소비에트 연방이라든가 지금의 중화, 중국처럼.

그런데 저는 그 센터 대신에 코어 개념을 적용하는 겁니다. 중핵, 그러니까 우리는 지리적으로 동아시아지역에 한가운데에 있고 정치, 외교, 군사적으로도 한가운데라는 겁니다. 그러면 이런 위치에 있는 국가가 취해야 할 정책의 내용은 무엇이겠습니까? 여러분이 이 나라의 가장 강력한 지도자가 돼서, 지금 필요한 국가정책을 추진한다고 생각해 보십시오. 앞에서 말한 '해륙사관'을 갖고, '해륙 국가'로서 이런 동아지중해의 한가운데라는 '입장'에서 본다면, 여러분이 또 우리들 모두가 만약 국가발전정책을 취한다면, 당연히 해륙적 정책을 취하겠죠? 그리고 우리 문화도 당연히 농경문화만이 아니고, 북방유목문화만도 아니고, 해양문화만도 아니고, 또는 초원의 수렵삼림문화만도 아닙니다. 이 모든 것이 만나서 어우러진 또 하나의 더 큰 문화, 혼합문화가 되겠지요. 그러면 당연히 거기에 걸맞은 국가의 시스템을 갖추면서, 문화의 방향도 거기에 걸맞게 설정해야겠지요.

그다음에, '동아시아 지중해'라고 말씀드렸는데, 지중해의 가장 중요한 특징적인 내용이 무엇입니까? 소위 유럽 지중해 속에는 그리스 반도, 이탈리아반도, 이베리아 반도 등이 있고, 거기서는 강력한 기마, 보병들과 함께 해군이 강력하게 활동했습니다. 또 무엇이 있었을까요?

지중해가 중요한 또 하나의 이유는 바로 물류입니다. '물류', 많은 물건이 지중해를 가운데 두고 동에서 서로 왔다 갔다 하고, 남북으로도 왔다 갔다 무역을 했고, 그 때문에 여러분이 잘 알고 있는 나폴리를 비롯한 항구도시들이 탄생하게 된 겁니다. 나폴리는 다른 말이 아닙니다. 영어로 표현하면 뉴폴리스(New Polis)입니다. 그리스인들이 식민지로 세운 신도시이기 때문에 뉴폴리스가 되는 겁니다. 페니키아인들이 아프리카 북부해안이면서 이탈리아 반도와 가장 가까운 카르타고(튀니지)에 도시를 건설한 것은 오로지 물류망 때문이었습니다. 여러분, 트로이 전쟁 잘 아시죠? 트로이 전쟁이 발생한 가장 현실적인 이유는 다다넬스 해협이라는 물목 쟁탈전에 불과합니다. 그만큼 물목이 중요합니다. 지중해적 질서 속에서 그리스 반도, 이태리 반도, 이베리아 반도가 중요한 이유는 바다 한가운데에 있으면서 모든 무역 망의 허브에 있기 때문입니다.

그러면 이런 지중해적 구도 속에서 우리 민족은 경제활동이 활발했겠습니까, 활발하지 않았겠습니까? 실제 여부를 떠나 이런 기본 구도 속에서는 당연히 활발할 수밖에 없습니다.

그런데 우리가 있는 이 지역은 이 지구 상에 있는 모든 대륙적질서의 모든 길과 함께 모든 해양루트가 하나의 푸른 점으로 모이는 곳입니다.

모든 길은 육로와 함께 바닷길입니다. 지금 이 시대는 육로는 최근에 유행하는 말로 TCR(트렌스 차이나 레일로드), 모스크바까지 가는 TSR(트렌스 시베리아 레일로드)입니다. 그 다음에 해로는 전 세계를 이어주는 Sea-lane(항로)이 있습니다. 우리나라 수출입 물동량의 99.3%는 바닷길을 통해서 움직이고 있습니다. 그러니 지구의 모든 물류망이 우리를 거쳐 갈 수밖에 없습니다. 그러니까 지금도 그렇겠습니다만, 전근대 시대에도 여기는 모든 물류가 모이는 집산지이면서 배급하는 허브(hub)가 될 수밖에 없습니다. 이것이 개연성입니다.

그렇다면 정말 이런 일들이 벌어졌던 것일까? 당연히 있었지요. 그런 부분들은 3번째 강의를 통해서 구체적으로 말씀드릴 겁니다. 우리는 동아지중해의 허브, 또는 구체적으로는 물류의 허브에 있기 때문에 나름대로 경제적으로도 뛰어난 위치에 있었습니다. 지경학적으로도 전략적인

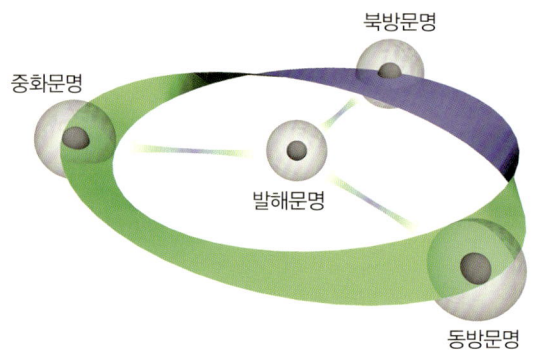

동아시아 문명 도형

요충지였습니다. 과거도 당연히 그랬고, 지금도 마찬가지로 우리는 해양을 발전시킬 필요가 있습니다.

저는 또 한 가지를 말씀드리려고 합니다. 저는 또 이런 도형을 만들었습니다. 몇 개의 공 같은 원형이 둘러싸고 있는 가운데에 조금 작지만 단단해 보이는 공을 배치해놓았습니다. 이 공들은 서로가 연결되어 있는데, 바깥의 공들은 그냥 단선으로 이어지는 것이 아니라 마치 뫼비우스의 띠처럼 휘어지면서 나선형으로 이어졌습니다. 장미꽃다발을 묶는 리본처럼 한번 휘돌려 감아졌네요.

이 가운데 공은 문명으로 말하면 동아시아의 모든 문명을 낳은 자궁, 어머니 같은 문명, 저는 모(母)문명이라고 부릅니다만, 역사적으로는 발해문명이라고도 표현하고 있습니다. 그리고 바깥을 둘러싸면서 돌고 있는 공들은 북방문명, 동방문명, 중화문명이라고 나누어 말했습니다.

그런데 한국 사람들은 뿌리 깊은 나쁜 생각이 있습니다. 우리는 늘 문화를 어디선가부터 받아들이기만 했다는 겁니다. 그렇죠? 우리는 문화를 전파한 것이 아니라, 그런 적도 없고, 늘 받아들이기만 했다고 배웠죠? 그것조차도 우리에게 문화를 전파해준 지역은 오로지 중국지역이었고 그것은 중국문명이었고, 중화라고 배웠지 않았습니까? 오죽했으면 조선조의 실학자들마저도 소중화라고 자처했겠습니까? 그런 의미에서 실학자들에 대해서도 또 다른 측면을 보아야 합니다.

그런데 여러분, 이 지도를 자세하게 찬찬히 보세요. 동아시아 세계는 그렇게 단순하지 않습니다. 북쪽의 유목지대만 하더라도 다양한 종족들과 문화들이 있었고, 중국 지역도 다양한 종족들과 문화들이 있었습니다. 조선조의 학자들은 무식해서 중앙 위주 정치와 성리학 위주, 수도권 위주로만 중국을 바라보고 이해했던 겁니다. 우리 지역을 비롯해 보통 만주일대라고 부르는, 동쪽으로 정말 다양한 문화가 있었거든요. 그런데 왜 우리는 늘 동아시아 문명, 아시아 문명이라고 하면 중화문명만 떠올리게 되죠? 그리고 왜 유학과 성리학만 있다고 생각하고, 또 말합니까? 왜 불교만 있는 것이죠? 여기 우리 조상이 살던 지역에는 사람다운 사람들이 살지 않았었나요? 그 사람들은 문화가 없었고, 자기문화를 만들어낼 능력조차 없었나요? 제가 나중에 고구려를 통해 말씀드리겠지만, 전혀 그렇지 않습니다.

이런 통념에 대하여 일단의 사람들이 반기를 든 겁니다. 무슨 소리냐? 왜 동아시아에 중화문명, 또는 중국문명만 있느냐? 그래서 설정한 것이 바로 북방문명이 되겠습니다. 그런데 북방 같은 경우는 실제로 남아 있는 흔적이 없어요. 왜냐하면, 그곳은 끝없이 펼쳐진 초원이거든요. 정말 막막해요. 일시적으로 바람처럼 휘몰아쳐 가는 기마 군대들이 지나가면 그뿐인 겁니다. 그래서 구체적인 것은 남아 있지 않습니다. 얼핏 보면 문화의 불모지대처럼 보이고, 사람들이 살았던 것 같은 느낌조차 안 듭니다. 하지만 역사상의 기록으로 놓고 볼 때, 지구 상에서 가장 막강한 군사력을 갖고, 동과 서의 문화와 물류를 이어준 역할은 북방종족들이 한 것이지, 중화인들이 결코 아닙니다. 그러니까 북방역사를 전공하는 학자들이 북방문명의 존재를 주장하고 나선 겁니다.

그러면 동아시아에는 중화문명도 있고, 북방문명도 있다고 하는데, 그럼 우리는 뭡니까, 우리는? 우리는 아무것도 없나요? 단적으로 말씀드리죠. 고구려는 700년 이상이나 강력한 나라로 존재했었는데, 그 기간에 북방문명에서는 수십 개의 나라가 명멸했습니다. 마찬가지로 그 같은 기간에 중화문명의 핵이라는 회하 이북의 지방에서도 수십 개의 나라가 명멸했어요. 그 고구려는 지구 상에서 가장 막강한 군사력을 지닌 유목문명 지역과 쉬지 않고 전투를 벌였습니다. 지구 상에서 가장 정교한 논리와 정치와 사상을 가진 중화문명과도 전투, 종교전쟁, 문화전쟁 등을 벌였습니다. 그런데도 고구려는 700년 동안 강대국으로 있었습니다. 고구려! 그렇다면 그 당시에 고구려를 중심으로 한 동방문명이 얼마나 강력했는가를 알 수 있죠.

고구려는 군사적으로도 강력했을 뿐만 아니라, 국가시스템이 잘 정비되어 있었고, 정교한 논리가 있었고, 당연한 일이지만 이데올로기가 있었습니다. 한 마디로 문명이 있었다는 것이죠. 동방문명이라는 큰 틀 속에서 핵으로 말입니다. 그랬기 때문에 주변지역과 경쟁을 벌이면서도 강국으로 버틸 수 있었다는 것입니다. 군사력만 가지고는 700년간 버틸 수 없습니다. 북방유목종족들은 군사력이 아무리 강해도 몇십 년 동안, 기껏해야 200년밖에 안 됩니다. 중국 역사에서 정복왕조치고 200~300년을 넘는 나라가 어디 있습니까? 그러니까 우리 민족은 색다른 것이죠. 고구려를 중심으로 한, 우리가 살던 이런 전 지역을 동방문명이라고 한 겁니다. 물론 이런 동방문명의 존재는 저 이전에 백암 박은식 선생, 단재 신채호 선생, 자산 안확 선생, 문정창 선생 같은 분들이 같은 맥락에서 주장한 겁니다.

저는 역사학계의 비주류 입장에서 이런 분들이 주장한 내용을 받아들이면서, 제가 가진 새로운 이론들과 새로운 과학적 지식, 즉 인문과학과 자연과학의 지식을 통해서 동방문명권의 설정을 좀 더 과감하게, 좀 더 정교하게 만들고 있습니다. 동아시아는 우리가 흔히 말하는 발해문명 또는 요하문명을 혈(穴)문명, 자궁문명으로 설정한 다음에, 이렇게 동아시아에는 세 개의 커다란 문명권이 있고, 그중에서 우리는 동방문명권 중에

서도 핵심에 있다고 보는 겁니다. 우리가 동방문명권의 핵심이라고 본다면 주변지역 방계종족들이 있습니다. 나중에 자세하게 말씀드리겠습니다만, 거란, 선비, 이들은 우리와 언어라든가 습속에서 유사한 면이 너무 많습니다. 우리가 이야기하는 여진족은 고구려 때는 말갈이고, 그 이전 시대에는 읍루라고 불렸고, 그 이전 시대에는 숙신이라고 불렸던, 지금 동만주지역에 거주했던 집단들입니다. 그들은 혈연 상으로나 언어상으로는 지금의 우리와는 조금 다릅니다. 그러나 실질적으로 우리 문화의 체제 속에 포함되어 있었고, 실질적으로 우리와 역사를 함께 운영한 적도 있었습니다. 중국의 사료만 놓고 보더라도 조선시대의 선비들이 특히 오랑캐라고 불렀던 북방 또는 동방의 종족들은 우리와 가까운 존재들입니다. 그들에 관한 중국의 기록들을 교차비교 해보면, 그들은 우리와 너무나 관계가 깊습니다.

여러분 잘 아시겠지만, 고구려에서 갈라져 나온 가지가 백제입니다. 그렇죠? 고구려는 어디에서 갈라져 나왔습니까? 부여에서 갈라져 왔죠? 그럼 부여를 본류(本流)라고 했을 때 부여와 연관된 지류(支流)들이 있었습니다. 망부여, 즉 멸망한 부여의 유민들이 세운 나라인 두막루(豆莫婁). 이런 나라들과 실위(室韋), 거란, 옥저, 동예 등등, 여러종류의 기록들을 교차해서 비교하면, 물론 거란, 실위, 선비도 마찬가지겠습니다만, 부여, 두막루, 옥저, 동예, 그리고 고구려, 백제, 일본열도까지 모두 큰 의미에서는 하나의 공동체 내지는 하나의 정치체제에 속한다고 볼 수 있습니다. 그리고 비단 정치적으로뿐만 아니라, 문명권이란 개념 속에서 보면, 적어도 동방문명권이라고 설정할 수가 있고, 그 문명의 핵은 우리가 되죠. 문제가 있고 시간이 걸린다 하더라도 그렇게 해석하는 자세가 필요합니다.

재미있는 이야기가 있어요. 지금은 기억이 가물가물합니다만, 2001년에 9.11테러가 발생했죠. 직접 현장에 가서 보니 처참하더군요. 그런데 9.11테러로 때문에 세계적인 학자로 일약 발돋움한 사람이 있습니다. 샤무엘 헌팅턴이란 사람인데요. 그 사람이 쓴 책의 이름은 『문명의 충돌(The Crash of Civilization)』이었습니다. 그 사람은 1991년에 소비에트 체제가 전격적으로 붕괴되고 세계질서가 재편되면서, 이제는 정치나 이데올로기가 아니라, 무역도 있습니다만, 문명의 차이에 따라서 전쟁이 발생할 수 있다고 가설을 내세웠습니다. 그런데 우연히도 맞는 것 같은 상황이 발생한 거죠. 그런데 지금 제가 그것을 말씀드리는 까닭은 '헌팅턴'이 '문명의 충돌'을 설정한 다음, 현재 지구 상에 존재하는 문명권을 도합 7개로 나눈 점 때문입니다. 그는 우리로서는 놀랍게도 동아시아에다 2개의 문명권을 설정했습니다. 자, 생각해보세요. 여러분이 생각하기에도 동아시아의 문명권이 2개 입니까, 여러분 생각에? 그동안 배워왔던 데로 판단하면, 하나 아닙니까? 중국문명 하나뿐이죠? 만약 지금 우리가 공부하는 제 이론이 맞는다면 동아시아는 세 개의 문명권이 있는 것이죠. 그러나 기본적으로는 하나의 문명권이거든요. 그런데도 헌팅턴은 2개의 문명권이라는 주장을 했습니다. 놀랍게도 중국문명과 함께 일본문명을 또 하나 설정했다는 겁니다.

  서양인들이 볼 때는 일본은 하나의 독립된 문명이 되는 겁니다. 여기에서 우리는 반성할 필요가 있습니다. 7세기 이전까지 우리와 일본열도는 하나의 문명권 속에 속한 것이 분명합니다. '동방문명'이란 큰 틀 속에서도 마찬가지고, 정치적으로 볼 때도 고구려, 백제, 신라, 가야, 왜로 이어지는 '하나의 정치적 공동체'라고 보고 있습니다. 설사 아니라 할지라도 여러분이 그동안 배워왔던 것과는 달리 이제는 일본에서도 통일국가를 이룬 시기를 6세기 후반에서 7세기 초반으로 보고 있습니다. 제 관점에서는 동아시아 국제대전의 결과와 관련이 깊죠. 고구려와 수나라, 고구려와 당나라, 그리고 마지막 삼국통일 전쟁이 끝나면서 패배한 백제유민들은 일본열도로 들어갔습니다. 그들은 조금 늦게 도착한 고구려 유민들과 합쳐 일본의 중심세력으로 편입됐습니다. 그래서 670년에는 일본국이 형성되고, 그 일본국은 우리가 알고 있는 통칭 한반도에 있는 우리 민족과는 전혀 다른 역사를 발전시켜나가는 것이죠. 그러나 그 이전까지 일본열도에서 있었던 왜(倭), 왜는 우리와 같은 류(類)였다는 겁니다. 그럼에도 전 세계는, 동아시아는 중국문명과 일본문명이 있다고 이야기하고 있는 것입니다.

자, 이제 강의가 끝나 가는데요. 오늘은 서론에 해당하기 때문에 주로 이론적인 면이 많이 있었습니다. 몇 가지만 더 말씀드리고 강의를 끝내도록 하겠습니다.

저는 82년도부터 일본에 다녔습니다. 『일본기행』을 비롯해서 일본에 관한 역사책들도 출판했습니다. 그 당시에는 일본열도에 온 우리 조상을 '귀화인'들이라고 불렀어요. 그러다가 80년대 중반쯤에 가게 되니까, 귀화인이란 용어 대신에 '도래인'이란 용어를 쓰더라고요. '도래渡來'란 바다를 건너서 온 사람들이란 뜻이죠. 그런데 저는 그 용어 자체가 잘못됐다고 봅니다. 목적 없는 인간의 행위가 어디가 있겠습니까? 하다못해 옆 동네를 가더라도 분명한 목적이 있는 것인데. 그래서 행위에는 목적과 연관되는 명칭이 부여되는 거거든요.

제 관점에서 보면, 동아지중해는 어렵지 않은 바다이고 가까운 바다라고 그러지만, 목숨을 걸고 대한해협을 건너, 또는 동해남부를 횡단해서 일본열도로 건너가는데, 그 사람들의 행위를 단순히 도래인이라고 불러서 되겠습니까? 일본인들 입장에서는 도래인이라고 불러도 되겠지만, 우리

나라 역사학자들은 그런 용어를 써서는 안 됩니다. 그건 후손된 도리가 아닙니다. 그래서 저는 그들을 '진출자', '개척자'라고 부릅니다. 실질적으로 그 사람들은 진출했고 개척한 겁니다. 예를 들면, 정치적 망명을 감행했을 수도 있고요. 벼농사를 좀 더 쉽게 짓기 위해 떠났을 수도 있고, 값비싼 귀중품인 청동기나 철기를 팔기 위해서 건너갔을 수도 있습니다. 분명한 사실은 목적이 있었다는 겁니다. 그렇다면 그들을 진출자, 개척자라고 명명하는 것이 바른 자세입니다. 앞으로는 고대 일본관계를 이야기할 때는 일본인들이 만든 용어를 비판 없이 수용하는 것이 아니라, 우리에게 맞는 용어로, 예를 들면 개척자 또는 진출자라는 단어로 표현해야 합니다.

요시노가리의 야요이 유적지

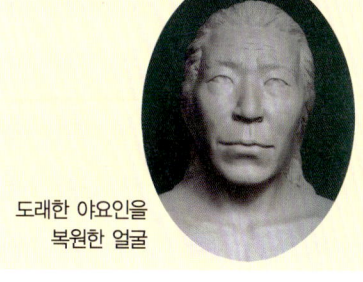

도래한 야요인을
복원한 얼굴

야요이 시대의
전형적인 토기
(기메 박물관)

선사시대부터 일본열도로 쉽게 건너갈 수가 있었습니다만, 우리 지역에 남부에 살던 사람들이 본격적으로 정치적인 목적을 가지고 일본열도에 넘어간 시기는 기원전 3세기부터라고 합니다. 일본에서는 '야요이(彌生) 시대'라고 그럽니다.

그들은 뗏목을 타고 갔을 수도 있고, 조그만 배를 타고 갔을 수도 있습니다. 그리고 건너갈 때 그냥 간 것이 아니라, 식구들과 함께 건너갔습니다. 식구들은 손에 단지들을 들고 있었습니다. 그 단지는 고고학적 용어로 표현하면 토기입니다. 그 토기는 한반도 남부에서 만든 토기입니다. 그럼 토기를 빈 채로 가져가겠습니까? 아니죠. 지중해에서는 그리스인들도, 페니키아인들도, 나중에는 로마인들도 마찬가지였지만, 배를 이용해서 많은 물자를 나릅니다. 그랬을 때 물건을 포장해서 보통 나무상자에 담습니다. 그러나 맛있는 술, 값비싼 기름 같은 액체, 이런 것들까지 나무상자에 담을 수는 없잖아요. 그래서 '암포라'라는 길고 큰 토기에 담아 가는 겁니다. 아라비안나이트에 나오는 그 기름독들도 다 마찬가지지요. 그렇다면 기원전 3세기 전부터 건너간 우리 조상은 토기에 무언가를 담아갔겠죠? 거기에 담긴 것이 사람들에게 가장 중요한 '볍씨'입니다. 여러분은 벼농사, 농사꾼을 별것 아닌 걸로 보시나요? 그 당시에는 농사꾼이 최고의 지식인들입니다. 지금 BT라는 용어를 흔하게 쓰고 있습니다. 바이오테크놀로지(Bio-Technology)의 약자죠. 일종의 생명공학, 나아가서 유전공학 같은 것에 해당하는 것이 벼농사입니다. 가장 뛰어난 고도의 테크놀로지를 가진 사람들이 강도가 높은 토기에 볍씨를 담고, 한 손에는 창과 칼을 든 채로 일본열도로 넘어갔죠. 그들이 정착하면서 세운 것이 일본의 소국들입니다.

작은 나라, 소국(小國), 한강 이남의 남쪽에도 이러한 78개의 소국이 있었습니다만, 일본열도에도 이러한 소국이 있었다는 사실은 『한서』, 『삼국지』 같은 중국 역사책에 기록이 남아 있습니다. 현재 큐슈지역을 중심으로 야마다이국을 비롯한 소국들이 많이 있었는데, 이 소국들을 이룬 주민은 한반도 남부에 있었던 사람들입니다. 현재 김해지역을 중심으로 섬진강, 또는 영산강 유역에 있었던 세력들이 각기 다른 길을 통해서 일본열도에 건너갔습니다. 그들은 소국을 만들고, 소국들이 점차 점차 모여가면서 좀 더 큰 나라가 되고, 큰 나라들끼리 모여서 전쟁을 벌이다가 마지막에 세운 것이 바로 일본의 현재 나라, 아스카, 오사카, 즉 키나이 지방을 중심으로 한 일본 고대국가의 핵심이 됩니다. 그래서 일본 고대국가가 성립되는 데는 우리 민족이라고 할까, 우리 지역에서 건너간 주민이 주도적으로 완성한 것이 분명합니다.

정말 재미있는 사실이 있습니다. 나중에 보완설명을 해 드리겠습니다만, 바다에는 길이 있습니다. 이번에 터진 천안함 사건을 통해서 바다가 얼마나 복잡하고 어려운 곳인가를 충분하게 아셨을 거예요. 망망대해니까 그냥 아무 곳으로나 가도 되는 것 같지요? 전혀 안 그렇습니다. 그 넓은 바다에도 길이 있고, 그 길을 아는 사람들이 권력을 장악하는 겁니다. 이 지도를 보십시오. 신라가 있는 지역에서 출발하면, 즉 울산 그 위에 문무대왕의 수중릉이 있는 감포항, 그 위에 포항 영일만, 이런 항구에서 출항하면 반드시 도착하게 되는 지역이 일본의 시마네(島根)현이 됩니다. 독도의 영유권을 주장하고 있는 지역이죠. 그렇다면 독도의 영유권을 주장하는 사람들은 경상도에서 건너간 사람들의 후손들이겠네요. 역사란 참 아이러니하지요?

네. 이 구도를 이해해야 합니다. 그리고 김해지역, 즉 부산 일대에서 출발한 세력들은 대한해협을 건너 대마도를 경유한 다음에 현재의 큐슈

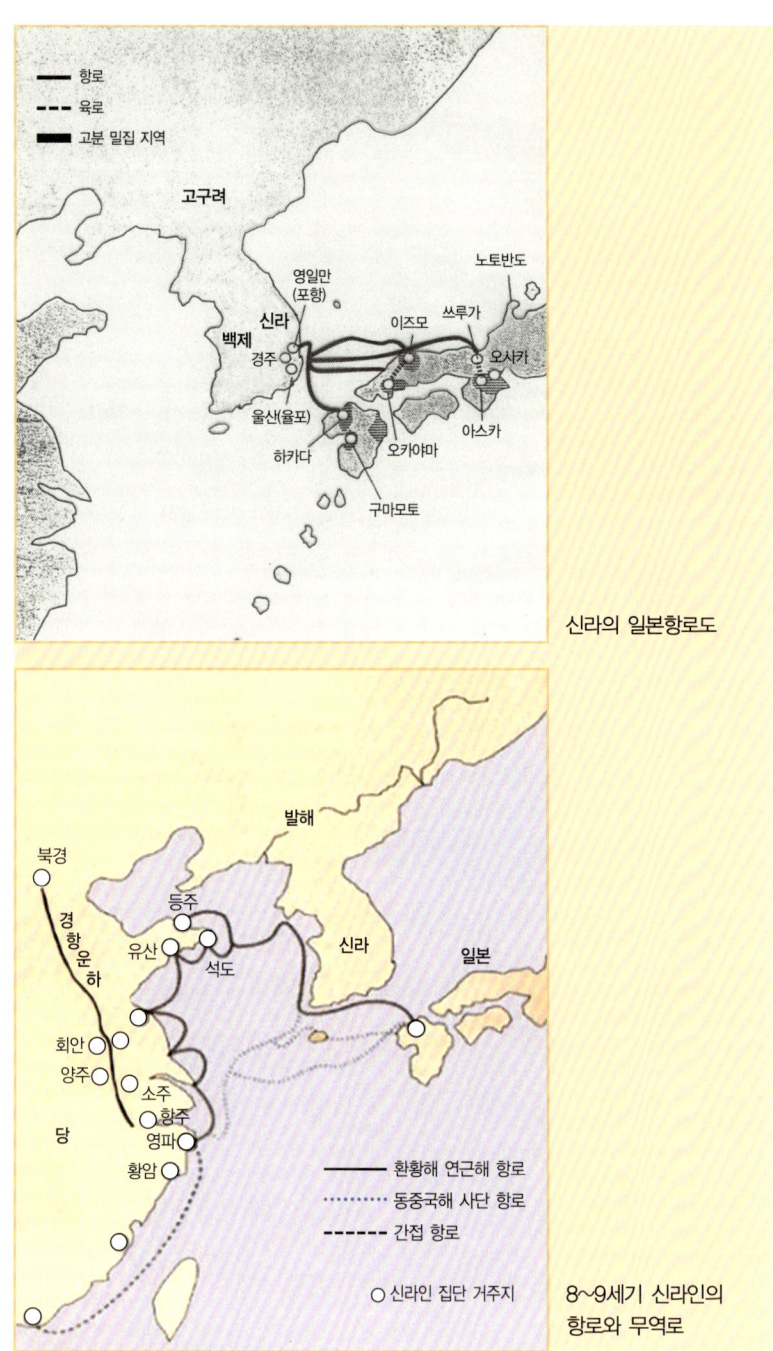

신라의 일본항로도

8~9세기 신라인의 항로와 무역로

의 북서부 해안에 도착합니다. 그래서 이 지역에 가면 '가라쯔', 즉 '가라의 항구'라는 뜻의 지명도 남아 있는 것이죠. 물론 현재 일본에서는 한자를 당나라 당(唐)자로 바꿔서 당진(唐津)이라고 부르지만, 14세기까지 한국할 때 한(韓) 자를 써서 한진(韓津)으로 되어 있었던 겁니다. 그래서 83년도에 띄운 해모수호가 바로 가라쯔를 목표로 했던 겁니다. 비록 가라쯔에는 못 갔지만, 결국은 오도열도로 갔거든요.

백제인들은 현재 영산강과 섬진강 하구에서 출발하여 이 항로를 통해서 일본의 큐슈 서부해안에 도착합니다. 예전에 제주도 사람들도 그렇고. 특히 4.3사건이 일어났을 때, 밀항한 제주도 사람들이 가장 많이 도착한 곳이 현재 일본의 나가사키 현과 구마모토 현입니다. 항로가 그렇기 때문

입니다.

제가 2003년도에는 현재 영파 앞바다인 주산군도를 뗏목으로 출발했습니다. 97년도에는 주산군도를 출발해서 산동반도의 석도까지, 장보고가 세운 적산법화원까지 16일 동안 항해를 했고, 98년도에는 역시 주산군도를 출발해가지고 흑산도까지 17일 걸렸고, 이어서 흑산도를 출항해서 다시 인천까지 24일 걸렸습니다. 그리고 2003년도에는 마지막 정리를 했었는데, 주산군도를 출발했지만 산동성의 성산 앞바다까지는 예인을 했습니다. 시간을 놓쳤거든요. 그래서 여기 성산항을 출발해서 인천에 도착한 다음에 서천, 부안, 완도를 거쳐서 제주도에 도착했습니다. 그리고 3일 동안 대포항에서 정비한 다음에 다시 출항했는데 그때도 목표지역이 가라쯔였습니다. 그런데 결국은 오도열도의 나루시마에 도착했어요. 83년도에 해모수호는 오도열도에 북쪽에 우구도라는 섬에 도착했고, 2003년도의 장보고호는 남쪽의 나루시마에 도착했다는 겁니다. 그러니까 이런 지역, 즉 우리나라의 전라남도 해안과 제주도에서 출발했을 때에는 자연스럽게 일본의 큐슈 서부해안에 도착하는 것이죠. 그래서 이 지역에는 백제계 유적이 많이 있고 백제계 유물들이 많이 발견되는 겁니다.

이제 일본의 고대사를 해양적인 관점에서 마지막으로 정리 해드리겠습니다. 백제계, 가야계, 신라계, 그리고 고구려계가 일본열도에 도착하면서 각각 도착한 항구지역을 중심으로 정치세력을 형성해서 소국이 되고, 그러다 보니까 거기에는 많은 무덤이 만들어졌고, 그리고 점차, 점차 세력이 확장돼 가면서 나중에는 현재의 키나이 지방 즉 나라, 아스카, 오스카, 교토 주변지역으로 모여들게 되는 거죠. 이것이 바로 우리 민족의 대외진출사가 되겠습니다. 우리 민족은 북쪽으로도 동쪽으로도 서쪽으로도 많이 진출했습니다만, 일본열도와 연관해서는 이미 7천 년

43일째에 오도열도 나루시마에 상륙한 장보고호

정도부터 시작해서 특히 기원전 3세기부터는 본격적으로 일본열도에 진출했습니다.

    자, 이제는 우리 역사에 대해서 여러분이 통념을 수정할 때가 된 것 같은데요. 오늘 강의한 내용의 핵심은 이렇습니다. 우리 역사를 바라볼 때는 한반도에 국한되어 있다는 반도사관은 버리자. 그리고 우리 민족이 활동한 역사무대를 한반도와 만주와 삼면이 바다인 해양을 포함하는 해륙사관으로 보자는 겁니다. 이 해륙사관은 공간뿐만 아니라 역사를 유기체로 보는 것이므로 모든 것은 상호 긴밀하게 연관되어 있고, 하나의 통일체를 이룰 수밖에 없다는 세계관입니다. 우리 역사과정 속에서 역동성이 강한 해양활동은 서쪽으로도 동쪽으로도 뻗어 나갔습니다만, 특히 남쪽의 바다를 통해서 일본열도도 집중적으로 건너갔습니다. 따라서 우리가 한일 고대관계사를 이야기할 땐, 즉 고분시대 전까지의 일본 고대사란 것은 우리 민족의 진출사와 직접 관련이 있습니다. 이런 관점으로 역사를 해석할 경우, 고대사의 동아시아에는 중화문명과 북방유목문명과 함께 동방문명이 있었고, 동방문명의 범주는 원(原)조선이나 고구려의 핵심지역을 중심으로 살았지만, 북으로는 만주 전체 그리고 남으로는 일본열도까지 포괄하는 하나의 큰 틀이라는 사실을 말씀드립니다. 오늘 제1강을 마치도록 하겠습니다.

한민족의 해양활동과 대외 진출사

2강
고구려의 대외진출과 무역망

강해도시 : 강과 바다가 만나는 접점에 발달한 도시. 항구도시의 성격을 지니고 있다. 서울, 부여, 평양 등은 대표적인 도시이다.

광개토태왕 : 고구려 19대 임금. 동아지중해 중핵조정역할을 실현시킬 목적으로 국가발전 정책을 수립하고 다양한 군사작전 등을 통해서 고구려를 큰 나라로 만든 대정치가

동아지중해 중핵조정역할 : 동아지중해의 한 가운데라는 지리적인 이점을 활용해서 정치적, 외교적으로 중핵(core)역할, 물류의 허브(hub), 문화의 심장(heart)역할을 하는 정책을 말한다.

2강

고구려의 해양활동과 국가발전 정책

안녕하세요. 동국대학교에서 역사학을 강의하고 있는 윤명철입니다. 지난 시간부터 한민족의 해양활동과 대외진출사라는 제목으로 6강을 하고 있습니다. 오늘은 두 번째 강의시간입니다. 여러분이 가장 좋아하는 나라, 우리 역사에서 가장 긍정적인 나라, 그 고구려를 중심으로 고구려의 해양활동과 국가발전 정책이라는 제목으로 여러분과 한 시간을 함께 공부하겠습니다.

여러분, 고구려 다 좋아하시죠? 고구려하면 맨 먼저 떠오르는 이미지가 뭡니까? 네, 기마병사도 있고, 주몽도 있고, 또 그 외에도 많습니다. 하지만 가장 중요한 이미지는 바로 광개토태왕이 되겠죠. 한 개인에게도 특별한 삶의 존재 이유가 있습니다. 인간은 그냥 태어난 것이 아닙니다. 지난 시간에 말씀드렸습니다만 모든 진화의 완결체로서 현재 우리가 있는 겁니다. 인간은 그냥 저절로, 우연하게 태어난 존재가 아닙니다. 그렇다면 인간들이 모여서 어렵게, 어렵게 가꾸고 키워낸 민족과 국가, 이건 더 소중합니다. 그렇다면 한 국가도 분명히 탄생과 존재의 이유가 있습니다. 다른 말로 하면 건국의 명분과 타당성이 있겠죠. 그렇다면 당연히 고구려도 그 명분과 타당성이 있지 않겠습니까? 역사에서는 그런 것이 의외로 중요합니다.

그런데 정말 놀라운 사실인데요. 제가 어렸을 때는 고구려를 비롯해서 백제, 신라는 '부족국가'로서 출발했다고 배웠습니다. 그 이후에 대학에 오니까 '성읍국가'라는 말을 썼는데, 지금은 '고대국가'라는 용어를 애매한 상태로 쓰고 있지만. 이것은 기본적으로 고구려, 백제, 신라는 처음에 아무것도 없는 무의 상태에서 몇몇 씨족들이 모여서 부족을 이루었다가, 조그만 나라를 건국하고, 그렇게 해서 우리 민족의 역사가 시작됐다고 얘기하는 겁니다.

그런데 그 논리와 주장에는 묘하고 께름직한 전제가 깔려있죠. 고구

고구려 개마무사

려, 백제, 신라 이전에는 나라가 없었다는 겁니다. 더불어 문화도 없었다는 것이죠. 그러나 문헌상으로도 분명히 조선이라는 나라가 실재했었고, 고고학적인 유물과 유적을 놓고 본다면 현재 남만주 일대에서는 여러분의 상상을 뛰어넘을 정도로 더 오래된 시대의, 더 많은, 더 발달한 유적과 유물이 발견되고 있습니다. 당연히 조선은 있었던 겁니다. 조선은 모(母)국가, 어머니 국가가 되겠죠. 선(先)국가, 원(原)국가가 되겠습니다. 그 나라가 다른 종족과 다른 나라와 벌인 싸움에서 패배하고 멸망했습니다. 그 이후에 새끼처럼 태어난 나라들이 부여, 고구려, 백제, 신라, 가야 등이 되겠죠. 이를테면 고구려 같은 경우는 처음부터 국가를 세운 목적은 분명했던 겁니다.

그렇다면 그 망한 나라의 지역에서 살아난 주민이 모여서, 모여서, 모여서 다시 만들어진 나라들은 그 이전에 있었던 국가를 부흥시키고 복원할 의무가 있는 겁니다. 그리고 주도적인 정치세력들은 당연히 백성의 그런 염원을 받아들여서 실현해야지만 지도자의 자격을 얻게 되는 것이죠. 이것이 초대 건국자의 건국목적이면서 동시에 명분이 됩니다.

이 내용은 지난 시간에 말씀드렸던 '역사유기체설'의 연장인 것입니다. 모든 면에 적용되는 것인데, 그동안 간과했던 겁니다. 그러니까 백제, 신라, 가야 등 남쪽지역에도 마찬가지겠지만, 북쪽인 만주일대에도 조그마한 소국들이 있었습니다. 그중에서 대표적인 나라가 고구려일 뿐입니다. 그러니까 당시 고구려를 세웠던 주몽, 고주몽일 수도 있고, 해주몽일 수도 있겠지만, 어쨌든 주몽으로 표현되는 고구려의 건국자에게 부여된 사명은 말 그대로 옛 조선적 질서를 회복하는 것, 옛 조선의 영토를 회복하는 것, 그리고 무엇보다 중요한 옛 조선의 자존심, 자긍심을 복구하는 것입니다.

이런 고구려의 목표를 단 한마디로 설명하면 무엇이라고 생각하십니까? 여러분 다 아시는 낱말입니다.

"다물"

그렇습니다. 역시 여러분은 다릅니다. 드라마에서 많이 활용됐습니다만, 그것은 '다물' 입니다. 다물(多勿). 다물이란 말은 잘 아시겠지만, 려어(麗語), 위(謂), 일컫는다. 복구토(復舊土), 즉 고구려 말로 옛 땅을 회복하는 것을 '다물' 이라고 한다. 그러니까 다물은 단순히 해석하면 영토의 수복이지만 의미를 더 크게 부여하고, 고구려 건국의 타당성과 당시 동아시아 내지는 한민족의 질서와 연관시킨다면 의미가 깊어집니다. 다물은 말 그대로 고구려의 국시가 될 수도 있는 것이죠. 제가 '고구려의 국시' 이렇게 말하면 이상합니까?

대한민국도 국시가 있습니다. 미국이란 역사가 짧은 나라도 국시가 있습니다. 그런데 고구려에 국시가 있었다고 말하면 뭐가 이상하거나 잘못된 건가요? 우리, 이런 우리 역사에 대한 근거 없는 통념부터 깨버려야 하는 겁니다. 고구려도 당연히 국시가 있었을 겁니다. 그렇다면 다른 여러 가지 가능성이 있겠지만 저는 다물이라고 얘기합니다. 참고삼아서 재미있는 말씀 드리겠습니다. 제가 지난 시간에도 그림을 보여 드렸습니다만, 이 사진이 83년도에 대한해협에 띄운 뗏목이거든요. 돛에 그려진 그림과 쓰인 이 뗏목의 이름을 보십시오.

5마리의 용이 하늘로 승천하고 있고, 해모수라는 글자가 쓰여 있습니다. 82년도 83년도에 띄운 뗏목의 이름이 해모수입니다. 그러니까 저는 뗏목을 띄웠을 때, 단순하게 한일 간의 고대역사를 재현하는 게 아니라, 나름대로 우리 한민족의 역사, 우리 한민족의 사상, 그리고 고구려를 재현하는 것을 목표로 삼았던 것입니다. 이러한 일련의 행위들은 다 고구려

해모수호의 돛에 그려진 5마리의 용 해모수가 타고 내려온 오룡거를 표현했다.

와 연관되어 있습니다.

그리고 참 놀라운 사실이 있습니다. 이 해모수호를 띄울 때 우리는 조그마한 단체를 만들었었는데, 그 단체의 이름이 바로 '다물단'이었습니다. 다물단. 사람들은 '다물단?' 하고 고개를 갸웃거렸습니다. 그때는 대부분 '다물'이라는 말과 뜻을 몰랐기 때문에 이상하게 생각했죠. 물론 제가 처음으로 만든 조직은 아니고, 일제강점기 때 단재 신채호 선생님도 소속되어 있었지만 독립군들이 독립운동이 아니라, 그야말로 '독립전쟁'을 벌이려고 만들었던 비밀결사단체의 이름이 다물단이었습니다. 그 양반들이 다물단을 발족시켰고, 그분들이 역사책을 '다물단' 기술하였고, 그분들은 고구려 유적지나 발해 유적지에 학교를 세웠습니다. 그리고 역사책을 쓰셨습니다. 그 책들이 당시 조선에는 전달이 제대로 안 됐던 것이고, 그나마 일부 전달된 내용은 일본인들에게 문제가 됐기 때문에 일본은 조직적으로 조선 역사를 왜곡하기 시작했습니다. 1925년에는 그 이전의 조선사편찬위원회보다 더 강화된 '조선사편수회'를 만들어 조선총독부 직할로 했던 겁니다. 이런 그 무렵에도 역사전쟁은 일어나고 있었던 것입니다. 이러한 사연을 간직하고 있는 것이 바로 다물단입니다.

그런데 더욱 재미있고 놀라운 사실은 역사의 아이러니면서도, 역사에서 한 알의 씨앗이 얼마나 아름답고 큰 꽃을 피우고 열매를 맺는가를 보여주는 실례가 있다는 겁니다. 그 당시에 제가 뗏목을 탐험할 때 다물단의 깃발을 그린 사람은 대학교 2학년 학생이었습니다. 그 학생은 외무고시에 합격해서 외무부 공무원이었고, 중국통이었습니다. 그런데 2003년도에 동북공정이 구체적으로 국민에게 알려지고 분노를 일으켰을 때, 외교통상부 담당 부서의 높은 직위에 있었습니다. 제가 더 이상은 얘기 안 하겠는데요. 담당 직위에 있었습니다. 다물단의 깃발을 그린 바로 그 사람이. 그래서 동북공정이 처음 국내에 이슈화됐을 때 정부에서는 실상을 파악하지 못한 채 초기대응이 미온적이었지만 곧 적극적으로 돌아섰습니다. 원래 애국심이 많았고 정의감이 충만했던 바로 그 학생이 결국은 자기 역할을 한 것입니다. 다물단이란 명칭은 지금도 여러 분야에서 계속 살아남아 있습니다. 그래서 여러분은 역사에서 이런 단어 하나하나, 생각 하나하나, 행위 하나하나가 언제 어디서 아름다운 꽃을 피울지 모른다는 사실을 유념하시고, 역사에 대해서 좀 각별한 애정을 가져주시길 제가 간곡히 부탁드리는 겁니다.

고구려는 건국한 처음부터 분명한 목적이 있었습니다. 그것은 명분상으로는 원조선, 즉 우리가 알고 있었던 근본 조선의 질서를 회복하는 것이라는 것을 분명히 말씀드리겠습니다. 그렇다면 고구려는 구체적으로 어떤 정책을 취해야 할까요? 조금 전에 말씀드렸죠. 영토수복, 질서회복, 그리고 정신성의 회복. 그렇지 않습니까? 그런데 저는 오늘 강의의 주제가 '해양활동과 대외진출사' 거든요. 즉 해양과 연관돼서 설명해 드려야 합니다. 고구려는 해양활동을 활발하게 하지 않으면 안 되는 처지에 있었던 겁니다. 당연한 것 아닌가요? 우리 지도를 보도록 하죠.

이것이 제가 말씀드린 동아지중해의 영역이거든요. 고구려는 현재 첫 수도를 정확하게 모릅니다. 보통은 환인 지역(요녕성 환인현)을 첫 수도라고 얘기하고 있는데, 저는 개인적으로 아니라고 봅니다. 두 번째 수도를 현재 집안(길림성 집안현) 지역으로 보고 있습니다. 그렇다면 이렇게 남만주 일대가 적어도 400년 동안 고구려의 핵심지역이었습니다. 그리고 전성기였을 때는 이 정도의 영역을 가졌습니다. 고구려가 큰 나라로 발전하기 위해서는, 지난 시간에 말씀드린 대로 한반도와 함께 대륙, 그리고 바다를 동시에 장악해야만 된다는 겁니다.

고구려로서는 우선 조선적 질서를 회복하기 위해서도 필요하고, 또 한 가지는 동아시아에서 강력한 패권 내지는 중요한 역할을 위해서, 즉 코어(core)국가가 되기 위해서 해륙국가를 실현해야 한다는 겁니다. 해양과 대륙을 유기적으로 연결하는 해륙국가의 실현이야말로 고구려가 발전하는 가장 중요한 정책의 모토가 됩니다. 해륙국가의 시작. 그래서 저는 해륙국가의 실현을 고구려가 초기부터 말기까지 추진한 국가 발전정책에 큰 틀이라고 보고 있습니다.

그런 관점에서 구체적인 설명을 드리겠습니다. 여러분은 혹시 서울을 항구도시라고 생각해보신 적이 있나요? 서울, 아니면 공주, 아니면 부여

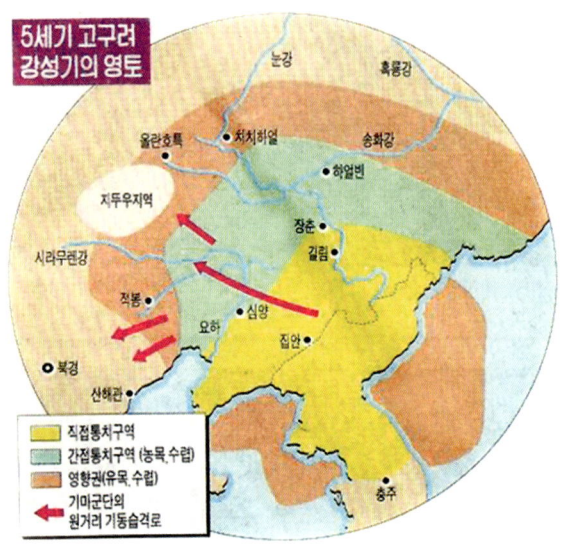

5세기 고구려 강성기의 영토 1996년도 윤명철 제작(조선일보)

를, 아니면 전주를 항구도시로 생각해본 적이 있나요, 없죠? 제가 예를 든 모든 도시는 분명히 항구도시입니다. 그런 사실을 우리는 간과하고 있어요. 고구려의 수도도 마찬가지겠습니다만, 동아지중해에 있는 많은 중요한 도시들은 대체로 항구도시입니다.

사람들은 이런 얘기 하면 내륙에, 강 하구에서 멀리 떨어져 있는데 어떻게 항구도시가 됩니까? 이렇게 반문합니다. 전혀 아닌 것 같죠. 그래서 한 예를 들어보게 되면 이렇습니다. '함부르크' 잘 아시죠? 함부르크는 유럽에서 가장 큰 항구도시거든요. 그런데 바닷가에서 내륙으로 110km나 들어가서 있습니다. 저는 배를 타고 바다에서부터 들어간 적이 있습니

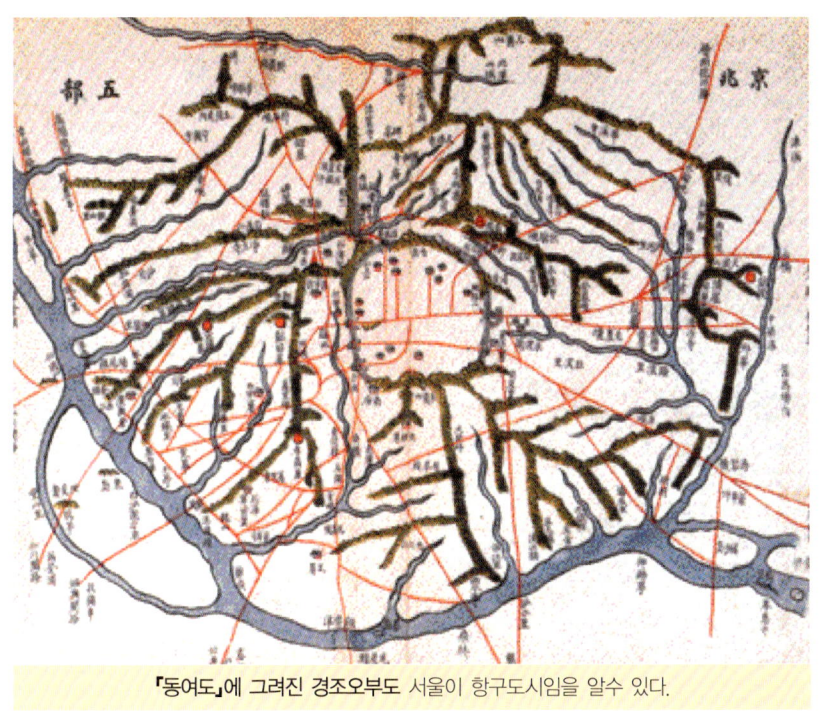

『동여도』에 그려진 경조오부도 서울이 항구도시임을 알수 있다.

다, 거꾸로. 그리고 명나라 초기인 1,400년대 초기에 당시 세계 최고의 조선술과 항해술을 자랑하는 정화(鄭和)의 원정대가 출발할 때, 그 함선들을 건조한 곳이 남경인데, 그 남경은 여러분이 잘 아시는 손권(孫權)의 오(吳)나라 수도였던 곳입니다. 남경은 바다에서 무려 300km나 들어간 곳에 있습니다. 그럼에도 '항구도시'라고 일컫고 있습니다. 우리나라에서도 대부분의 큰 도시들은 항구도시입니다. 그러니까 우리는 역사를 그 동안 너무 육지적 관점에서 보는 것입니다.

고구려로서는 해륙국가의 성격을 띠어야 하니까, 바다로 진출합니다. 시조인 고주몽 때부터 이미 두만강 하류로 진출합니다. 바다를 이해하기에 앞서 먼저 중요한 것은 고구려에는 큰 강이 있다는 겁니다.

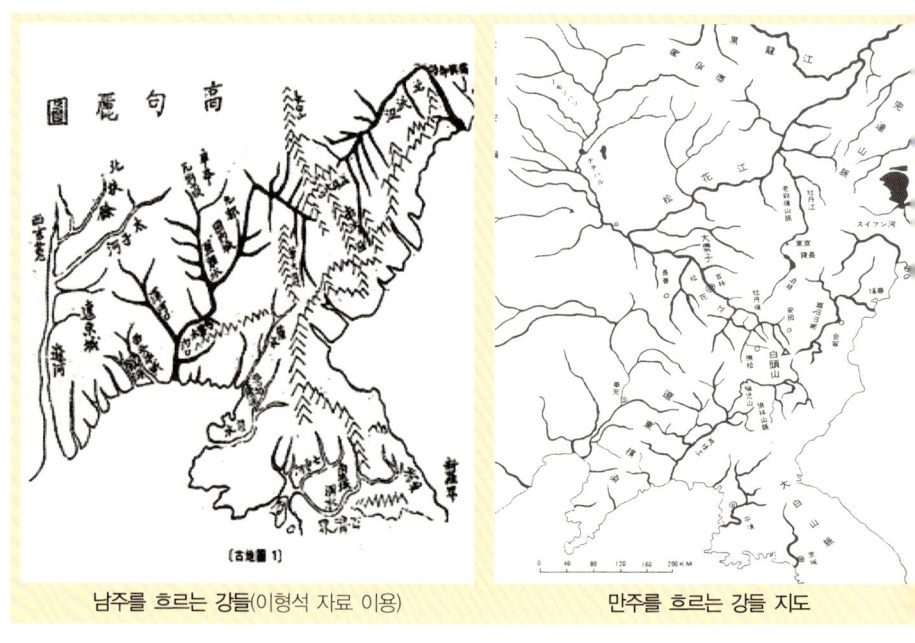

남주를 흐르는 강들(이형석 자료 이용)   만주를 흐르는 강들 지도

지금 한국사회에서 가장 중요한 이슈 가운데 하나가 '4대강 사업'이 죠. 사실은 1945년 이전까지 우리나라에서 대부분의 물류는 강과 바다를 통해서 움직였습니다. 그리고 속칭 한반도에는 배가 물자를 운반할 수 있는 강이, 배를 운행할 수 있는 강이 18개가 됩니다. 그뿐만 아니라 여러분이 이 지도에서 보시는 것처럼 만주지역에는 이렇게 많은 강이 있습니다. 큰 강이 60여 개나 됩니다. 강은 물류망이고, 어렵의 장소이고, 모든 생물이 모여 사는 터전입니다. 당연히 강에는 강을 지키는 군대가 있겠죠. 이것을 江上수군이라고 합니다. 우리 역사를 다시 봐야 합니다. 강과 관련해서 제가 재미있는 역사 하나를 설명할 수 있습니다. 여러분이 다 잘 알고 다 가 보고 싶어 하고, 또 우리가 오랫동안 그리워하는 곳이 어디

송화강변 북류송화강은 대안에서 눈강과 만나 동류송화강이 된다.

죠? 백두산 천지입니다. 맑은 물이 찰랑거리는 천지에 가랑잎, 나뭇잎 하나를, 자작나무로 하죠. 그 지역 특산물이니까. 자작나무 한 잎을 띄워 놓았다고 가정해 보지요. 그럼, 그 자작나무 잎사귀가 마지막에는 어디서 발견될 것 같습니까? 그 움직임을 찬찬히 떠올려 보세요. 강으로 연결된 곳은 우리가 지나다녔던 길입니다. 그 강들의 주변은 우리와 연관된 사람들이 먹고살던 삶의 현장입니다. 백두산에서 띄운 잎사귀 하나는 도대체 마지막에 어디서 발견될까요? 우리 역사에 대한 통념을 깨셔야 합니다. 자, 그럼 제가 한번 그 물길을 그려볼까요?

백두산 천지에서 떨어진 장백폭포의 물이 모인 곳이 유명한 송화강의 원류가 되겠습니다. 송화강은 남만주의 산골을 훑어 북쪽으로 쭉 흘러갑니다. 길림과 장춘 부여를 지나 여기 대안까지 오게 됩니다. 북쪽으로 올라간다고 해서 북류송화입니다. 여기서 흥안령의 남쪽에서 흘러온 눈(嫩)강과 만나 동쪽으로 흘러갑니다. 이것이 동류 송화강이에요. 이 지역은 과거에 부여인들이 살았던 곳이기 때문에 부여와 연관된 유적과 유물들이 많이 발견됩니다. 저는 95년도에 이 주변지역에서 말을 사서 타고 부여-장춘-길림-통화-환인을 거쳐 국내성까지 내려온 적이 있습니다. 송화강의 물길과는 정반대의 노정을 잡은 것이지요.

고구려인들은 기마민족이라고 말하고, 주몽은 말을 타는 전사이고 활을 잘 쏘는 사람인데, 저는 고구려 연구로 박사 학위를 받았지만, 정작 기마문화가 뭔지 모르고 대륙을 말 타고 달려본 적이 없었어요. 말을 탄 사람과 말 타보지 않은 사람은 생각부터 사소한 행동거지까지 많은 면에서 다릅니다. 말을 군사력의 주된 기반으로 하는 집단과 보병을 주된 기반으로 하는 집단은 전투 방식이 전혀 다릅니다. 무기도 다르고 이동거리가 다른 것이죠. 당연히 영토를 다루는 방식이 다릅니다. 부여를 비롯한 고구려는 분명히 기마군단이 활발했던 나라입니다.

그래서 95년도에는 동몽골 지역으로 말을 사러 갔다가 못 사고, 결국은 눈강 하류 지역의 한 시골 마을에서 말을 산 다음에 타고 남쪽으로 내려왔죠.

하얼빈 지역에서 동쪽으로 계속 가다 보면 여기 발발해의 수도권에서 올라온 목단강을 만나고 다시 동북쪽으로 흐르다가 삼강평원지역에서 우수리강과 흑룡강이라고 하는 강과 만납니다. 송화강은 여기까지가 총 1,900여km입니다. 흑룡강은 러시아말로 아무르 강입니다. 검은 물이라는 뜻이지요. 사료상에는 '黑水'라고 기록되어 있습니다. 그래서 흑수지역에 사는 말갈을 흑수말갈이라고 부르고요. 그 흑수말갈과 고구려는 갈등을 벌였고, 특히 발해는 건국 초기에 흑수말갈과 전쟁을 벌입니다.

눈강과 북류송화강이 만나는 대안시의 강(1995년)

그러니까 말갈과 연관돼서 흑룡강 지역은 중요하고. 우리 역사상에서 많이 등장했지만 다 망각했고 지금은 일부만이 에벤키, 오론춘, 나나이, 우데게 등 다른 이름으로 조금 남아 있는 소수민족들입니다. 그들은 흑룡강가에서 살고 있습니다.

우수리스크, 블라디보스토크, 핫산, 빠르티잔스크, 이런 명칭을 들으면 낯설지요. 그러면서 당연한 듯이 러시아 땅으로 생각하지요. 하지만 1860년도까지는 청나라 땅이고, 역사를 거슬러 올라가면 발해 영토입니다. 더 거슬러 올라가면 고구려 땅이죠. 또 더 거슬러 올라가면 원조선의 정치체제에 들어갑니다. 그런 사실들을 다 잊어버리고 있는 것뿐입니다.

송화강물을 담은 우수리강과 흑룡강물이 만나는 유명한 도시가 하바로브스크입니다. 제정러시아의 마지막 왕족들이 도망쳐 온 곳이 하바로

흑룡강 중류 항구도시인 흑하시 건너편이 러시아땅이다(2010년).

프스크죠. 여기서 아무르 강이 다시 북동쪽으로 쭉 올라가서 끝에서는 바로 타타르해협, 타타르 해의 북쪽 끝이면서 오오츠크 해의 입구에서 바다로 흘러들어 갑니다. 흑룡강은 본류만 길이가 4,730km입니다. 그렇다면 백두산 천지에서 출발한 나뭇잎 하나가, 아니 만약 제가 뗏목을 타고 출발했다면 결국은 오오츠크 해까지 갈 수가 있는 것입니다. 이 사실만 보아도 만주지역에서 강이라는 존재가 얼마나 중요한가를 알 수 있습니다.

　모든 물류는 강을 통해서 움직여지고, 사람들은 강 주변에서 살았고, 강 주변에서 살고 있는 많은 동물을 잡아서 고기도 먹지만, 모피를 만들어서 옷을 해 입고, 수출했습니다. 나중에 발해 편에서 상세히 말씀드릴 겁니다. 이 강들 주변에는 세상에서 가장 값비싼 모피가 있습니다. 어떤 모피일까요? 담비가죽(貂皮)입니다. 그 무서운 소비에트 공화국 시대에

하바로프스크시를 흐르는 아무르강(흑룡강)

도 유일한 밀수품목이 담비가죽이었어요. 그 담비가죽은 고구려인들이 많이 수출했고, 뒤를 이어 발해인들도 온갖 모피들을 수출했습니다.

　재미있습니까? 제가 이 지도를 통해서 말씀드린 요점은 만주지역에는 여러 곳에서 강이 많이 흘렀고, 강이 중요했으니까 당연히 강을 경계하는 군인들도 있었고 그들은 강상수군이라고 부른다는 것입니다. 고구려지역에 이렇게 분명하게 강들이 표시돼 있잖아요. 압록강이 흐르죠. 이 강은 그 유명한 요하가 되겠습니다. 320여km인 이 강 주변에 여러분이 잘 알고 있는 요동성, 안시성, 건안성 등이 있습니다. 고구려에서 아주 중요한 지역이죠. 나중에 또 말씀드립니다.

　그래서 저는 고구려는 아직 바다를 염두에 두지 않더라도 강을 통해서 강상수군, 즉 수군 활동을 활발히 할 수밖에 없다는 것을 말씀드립니다. 그리고 고구려로서는 어떻게 해서든 해양으로 진출할 수밖에 없는 것이죠.

집안시 남쪽을 흐르는 압록강　건너편이 북한땅이다.

이곳은 압록강 중류인데 이 지역이 집안시입니다. 고구려가 400여 년 동안 도읍으로 이용했던 실질적인 수도입니다. 국내성의 남벽이 붙어가는 곳이 바로 이 부분인데. 지금은 강가에서 한 100여m 떨어져 있지만 과거에는 압록강과 붙어 있었습니다.

재미있는 얘기인데요. 94년도에 처음으로 만주에 가서 이 강 앞에서 서서 북한 땅을 바라보면서 이렇게 얘기했습니다. '아, 나는 또 우리 선생님 세대들한테 잘못 배웠구나.'라고요. 저는 압록강과 두만강 이렇게 얘기하면 한반도와 대륙을 가르는 천연장벽이고, 중국과 우리를 갈라놓은 국경의 강인 줄 알았습니다. 이미륵 선생의 『압록강은 흐른다』라는 책도 있지 않습니까? 저 또한 어쩔 수 없이 반도사관에 절어 있었기 때문에 압록강과 두만강은 건널 수 없는 강이고, '우리는 숙명적으로 반도인이구나.' 라고 생각하고 있었습니다. 그런데 막상 와서 보니까 압록강이 개울 같았고, 그 개울의 건너편이 북한이더라고요. 그래서 '아, 압록강은 국경의 강이 아니라 한강이로구나.' 라고 선언했죠. 그러면 지금 여러분이 보고 계시는 이 북한의 만포지역은 뭡니까? 압록강이 한강이라면 이 지역은 강남이 되는 거죠. 여기가 강남이라면 가장 살기 좋고 땅값이 비싼 지역 아녜요? 실질적으로 이곳에는 농토로 사용할 만한 토지가 많습니다.

그리고 95년도에는 제가 말 타고 대륙을 질주해서 내려온 다음에 압록강 가에 말 타고 앉은 채로 섰습니다. 그랬더니 또 다른 생각이 들더군요. '아! 내가 작년에 실수했구나. 작년에는 압록강을 한강이라고 불렀었는데 내가 실수한 것이구나.' 그러면서 제 말을 수정했습니다. 그러면 어떤 식으로 수정했을까요? 저는 고구려 무사나 주몽처럼 말을 타고 북만주부터 남만주까지 달려온 사람이에요. 이미 먼 거리를 달려본데다가 말 위에 올라타고 있으니까 제 덩치가 최소한 1.5m의 키가 높아졌고 말과 내가 하나가 됐으니까 서구신화에 나오는 '겐타우로스'처럼 엄청나게 힘이 센 사람이 됐고, 나쁜 말로 표현하면 간덩이가 부은 거죠. 이게 고구려 사람들의 마음이에요.

그 고구려 사람들 눈으로 압록강을 보았습니다. '어, 이건 강남이 아니라 청계천이로구나.' 이랬습니다. 실제로 지금의 서울도 구조가 마찬가지입니다. 경복궁이나 덕수궁 옆을 흐르는 개천이 청계천이거든요. 그동안 우리 역사학계는 고구려의 궁궐 옆을 흐르는 조그만 강을 국경의 강이라고 얘기했고, 우리 역사의 터를 한반도라고 규정했고, 그러니까 당연히 대륙은 넘어갈 수 없는 벽이라고 세뇌당한 거죠. 하지만 현장에 가서 말 위에 앉아서 보니까 압록강은 청계천에 불과한 샛강이었죠. 우리 역사학은 정말 문제가 심각합니다. 이런 것들이. 그 외에도 연관된 것을 말씀드리면 한이 없습니다.

북만주의 초원지대에서 말타는 훈련하는 필자(1995년)

두만강 또한 마찬가집니다. 주몽은 초기에 이미 두만강 하구로 진출합니다. 6대 태조대왕 때가 되면 두만강 하구지역을 영토로 삼습니다. 이어 광개토태왕이 즉위 20년인 410년에 두만강 하구와 연해주 남부일대를 점령합니다. 여기는 하구인 두만강 철교입니다. 러시아의 핫산에서 북한으로 넘어가는 철도이죠.

한쪽은 중국의 훈춘(琿春)지역이고요. 건너편은 북한지역이고, 제가 사진을 찍은 곳은 러시아 지역인 핫산입니다. 여기는 정말 강폭이 얼마 안 돼요. 이곳은 현재도 예민하고 복잡한 문제지역이지만 앞으로 동아시아에서 질서가 재편될 때 그야말로 폭풍의 핵으로 등장할 수 있는 곳이 여깁니다. 중국이 동아시아에서 패권을 장악하고자 할 때나 해군력을 강화시키고자 할 때 반드시 차지해야 할 곳은 이 지역입니다. 중국으로서는 동해에 진출하는 전략적인 목이죠.

러시아령 핫산에서 바라다 본 두만강철교와 북한땅(1996년)

러시아는 1860년도에 청나라로부터 땅을 빼앗아서. 연해주의 블라디보스토크 부동항, 즉 얼지 않은 항구를 확보한 겁니다. 그러니까 청을 계승한 중국 정부로서는 연해주가 수복의 대상이 되는 겁니다. 거기다가 두만강 하구는 러시아와 북한이 하구의 20km를 공동으로 장악하고 있기 때문에 중국 해군은 동해에 진출할 수가 없습니다. 따라서 중국은 무슨 수를 써서라도 여기를 차지해야만 되죠. 그래서 벌써 한 5년 됐습니다만, 중국은 두만강 하구에 있는 나진 선봉지구, 특히 나진항의 부두건설에 참여하면서 부두 사용권을 무려 50년간 확보한 것입니다. 조차(租借)나 다름없는 것입니다.

이런 기막힌 현실들을 우리는 망각하고 있습니다. 그런데 이런 모든 상황이 고구려의 국가정책, 광개토태왕 장수왕이 처한 시대 상황들, 추진한 국가정책의 배경들과 거의 일치하고 있다는 것이죠. 그래서 저는 말 그대로 '역사학은 미래학이다.' 라는 관점에서 현실이나 미래와 연관시켜 가면서 역사를 해석하는 겁니다.

이제 기본을 말씀드렸으니 이해가 쉽게 가지요? 그렇다면 지금 우리와 마찬가지로 압록강과 두만강의 전략적인 중요성을 깨달은 고구려로서는 당연히 압록강과 두만강으로 진출해서 황해와 동해에 진출해야겠죠? 당연하지 않습니까? 그런데 실제로 그랬습니다. 많은 사례가 있습니다만 광개토태왕이 등장하기 전에 있었던 한 가지 사례만 말씀을 드리죠. 왜? 여러분이 너무나 잘 알고 있는 사실이기 때문에 예를 들기 편하거든요.

『삼국지』 다 아시죠? 삼국지는 명나라 시대 때 나관중이 쓴 '삼국지연의' 라는 소설입니다. 그것은 오랜만에 중국을 장악한 한족이 한족 중심으로 위, 촉, 오의 삼국시대 역사를 소설로 쓴 것이죠, 아주 흥미롭게.

아! 다시 한 번 또 말씀드리죠. 중국은, 우리가 알고 있는 중국이라는 질서는, 통일되어 있던 기간보다 분열되었던 기간이 더 깁니다. 秦, 漢, 隋, 唐, 元, 明, 淸 등이 통일국가였을 뿐이지요. 또 중국은 한족이 다스렸던 기간보다는 비한족(非漢族), 특히 우리와 혈연적으로 역사적으로 관계가 깊은 만주 일대의 종족들이 지배했던 기간이 더 깁니다. 즉, 회하(淮河) 이북에 한해서는 고대에는 우리랑 직접 연관된 선비족이 오랫동안 지배했고, 그 후에는 거란(요), 몽골(원), 만주족(금, 청)이 지배합니다. 이것을 분명한 역사적인 사실들입니다.

우리가 흔히 애기하는 삼국시대는 위나라, 촉나라, 오나라가 쟁패전을 벌이던 그런 시대입니다. 여러분은 위나라, 촉나라, 오나라, 그리고 조조, 유비, 손권, 제갈량, 관우, 장비 등등 다 잘 압니다. 어린 학생들에게 물어보면 조자룡까지도 다 잘 압니다. 그런데 정작 우리 역사는 모르죠. 안시성의 성주가 양만춘이었다는 사실을 모르는 대학생들도 많습니다. 도대체 우리는 누구입니까? 우리를 그렇게 만든 우리 내부의 그들은 누구입니까? 삼국지 시대에는 동쪽에 강력한 고구려가 있었고, 그들 간의 역학관계에서 중요한 역할을 했다는 사실도 모르죠. 물론 「삼국지연의」라는 소설에는 고구려가 등장하지 않습니다. 그러나 삼국지라는 역사책에는 고구려가 등장하죠. 역사는 상식입니다. 역사학자들이 아무리 색다른 표현을 쓰고 교묘하게 말장난을 하더라도 상식을 벗어날 수는 없죠. 지금 우리의 삶도 지나가면 역사이듯이, 그 당시 사람들의 보편적인 삶, 상식이 바로 역사입니다.

여기 북쪽에는 위나라가 있고, 서쪽에는 촉나라가 있고, 오나라가 여기 강남을 중심으로 해서 있죠. 지금의 상해주변 지역이라고 생각하면 쉽습니다. 그렇다면 이렇게 세 나라가 싸우고, 특히 강국인 위나라와 오나라가 결전을 벌인다면 이들은 각각 주변의 다른 나라들을 동맹국으로, 요즘 말로 표현하면 '전략적 동반자 관계'를 맺어야 하지 않겠습니까? 그렇다면 그런 관계성 속에서 남쪽에 있었던 손권, 즉 상해의 처지에서 볼 때 전략적 동반자 관계가 될 수 있는 나라는 어느 나라가 되겠습니까? 상식이죠. 당연히 적국인 위나라와 국경을 접하고 있고, 위나라와 갈등을 벌이면서, 적대관계에 있는 나라가 되지 않겠습니까? 적의 적은 나의 친구다. 이 말뜻을 잘 아시죠?

그러니까 손권으로서는 당연히 위나라를 압박할 수 있는 고구려와 동맹을 맺는 것이 합리적이죠. 그래서 두 나라는 실제로 동맹이 맺어졌습니다. 저간의 사정은 생략하고 간단히 결론만 말씀드리면, 오나라의 손권과 고구려의 동천왕 간에는 군사동맹이 맺어집니다. 그래서 3세기 전반기 무렵에 고구려의 군선은 이렇게 황해종단항로를 이용해서 상해지역까지 갑니다. 또 반대로 상해지역에서 고구려로 옵니다. 223년부터 227년까지 사신단이 오고 갑니다. 그런 과정에서 재미있는 것은 고구려의 동천왕이 수백 필의 말을 주었는데, 손권의 사신단이 타고 온 배의 규모가 적어서 80필의 말만 싣고 갔다는 내용이 『삼국지』의 「오서」에 나와 있습니다. 초피라는 값비싼 사치품도 실어서 보냅니다.

그래서 사신선이 황해를 종단해서 몇 번 오갔지만 고구려는 결국 손권이 보낸 사신의 목을 쳐서 위나라로 보냅니다.

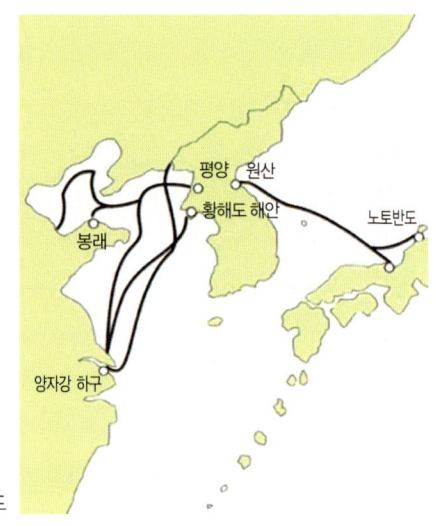

고구려 발전 시대의 국제항로도

결과론이지만 이것이 고구려로 봐선 전략적인 실수예요. 그 이후에 고구려는 위나라와 전쟁을 벌입니다. 242년에 벌어진 그 전쟁을 예전에는 단순하게 관구검이라는 장수의 침입으로만 배운 거죠. 우리 역사에서 관구검의 침입 자체가 무슨 의미가 있겠습니까? 고구려가 그냥 패배했다는 사실이 무슨 교훈이 됩니까? 왜 관구검이 침입했는가? 고구려 위나라 간에는 왜 전쟁이 발생했는가? 그리고 당시 동아시아의 역학관계는 어땠는가? 이런 의문과 답변이 있는 것이 역사학이 존재하는 실질적인 이유이죠. 나아가 그것은 21세기 또는 20세기 말에 우리와 어떤 연관이 있고 어떠한 교훈을 주는가? 이런 것을 연구하고 가르치는 것이 역사학이지, 뜬금없이 관구검이 침입했는데 동천왕이 싸우다가 패배했고, 나중에 밀우와 유유라는 충신이 고구려를 구원했다. 이렇게 맹목적이고 비 긍정적이고 소극적인 역사학이 어디 있겠습니까? 이건 중국인이나 일본인들의 해석이지, 우리의 해석은 아니거든요. 적어도 제가 해석하는 건 다릅니다.

그래서 해양활동과 관련만 하더라도 고구려는 그 이전부터도 그랬고, 그 이후도 그랬습니다만, 현재 압록강 하구를 출항해서 이렇게 황해를 길게 종단한 다음에 현재 상해만을 통과해서 남경까지 직접 가거나, 아니면 상해 만에서 중국배로 갈아타고 남경까지 들어가는 것입니다. 고구려는 이미 3세기 전반부터 동아시아 국제질서에 진입하면서 해양활동을 통해서 위상을 높이는 겁니다. 쉽죠? 너무나 상식적인 얘기가 아니겠어요?

이후에도 계속해서 군사 활동을 펼치는데, 이와 같은 역학구도는 삼척동자도 다 아는 겁니다. 고구려가 국제관계에서 이러한 해륙정책을 썼다면 백제도 당연히 쓰는 것이 아니겠습니까? 당시 백제는 한성, 현재 천호동 일대를 수도로 삼았으니까 당연히 부두에서 출항해서 최종적으로는 인천의 한진, 오늘날의 송도 바로 옆이죠. 아니면 강화도의 바깥을 출항해서 황해로 나가는 겁니다. 하지만 항해하는 과정에서 복잡한 문제가 발생할 수가 있습니다. 왜냐하면, 고구려는 남진해오고 있고, 백제는 좀 더 북진하면서 바다로 나가야 합니다. 그래서 경기만 장악과 함께 더 북상하려는 백제 세력과 남진하는 고구려세력이 전쟁을 벌이게 됩니다.

그 전쟁이 벌어지는 상황 속에서 백제가 일차적으로 승리하면서 고구려의 고국원왕이 전사합니다. 평양성 전투에서. 그 비운의 임금인 고국원왕의 손자가 오늘의 주제인 광개토태왕입니다. 광개토태왕은 독특한 분이죠. 고구려는 자체가 원래 독특한 나라입니다. 저는 고구려에 대해서 각별한 애정을 갖고 있습니다. '고구리즘(Gogurism)'을 표방하면서 고구려를 주체로 한 하나의 논리와 사상을 전개하고 있어요. 제가 '고구리즘'이라는 단어를 사용하면 남들이 고개를 갸웃거리거나 이상하다고 생각해요. 그럼 마르크시즘도, 마오이즘도 이상한 것 아닙니까? 학자들은 누구든지 이론을 정교하게 만들어 이즘을 붙일 수가 있고, 그래야 합니다. 이거는 인류의 지성사에서 보편적인 현상입니다. 피카소가 그린 독특하고 다양한 그림들, 독창적이라고 평을 받지만, 그런 그림들을 그렸을 때 그 그림에는 스페인이나 지중해의 문화적 산물만 담겨 있습니까? 아니죠. 아프리카의 문화적인 산물도 담겨 있습니다. 인상파화가들은 일본의 문화를, 러시아의 예술가들은 아시아, 특히 여진족의 문화를 많이 차용합니다. 사용하는 용어도 마찬가지입니다. 우리도 우리 나름대로 세계를 해석할 권리가 있고, 의무가 있고, 우리 나름대로 사상을 만들 의무가 있고, 우리 민족종교도 만들 권리와 의무가 있는 겁니다. 저는 그거 당연하다고 봐요. 여러 가지를 떠나서 우리 역사와 문화에서는 왜 새로운 사상이 나오면 안 되죠?

이런 얘기는 최근에 어떤 인터뷰에서 한 적이 있는데요. 제가 앞으로

10년 후에 '2020년 한국을 빛낼 100인'에 선정이 됐는데, 그런데 인터뷰의 마지막 부분은 이겁니다. '2020년, 앞으로 10년 후에 나는 비록 늦었지만, 우리 다음 세대들이 인류를 구원할 수 있는 세계적 사상가가 배출되도록 노력하는 것이다.' 라고. 이것이 제가 염두에 둔 2020년의 제 모습 중의 하나였습니다. 저는 정말 이상하다고 생각합니다. 이 나라는, 이 나라의 지식인들은 왜 독자적으로 자신이 논리로 세계를 과감하게 해석하지 못하는 겁니까? 저는 고구려에 대해서 각별한 애정을 기울이고 '고구리즘'이라는 명칭을 두고 여러 가지 이론들을 착착 정립해가고 있습니다.

그런데 광개토태왕은 바로 고구리즘을 실현한, 적어도 실현할 수 있는 토대를 만들어 놓은 인물이라고 생각을 합니다. 광개토태왕이 임금에 즉위했을 때는 나이가 불과 18세였습니다. 그 양반이 어린 나이로 임금이 됐을 때, 고구려가 여러분이 생각하는 것처럼 막강한 군사력과 넓은 영토를 차지한 대제국이었습니까? 그렇지 않습니다. 만약 그랬었다면 우리가 굳이 광개토태왕에 대해서 큰 의미를 부여할 필요도 없고, 오늘날의 국가발전 모델로 삼을 이유가 없습니다. 원래 잘 사는 집의 사람이 재산을 좀 더 불린 것은 큰 의미가 없죠? 그런데 정말 어려운 상황 속에서, 그야말로 아무것도 없는 상황 속에서 열심히 노력하고 머리를 써서 의욕적으로, 그래서 재산을 불렸다면 그 사람은 인간적으로도 매

구리시에서 세운 광개토태왕 동상

력적이고, 실제로 뛰어난 사람이죠. 광개토태왕이 그런 분이죠.

고국원왕, 즉 할아버지는 화살을 맞고 전장에서 전사하셨습니다. 백제는 남쪽에서 계속해서 공격을 해오고 있습니다. 하도 오랫동안 흉년이 계속되다 보니까 백성이 굶어 죽는 지경에 이르렀죠. 한편, 황해를 건너서 중국에서 날라 온 메뚜기 떼들이 내습하였습니다. 그리고 사료에서는 나오지 않았지만 어린 임금이 즉위했으니, 권력을 장악할 수 없는 다른 귀족들의 반발이 얼마나 심했겠습니까. 이렇게 어려운 상황 속에서 광개토태왕이 즉위하자마자 그와 그를 지지하고 뒷받침하는 신진 세력들은 '고구려를 새로운 나라로 변화시켜야겠다.' 다른 말로 하게 되면 주몽, 건국자인 고주몽이 추진한 '국시인 다물을 실현해야겠다.' 이런 목표를 세운 겁니다.

저는 광개토태왕이 처음부터 그런 국가발전 시나리오를 완벽하게 작성했다고는 보지 않았습니다. 그런데 그분이 22년간 활동하고 이룩한 업

만주 집안시(고구려 국내성)의 광개토태왕릉

적들을 전체적으로 쭉 펼쳐서 마치 시리즈처럼 열거해보니까, 나름대로 하나의 모델이나 시나리오 속에서 이뤄졌구나 하는 것을 느낄 수가 있어요. 처음과 똑같아야 할 이유는 없습니다. 시나리오는 늘 변하는 겁니다. 그리고 국가발전 전략은 늘 있어야 하는 겁니다.

우리와 중국의 차이점이 있습니다. 우리는 장기적인 마스터플랜을 마련하지 못합니다. 중국은 공산당 간부들이 모여 오랜 기간 대토론을 통해서 50년간의 국가발전 계획을 세워놓는다는 겁니다. 이것은 당연한 일이지만, 우리 처지에서 비교하면 놀랄만합니다. 우리 한국 이젠 정말이지 반성해야 합니다. 그런 의미에서 볼 때 광개토태왕이나 그 임금을 보필했던 엘리트들, 참모진들, 지성인들, 기술자들은 합심해서 나름대로 국가발전전략을 장기적으로 수립하고 하나하나 실현했다고 봅니다. 물론 제가 설정한 가설입니다. 그러나 그랬을 가능성이 매우 많다는 거죠.

그분으로서는 고구려는 해륙국가를 실현해야 하는데, 해륙국가를 완성하겠다면, 즉 옛 조선적 질서를 복원하고, 조선이 차지했던 많은 영토를 회복함과 동시에 좀 더 넓은 영토를 차지하려면 도대체 어떻게 해야 할까. 이런 것들을 당연히 궁금하지 않겠어요? 먼저 결론부터 내리겠습니다. 그가 추진한 해륙정책의 내용은 동아시아 지중해의 코어(Core)역할입니다. 즉 동아시아 지중해의 코어에 있으면서 모든 관계의 핵심이 되는 것이 당시 고구려의 발전정책이라고 저는 봅니다.

모든 사물에는 일련의 흐름이 있습니다. 흐름이 있지만 흐름이라는 것이 늘 평범하게 또는 동일한 질로서 균질하게 이뤄지는 것은 아니죠. 이것은 파동과 같습니다. 그런데 파동의 중간 중간에는 입자가 있습니다. 그것과 마찬가지로 시간도 늘 똑같이 흐르는 것 같지만, 하루에도, 한 달에도, 일 년에도, 사람의 일생에도 나름대로 어떤 마디가 있는 것이죠. 그

걸 시간의 목(頸,경)이라고 그럽니다. 목, 전환기 국면 등 다 유사한 말들입니다. 저는 자연스러운 흐름과 함께 모인 목을 중요시합니다.

여러분은 이 목을 잘 파악해야 합니다. 이것은 개인의 삶에 있어도 그렇고, 국가에서도 마찬가지고, 역사에서는 전환기입니다. 바로 광개토태왕이 즉위하던 시기는 역사가 전환하는 이런 목이고, 지금 21세기 우리 한민족이 당면한 것도 이런 역사의 목입니다. 그리고 이런 목은 비단 시간뿐 아니라 공간에도 있습니다.

그렇다면 현재 여러분이 있는 이 터, 즉 동아시아의 지중해라는 이 터를 놓고 보면 반드시 장악해야 하는 몇 개의 목이 있다는 겁니다. 여러분이 사업을 하실 때면 슈퍼마켓을 하든, 동네 마트를 하든, 식당을 하든, 약국을 하든, 가장 중요한 게 뭡니까, 목이죠? 우선 목 좋은 데를 잡아야죠? 그럼 목을 다른 말로 표현하면 뭡니까? 영어로는 인터체인지(IC)가 될 수 있잖아요. 다른 말로 하면 물류의 허브(Hub)가 될 수 있는 것이죠? 그런 목을 장악해야 해요. 그러니까 동아시아 지중해라는 넓은 판, 넓은 터, 넓은 필드, 이 필드에서 가운데 역할을 충실하게 하려면 반드시 중요한 몇 개의 목을 장악해야 합니다.

그 목들을 장악하는 일이 당시 광개토태왕에게 주어진 숙제였었죠. 이 목들은 서쪽부터 보면 우선 가장 중요한 목이 요동반도의 끝입니다. 여기는 대련시가 있고, 그 밑에는 여순항이 있습니다. 여순은 얼마 전에 꼭 백주년이 지났습니다만, 안중근 의사께서 순국하신 곳이고. 훗날 단재 신채호 선생도 순국하신 우리에겐 소중한 곳입니다. 그 이전에는 러일전쟁이 일어났던 곳입니다. 그리고 원 조선시대, 즉 여러분 알고 계시는 고조선 시대 때는 산동반도의 제나라로 향하는 무역선이 출발하던 항구가 대련이고, 다시 꼭 거쳐 가는 해역도 여순지역입니다. 고대에는 마석진이라고 불러왔죠. 1980년대에 등소평이 사회주의 시장경제정책을 추진할 때 세운 경제기술개발구 중의 하나로 선발된 곳입니다.

요동반도의 끝이기 때문에 여기를 반드시 장악해야 합니다. 조선도 이 지역을 장악했고, 고구려는 이미 5대 모본왕 때인 44년에도 현재 북경 교외까지 공격합니다. 6대 태조대왕 때는 요하 이서지역에 10개의 성을 쌓습니다. 일종의 행정구역을 설치한 것입니다. 그 후 양 세력들 간에는 공방전을 펼치다가 최종적으로 요하 동쪽을 고구려의 완벽한 영토로 만든 때는 광개토태왕 시대입니다.

요동반도는 요하를 경계로 국경선이 설치되면서 국경선의 구실로서 중요한 역할이 있습니다. 하지만 그보다 더 중요한 이유가 있습니다. 동아시아의 모든 종족이 이 요동을 탐내는 이유는 바로 자원 때문입니다. 그 시대에 가장 중요한 에너지원이면서 값비싼 자원은 무엇일까요?

네 바로 철입니다. 요동성 안시성 지역은 최대의 철 생산지였습니다. 안시성은 요나라 때 철주라고 불리었을 정도였고, 지금도 안산제철소가 최고의 철 생산지로 군림하고 있습니다. 그리고 또 하나의 이유가 있습니다. 바로 해양 전략적인 가치입니다. 요동반도 끝을 장악하면 바다까지도 함께 장악합니다. 황해북부에서 발해만으로 들어가거나, 또는 산동반도로 상륙하고 할 때 모든 항로는 요동반도의 끝을 통과할 수밖에 없습니다. 요동반도에서 산동반도는 수심이 10~20m 정도인 얕은 바다인데다가 섬들이 줄줄이 이어져서 마치 징검다리처럼 사용할 수 있었습니다. 그래서 약 5000년 전부터 해운업이 발달했다는 주장들이 나올 정도입니다.

발해 일부와 요동반도의 근해는 고구려의 수군이 활동하는 바다였습니다. 요동반도 남쪽에는 장산군도가 있는데, 404년 광개토태왕 시대 때 고구려의 영토가 되었다고 현지에서 기록하고 있습니다. "廣開土大王은 산동반도에 있는 남연(南燕)과 해로로 교섭했는데, 이는 요동반도의 해양을 장악했기 때문에 가능한 일이었다."라고 나옵니다.

　두 번째는 압록강 하구입니다. 이곳은 이미 미천왕 때 완벽하게 장악하지만, 광개토태왕 때도 꼭 필요한 지역이었죠. 압록강 하구, 지금 말로 하면 무엇이겠습니까? 바로 2001년도에 김정일이 설치하겠다고 한 '신의주 경제특구'입니다. 중국에서는 단동이죠. 압록강 하구를 놓고 중국 세력과 우리는 역사 이래 계속해서 갈등을 벌였고, 심지어는 여러 차례 전쟁까지 불사했던 겁니다. 전략적 완충지이고, 황해와 대륙을 이어주는 목이니까 중국에서는 북한이 신의주에 경제특구를 설치하는 것을 용납할 수가 없었죠? 그 계획은 당연히 실패로 돌아갔고 북한도 처음부터 그 결과를 알고 있었겠죠, 나중에 중국이 단동지역에 엄청난 투자를 하면서 신의주와는 비교할 수 없을 만큼 거대한 도시로 변모했습니다.

요동반도의 끝인 노철산 등대

중국은 이 단동을 경제거점지역으로 삼아서 북한에 영향력을 확대하기 시작하는 거죠. 한동안 위화도 특구, 비단섬 특구 등의 계획들을 흘리더니 얼마 전에는 황금평을 경제특구와 관광특구로 하겠다고 발표했습니다.

단동이라는 명칭은 그전에는 안동이었습니다. '안동' 하면 떠오르는 거 있죠? 물론 경상북도 안동도 있지만, 당나라가 숙적 고구려를 멸망시키고 설치한 기관이 안동도호부예요. 동쪽을 안정시킨다는 염원을 표현한 겁니다. 그런데 '단동'의 단은 붉을 단(丹)자죠. 공산주의로 동쪽을 붉게 물들인다는 뜻입니다. 이거 하나하나가 다 의미가 있는 건데, 우리나라 사람들은 그냥 맥 놓고 있어요. 정말 역사전쟁이라는 것이 치열하게 벌어지고 있는 겁니다. 지금 이 순간에도.

그다음에 고구려에 중요한 곳이 어디냐면 바로 경기만입니다. 지금 충돌이 벌어지는 NLL(Northern Limit Line), 북방한계선도 있지만, 경기만은 대북 관계뿐만 아니라 한민족에게, 동아시아에서 정말 중요한 곳입니다. 자, 보세요. 경기만은 현재 황해도의 장산곶부터 시작해서 인천만을 거쳐 평택지역 전체를 잇는 넓은 만이 되겠습니다. 그래서 저는 여기를 '범경기만'이라고 명명하고요. 제가 지난 정권부터 제안한 것이 중국의 경제특구와 대응하기 위해서는 범경기만을 하나의 특별구로 하자는 '범경기만 해양특별구'를 꾸준히 제안한 겁니다. 그 모델은 고구려모델이죠. 고구려입장에서는 경기만을 확실히 장악해야지만 당시 국제질서의 중심부로 진입할 수가 있었습니다.

조금 전에 얘기했듯이 중국은 그 무렵에 남북으로 분단되어 있었습니다. 특히 북쪽은 '5호 16국', 중국인들이 말하는 이른바 5개의 오랑캐가 16개 나라를 세웠다, 망했다는 그런 대 혼란기의 끝에 있었습니다. 그러니까 고구려로서는 남북으로 분단된 중국 쪽을 대상으로 해서 등거리 외교를 해야 합니다. 지금은 중국이 남북을 상대로 동시 등거리 외교를 하는 것과 똑같죠. 그러기 위해서는 무엇보다도 경기만을 장악해야 합니다. 왜? 한반도의 한가운데 있는 경기만을 장악해야 황해의 북쪽으로 항로가 개설되고 남쪽으로도 항로가 개설될 수 있습니다.

여러분이 오해하고 계신 게 있습니다. 우리 역사에서는 북방유목종족을 빼놓고 소위 중국지역과 교섭하거나 교류할 때는 조선시대를 빼놓고 육로가 아니라 거의 100% 바닷길을 이용했습니다. 잘 모르셨어요? 일본열도와 교류할 때야 물론 100% 바닷길입니다. 동남아시아도 같고요. 그런데 왜 우리 민족에게는 해양활동이 없습니까? 당연히 있는 거지요. 그렇다면 고구려로서는 당연히 경기만을 장악해야, 말 그대로 대중 남북등거리 외교를 펼칠 수가 있습니다. 또한, 백제의 해양활동을 약화시키고, 대중 항로를 봉쇄할 수 있습니다. 이와 같은 배경 속에서 광개토태왕이 추진한 중요한 목표는 경기만을 공격해서 점령하고 내쳐, 수도인 한성을 압박하자는 겁니다.

그래서 광개토태왕은 즉위년에 공격을 개시했습니다. 7월에는 황해도 해안 일대에서 전쟁을 벌였고, 10월에는 현재 강화도로 추정되는 관미성을 점령했습니다. 바다로 둘러싸인 이 성을 점령하기 위해 대군이 20일 동안 공격을 가해서 결국은 함락시킵니다. 필시 백제의 수군함대 사령부나 국외 진출 항구였을 곳입니다. 그 후 6년째인 396년도 병신년에 가면 왕은 솔수군(率水軍), 수군을 거느리고 벌잔국군(伐殘國軍), 그리고 58성을 점령하고 이어서 아리수를 건너 한성을 공격합니다. 결과는 대승리였습니다. 이러한 내용이 광개토태왕 비문에 굵은 예서체로 새겨져 있습니다.

저는 그때 점령한 성들의 위치를 지도에서 찍어보았습니다. 결국은 광개토태왕이 수군을 거느리고 점령한 성인데, 이것을 통해서 공격 루트와 전황 그리고 전략을 살펴볼 수 있었습니다.

제1로는 한강 수로 직공작전입니다. 왕성은 지금 천호동 일대가 되겠죠. 그러니까 NLL 해역을 통과한 해군과 해병대는 강화도로 진입한 후에 한강 수로를 따라서 공격했습니다. 한강하구와 임진강이 만나는 현재 자유로 끝인 통일 전망대와 김포반도의 하성면 사이를 통과해 좌측으로는 자유로, 강변북로를 거쳐 마포-중랑천 등을 통과해서 아차산 아래까

발견 초기의 광개토태왕비

2004년에 다시 비각을 세운 모습

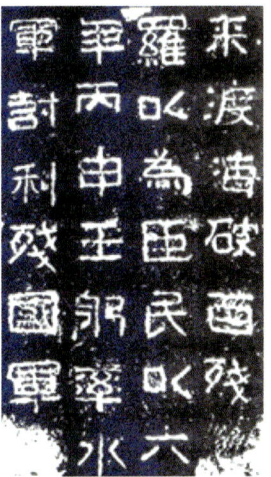

병신년 조항이 새겨진 비문의 1면

2강 고구려의 해양활동과 국가발전 정책 83

지, 우측에는 김포시와 멀리 부평의 계양산성-영등포-노량진-반포-잠실 등을 거쳐 천호동으로 진군하는 겁니다. 당연히 한강의 주변에는 백제인들이 요소요소에 쌓은 한강방어체제가 있었습니다. 그중에 하나가 행주산성입니다. 행주산성은 여러분이 아는 것처럼 조선시대 때 아낙네들이 행주치마에 돌을 담아 날아가면서 쌓은 산성이 아닙니다. 이미 통일신라시대 때에 행주산성은 있었습니다. 그리고 출토된 일부 파편들을 보면 백제시대의 강변 산성일 가능성이 큽니다. 그러니까 이렇게 한강 주변에는 하류인 김포반도에서 남한강, 북한강이 마주치는 양수리 주변까지 강변 방어체제들이 구축되어 있습니다.

제2로가 바로 여깁니다. 여기가 어디죠? 여러분이 잘 알고 있고 또 이용하고 있는 섬입니다. 인천만의 영종도와 월미도입니다. 그리고 여기는 문학산성입니다. 비류가 도읍했던 미추홀이 있었던 곳이고, 후에 미추성이 있었습니다.

그러니까 비문의 기록처럼 미추성을 점령했다면 광개토태왕군은 소위 인천상륙작전을 성공한 겁니다. 저도 인천상륙은 몇 번 했어요. 97년도에, 2008년에도 뗏목을 타고. 그런데 이런 상륙이 아니라, 광개토태왕은 당시 한 국가의 운명을 좌우하고 국제질서를 전면적으로 재편시키는 상륙작

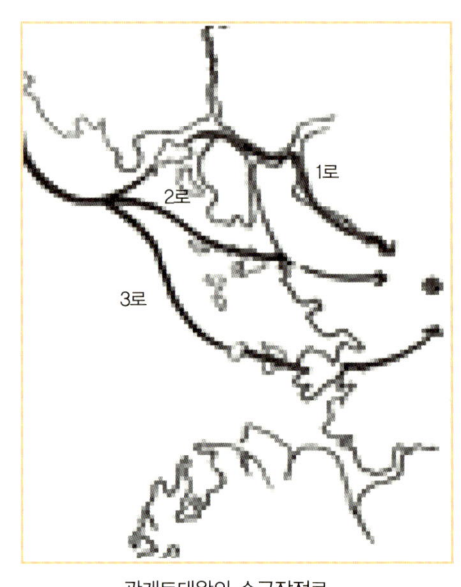

광개토태왕의 수군작전로

전을 처음 시도한 사람입니다. 맥아더 원수가 인천상륙작전을 펼치기 이전에도 우리 역사는 있었고, 경기만은 있었던 겁니다. 한반도의 한 중앙에 있는 넓은 만이고, 한반도의 반을 장악할 수 있는 한강의 물길이 모여드는 곳이 경기만입니다. 어떤 세력이든 인천상륙작전은 불가피하게 시도할 수밖에 없습니다. 이젠 남의 이야기만 하지 말고, 정말 살아있는 우리 역사를 찾아야 해요. 그리고 의미도 부여해야 합니다. 후손된 도리이고, 인간의 양심입니다. 고구려군이 인천상륙작전을 성공하니까 큰 저항을 받지 않고, 지금의 주안에서 철마산을 넘어 부평으로 가서 전력을 정비한 다음에, 해병대는 신월동, 목동, 영등포를 거쳐 현재 천호동 일대로 진군하는 거죠. 물론 중간 중간에는 한강 수로를 직공해오는 군대와 연합작전을 펼쳤겠죠.

그리고 제3로 군은 어디로 상륙했을 것 같습니까? 경기만의 지형을 찬찬히 살펴보면 해답이 저절로 나타납니다. 현재 여기 제부도입니다. 안산 바깥의 대부도와 함께 교두보로 삼아 남양반도에 대규모로 상륙합니다. 그다음에 비봉을 빠져나가 동탄, 판교, 분당, 성남을 거쳐 하남시 일대와 천호동 일대를 공격해 들어갑니다. 이 대단하고 놀랄만한 기습작전을 저는 광개토태왕의 경기만 상륙작전으로 부릅니다. 완벽하게 수륙양면작전이죠.

고구려로서는 경기만을 완벽하게 장악해야지 중국을 대상으로 동시 등거리 외교를 추진하고, 나머지 신라는 아직 상관없지만, 백제가 중국 쪽과 교류하는 것을 바다에서

백제 전기의 왕성이었던 풍납토성

봉쇄해 버리죠. 무서운 겁니다. 당시 이 작전은 전격적으로, 조직적으로, 기하학적으로, 그야말로 드라마틱하게 이뤄졌습니다.

장수왕 때 이야깁니다만, 장수왕은 427년에 수도를 평양지역으로 옮긴 다음에 좀 더 확실하게 경기만과 서해안을 장악하죠. 금강가 북쪽에도 소문성 등 성들이 있었고, 한때는 대전지역까지도 내려왔습니다. 월평동 유적에서는 고구려 토기들이 다수 발견됐습니다. 이때 고구려는 경기만을 이용해서 동시 등거리 외교를 추진하고, 백제는 북위와 교섭하기 위해서 출항하는데, 고구려인들이 해상에서 차단합니다. 당시 백제 임금은 개로왕입니다. 그는 427년에 북위의 효문제에게 국서를 보냅니다. 거기에는 '승냥이와 이리 같은 것들이 길을 막고 있어서' 부터 시작해서 '고구려가 때로는 남으로 송나라와 통하고, 때로는 북으로 유연과 순치(脣齒)관계를 맺고 있다.' 등 고구려에 대해서 많은 모함을 합니다. 그런 다음에 어떻게 됐습니까? 475년에 장수왕은 3만의 군대를 보내서 현재 미사리 일대의 한강을 도하한 다음에 왕성인 한성을 점령하였습니다. 개로왕을 북성에서 포로로 잡아, 현재 아차산으로 끌고 가서 목을 쳤습니다. 이것

서울 아차산성

서울 아차산 고구려보루(현장 안내판 촬영)

이 냉혹한 역사입니다.

그리고 그런 과정에서 439년의 일입니다만, 장수왕은 무려 800필의 말을 당시 송나라의 수도인 건강(南京)에 보냈습니다. 삼국사기와 송서에 기록되어 있습니다. 800필의 말은 지금으로 말하면 800기의 미사일과 똑같은 전략적인 가치가 있습니다. 특히 말이 없는 남쪽지역의 나라에게 군마의 존재는 엄청났습니다. 800필의 말을 적재한 대선단이 황해를 사단항해하면서 500km 이상을 항해하였다면 조선술과 항해술이 가공할 정도였다는 것을 반증합니다. 선박에서 살아 있는 말을 운반한다는 것이

고구려 전성기시대의
중핵조종역할도

2강 고구려의 해양활동과 국가발전 정책

어떤 기술적인 의미를 지니고 있는지는 언급하지 않겠습니다. 참고로 말씀드리면 12세기경 바이킹 선단들도 한 척당 군사 44명 군마 2필을 실었다고 합니다. 그 외에도 고구려의 해양문화 수준을 알려주는 몇 가지 사례가 더 있습니다. 고구려가 경기만을 완벽하게 장악하고 해양활동을 활발하게 전개하는 것은 동아시아 지중해에서 강국이 되는데 필수적인 조건이었습니다.

심지어는 5세기 후반에는 장수왕이 파견한 고구려의 사신단이 남제로 내려가다 산동반도의 앞바다에서 북위군에게 잡힙니다. 사신인 여노(餘奴) 등이 나포가 돼서 궁궐로 끌려가요. 또 그 후인 6세기 초에도 남제에서 고구려로 가다가 사신이 중간바다에서 나포가 됩니다. 북위군이 고구려의 사신단을 나포해서 궁으로 끌고 갔지만 어떻게 할 겁니까? 고구려는 강국인데다가 정치적으로 필요한 존재니까 놓아줄 수밖에 없죠. 그것이 당시 국제관계의 실상입니다. 심지어 고구려는 479년에 유연과 모의하여 북쪽의 유목종족인 지두우(地豆于)를 분할하려고 했습니다. 그 과정에서 시라무렌 유역의 거란을 공격했지요.

그다음에 또 고구려가 반드시 차지해야 할 전략적인 목은 두만강 하구에요. 지금도 마찬가집니다. 중국이 나진 선봉지구에 관심을 두고 조차에 가까운 상태로 편입시킨 것이 이유가 있듯이 고구려도 이 지역을 장악해야지만 됩니다. 우선 경제적으로 가치가 높은 연해주 남부로 진출하는 교두보를 삼아야 할 뿐 아니라 동해의 해양활동을 안정적으로 관리할 수가 있었습니다.

자, 제가 이렇게 해서 하나, 둘, 셋, 네 개의 목을 얘기했습니다. 그런데 고구려에는 또 하나의 중요한 목이 있어요. 신라장군하면 어떤 인물이 연상됩니까? 이사부? 네, 그렇습니다. 원래는 김이사부입니다. 한국 역사학에서 성을 빼놓고 부르다 보니까 모두 이사부의 성을 이로 알고 있습니다. 이차돈처럼, 고구려의 건무 안승 등도 마찬가지인데, 이들은 왕족들인데도 성 없이 불리고 있죠. 물론 삼국사기의 기록 탓이지만 그대로 맹종하는 역사학자들의 인식이 문제이지요. 김이사부가 우산국을 정벌한 것은 또 다른 이유가 있습니다. 고구려와 연관이 깊습니다. 이미 광개토태왕 때인 400년에 군대 5만이 현재 부산지역까지 쳐내려 옵니다. 그러나 고구려는 충주 영주 청송 등을 거쳐 실제적으로는, 즉위한 지 69년째인 481년에, 포항 근처인 흥해(興海)까지 진출하였습니다. 현재 포항 위에 영덕 같은 경우가 고구려의 영토가 돼서 지방관청인 군이 됩니다. 하지만 기본적으로 삼척지역까지 안정적인 영토가 됩니다.

고구려는 동해 중부지역까지는 진출해야지만 동해중부 횡단항로와 울릉도, 독도를 활용해서 비교적 안정적으로 일본열도로 항해할 수가 있습니다.

신라도 성장하면서 고구려와 마찬가지로 해륙국가를 완성해야 강국으로 발돋움 할 수 있습니다. 때문에 북진정책을 취하면서 해양을 확장시킬 필요가 있습니다. 더불어 고구려의 남진을 저지하면서 일본열도로 가는 항로를 방해하기 위해서라도 현재 삼척 강릉지역을 차지하고, 울릉도를 복속시켜야만 합니다.

이런 상황과 국가정책 속에서 신라장군인 김이사부는 505년에는 삼척의 실직주를 점령해서 실직군주가 되고, 다시 뒤이어서 몇 년 후인 512년에는 현재 강릉인 하슬라주를 점령해서 군주가 됩니다. 그리고 즉시 우산국을 공격했습니다. 신라가 동해 항로상의 거점인 우산국을 점령하니까, 고구려인들은 이제 동해 중부를 출항해서 일본으로 갈 수가 없는 거죠. 거꾸로 얘기하면 고구려로서는 현재 강릉 삼척 지역을 차지해야지만 이

항로를 통해서 일본의 쓰루가 지역 등에 도착할 수 있습니다.

고구려는 계체천황(繼體天皇) 10년과 흠명천황(欽明天皇) 원년에 사신을 파견했는데, 이시가와 현과 후꾸이현에 걸쳐있는 월국(越國)에 도착합니다. 이런 일은 몇 번 있습니다. 바로 쓰루가 해안에서 교토, 나라, 오사카까지는 자동차로 두 시간밖에 안 걸리는 가까운 거리거든요. 그런데 역시 안정적으로 동해 중부횡단항로를 사용하려면, 남쪽 한계가 현재 삼척과 강릉지역입니다. 실제로 한민족의 일본열도 진출 그러면 백제를 생각하기 쉬운데, 고구려인들도 엄청나게 진출을 많이 했고 영향력을 미쳤습니다. 다음 시간에 말씀드릴 겁니다.

지금까지 강의한 내용을 정리하면, 광개토태왕은 제가 말씀드린 동아지중해라는 큰 터와 넓은 판 속에서 코어, 가운데가 되기 위해서는 최소한도 다섯 개의 전략적인 목을 장악해야지만 된다는 겁니다. 그리고 만주 북쪽으로 진출해서 5+α의 목을 장악하면 명실공이 동아지중해 중핵국가가 돼서 정치, 외교, 경제, 문화적으로 모든 것의 중심이 된다는 겁니다.

이렇게 해석하면 너무나 쉽지요? 결국, 국력이란 국가의 에너지원 확

바이킹들이 사용하던 배 　　　　조선말에 운행되던 범선 서양인이 그린 삽화이다.

보와 기술력, 국가의 시스템도 중요하겠지만, 이러한 전략적인 목들을 장악했고 항로를 안정적으로 확보했기 때문에 외교, 군사, 무역이 가능했습니다.

그러면 이렇게 생각해 볼까요? 이 뱃길을 따라서 정치외교, 즉 사신단과 군인들이 오고 갔다면, 그 배에는 장사꾼들이 타고 가면 안 됩니까? 고대역사에서도 장사는 정말 중요했었습니다. 장사를 다른 말로 표현하면 무역이고, 무역의 길을 요즘 말로 표현하면 물류잖아요. 지금 우리 한국경제에서 최대의 과제가 뭡니까? 황금노선, 물류망을 확보하는 것입니다. 중국이 지금 상해 앞바다 한가운데에 양산신항을 건설하는 이유가 뭡니까? 양산 신항의 많은 부두가 다 완공돼서, 양산신항, 홍콩, 광주, 이렇게 3항구를 합치면 중국이 전 세계 물동량의 제일 많은 부분을 차지하게 되는 거죠. 우리가 부산신항이 만들어도 양산신항을 뒤따를 수가 없어요. 난공사를 무릅쓰면서도 양산신항을 만드는 이유는 물류 때문에 그렇습니다. 그 당시에도 물류가 중요했었기 때문에 고구려인들은 이러한 항로와 항구를 이용해서 물류의 허브역할을 가능하게 만들었습니다.

물류의 허브란 것이 무엇입니까? 물건은 그냥 파는 것이 아니라 물건을 어디선가 사와서 다시 되팔아야 이익이 많이 납니다. 물류의 허브에서는 이런 일이 가능합니다. 그러니까 고구려의 전략적인 목, 즉 중심구역은 중계무역뿐만 아니라 보세가공무역도 가능했습니다. 요즘 말로 경제특구 비슷한 곳도 있었습니다. 경제특구, 다른 말로 하면 FTA(Free Trade Area) 자유무역지대이잖아요.

여러분! 제가 어렸을 때는 고구려가 약탈경제를 영위한 나라라고 배웠어요. 자체생산력이 없고 침략해서 생활한다는 논리이지요. 중국인들의 기록을 맹신한 겁니다. 물론 틀렸지요. 어떻게 약탈경제를 통해서 700년 동안이나 강국으로 존재할 수 있으며, 때로는 세계에서 가장 규모가 큰 전쟁들을 치를 수 있겠습니까. 또한, 엄청난 규모의 고분들과 수없이 많은 산성을 촘촘하게 축조할 수 있겠습니까? 아니에요. 고구려는 경제력이 매우 뛰어났던 겁니다. 경제력이 뛰어나려면 다른 것도 중요하겠지만, 산업이 발달해야죠.

산업, 고구려의 산업하면 떠오르는 이미지가 없지요? 하지만 어렵게 생각하지 마세요. 상식적으로 생각하면 됩니다. 전 시간에 이렇게 말씀드렸어요. 벼농사는 고대사회에서는 최고의 바이오테크놀로지라고. 제가 질문하나 해 보겠습니다. 지금 이 시대에 가장 중요한 에너지원은 무엇이죠? 석유죠. 석유는 물론 6000~7000년 전에 메소포타미아에서 사용했습니다. 그러나 실질적으로는 사용하지 못했습니다. 하지만 19세기에 들어오면서 인류에게는 가장 중요한 절대 에너지원이죠. 이것은 결국 에너지는 시대에 따라 달라진다는 사실입니다. 그럼 고구려시대 때 가장 중요한 에너지원은 무엇이겠습니까? 나무? 물론 북만주와 동만주, 특히 흑룡강 유역은 지구 상에서 가장 나무가 많은 지역입니다. 고대사회에서는 나무가 중요합니다. 나무는 가장 값비싼 물건입니다. 건축에도 사용되고 도자기를 구할 때도 사용합니다. 그러나 현실적으로 정말 중요한데 사용됩니다. 미국이 독립할 무렵에 영국에 바치는 일종의 조공품목들이 있었습니다. 그 가운데에서 가장 중요한 것 가운데 굵고 길이가 30m 이상 되는 거대한 나무였습니다. 왜? 그 당시 때 가장 중요한 전력이면서 경제적인 수단은 돛단배였습니다. 그런데 돛단배가 돛단배로서 기능하려면 길고 실한 돛대가 필요합니다. 그래서 늘 선박의 몸체에도 필요하지만, 돛대용으로 나무들이 필요했습니다. 이런 예는 얼마든지 있습니다. 그런데 나무를 빼고 또 중요한 에너지원이 있습니다. 정말 중요하지요.

바로 철입니다. 저는 중학교 때까지 세계에서 가장 큰 철 생산지는 중국에 있다고 배웠어요. 중국에서도 바로 만주, 만주에서도 요동지방에 있는 안산제철소가 가장 크다고 배웠습니다. 요동은 고구려 영토였습니다. 그런데 안산 제철소가 있는 안산시가 고구려시대 때는 무슨 성인지 아십니까? 요동성, 안시성이에요. 얼마나 철 생산이 풍부하고 중요한지 요나라 때는 이곳을 철주라고 불렀습니다. 최근에는 안산시에서 요나라 때 철광석을 캐기 위해 파놓은 갱도를 발견했습니다. 그러니까 요동지방을 장악한 것은 고구려인들이 당 시대의 최고의 에너지원이며 전략물자원을 확보한 것입니다. 지금으로 말하면 거대한 유전지대를 확보한 것이죠. 그래서 이 일대는 건안성, 안시성, 요동성, 백암성이 돌아가면서 유기적으로 포진하고 있는 겁니다. 고구려는 이러한 막강한 유전을, 아니 철 생산지

철제품 화살촉

집안시 오회분 5호묘에 그려진 대장장이 신

2강 고구려의 해양활동과 국가발전 정책

에서 광산업이 발달했고, 그것을 제련하는 제련술, 즉 테크놀로지가 발달했습니다. 제련술이 서양의 중세에 발달한 연금술과 비슷한 겁니다. 요즘 말로 하면 화학이 되는 거죠. 그것으로 우수한 각종의 철제품을 만들었습니다.

고구려인들이 만든 철제품이 얼마나 우수한가는 현재 북한이나 우리 포항제철에서 강도와 질, 성분들을 분석한 자료들이 나오지 않습니까. 고구려인들은 대단히 뛰어난 기술력을 가졌던 것이죠. 그들은 생산과 가공에 그치지 않았습니다. 생산하고 가공한 철제품을 북쪽 지방으로 가져가 팔고, 북쪽 초원지대에서는 말을 사왔습니다. 이것이 마철교역입니다. 특히 흥안령 지역에 살고 있었던 선비족인 실위와 사고팔았습니다. 수입한 말들과 담비가죽 등은 일부를 배에 실어서 중국의 남쪽으로 보내는 중계무역을 했습니다. 그러니까 고구려는 물류의 허브가 될 수밖에 없는 것이죠.

고구려는 금, 은, 등도 북위에 수출하곤 했습니다. 남조와도 교섭을 많이 했는데, 「宋書」, 「南齊書」, 「梁書」 같은 사서에는 배로 바다를 건너오는 사신의 왕래가 항상 있었다고 기록되어 있습니다. 대부분 무역을 겸한 교류였습니다. 조금 후인 문자왕 때의 일이지만 고구려는 제주도인 섭라와도 무역을 한 것이 드러났다. 일본과도 여러 가지 형태로 무역했는데, 심지어는 흠명왕(欽明王)때에 고구려 사신이 도군(道君)이라는 지방호족과 밀무역을 한 사실이 들통 난적도 있습니다. 고구려는 자체산업도 발달했지만, 무역을 왕성하게 벌인 나라였던 겁니다. 국력은 경제력이 뒷받침되지 않으면 성장할 수 없는 것이죠.

이제 마지막으로 중요한 것은 문화입니다. 우리는 스스로 자신이 없어서인지 우리 문화가 늘 밖에서 받아들였다고만 생각하는데, 그런 나쁘고 근거 없는 생각은 버리세요. 문화에는 우열이 없습니다. 좋고 나쁜 것을 떠나서 필요에 따라서 서로가 주고받는 겁니다. 아니 일방적으로 주고받는 정도가 아니라 서로가 섞여가면서 주고받는 겁니다. 저는 '환류(環流)시스템'이라는 말을 쓰는데. 제 손가락을 보십시오. 즉 이런 겁니다. 문화가 이렇게 오른쪽으로 가면서 동시에 이렇게 왼쪽으로도 간다는 것이죠. 2개의 고리가 서로 마주 보면서 돌아가는 겁니다. 요즈음은 '피드백'이라는 용어를 많이 쓰고 있습니다. 그런데 문화의 메커니즘은 이렇습니다. 제가 여러분께 영향을 주면 여러분은 제게서 받은 지식과 경험을 심화시켜 가지고, 저를 또 가르쳐요. 그러면 저는 그걸 다시 받아서 또다시 확대한 다음에 가르치는 거죠. 이런 관계가 오래 계속되면 사실은 문화에서 주객을 구분할 수 없을 지경까지 이르게 됩니다. 이것이 바로 문화의 생성이고 만남입니다.

그런데도 우리는 늘 일방적으로 문화를 받아들이기만 했고, 남에게 전파해준 적이 없다고 보는 겁니다. 그리고 그 받아들인 문화도, 지난 시간에 말씀드렸지만, 중국문화 일변도로 오해하고 있죠. 사실은 전혀 아닙니다. 중요한 것은, 여기처럼 지중해적인 성격을 지닌 지대는 모든 문화가 모여들고 또 빠져나가는 그런 문화의 집산지면서, 동시에 배급처 역할을 함께 했다는 겁니다. 지중해 질서가 원래 그런 거예요.

지구 상에서 자연환경이 가장 다양한 지역이 이곳입니다. 동만주와 연해주일대의 수렵삼림문화지대, 북만주의 바이칼로 이어지는 초유목문화지대, 몽골이 있는 서만주의 유목문화권, 그다음에 서쪽으로 이어지는 실크로드권, 중국의 화북문화권, 해양문화권, 동남아문화권, 이 모든 문화가 모여드는 이 지역에 왜 문화의 다양성이 없겠습니까. 자연환경이 다르면 생산양식도 다르고, 생산하는 방식과 생산물이 다르면 소비형태도 달라지고, 민속이나 신앙도 달라집니다. 그러니까 자연환경이 다양한 넓은 영토를 차지했기 때문에 고구려인들은 자연스럽게 이 지역에서 문화를 다양성을 확보할 수 있었습니다. 동시에 정치적인 힘을 가진 그들은 문화를 가공할 뿐만 아니라 주변의 영역까지도 뽑아내는 역할도 했습니다. 저는 고구려가 활동한 지역도 그렇고, 우리 민족의 본 활동 무대 또한 문화의 인터체인지(IC)라고 부르고 있습니다. 그러다가 몇 년 전부터 인터체인지(IC)는 너무 운동의 관점에서만 보니까 한계를 느꼈습니다. 그래서 또 다른 의미를 부여해서 심장이라는 용어를 만들어 사용하고 있습니다. 심장 아시죠? 몸 안에 차 있는 모든 피가 모였다가 맑게 정화되고 힘을 얻어서 다시 온몸 구석구석으로 뻗어 나갑니다. 더군다나 사람의 심장은 Heart, 즉 사랑의 의미까지 있습니다. 저는 우리 민족의 활동 무대, 고구려 발전기의 영역을, 문화적으로는 문화의 'IC' 내지는 '심장(Heart)'이라고 명명하는 겁니다.

이렇게 살펴보니까 전성기의 고구려는 동아지중해의 코어에서 정치 외교적으로 코어, 경제 물류적으로 허브, 그리고 문화적으로 심장이라는, 가운데 위상에 있으면서 모든 관계와 힘들을 조정하는 역할을 했습니다.

이제 제가 고구려를 강의하면서 마지막으로 강조하고 싶은 내용이 있습니다. 제가 봤을 때 고구려인들은 이런 각각의 기능적 측면이 뛰어났지만, 이 외에도 이 모든 것들을 긴밀하게 연결하고 끊이지 않게 이어주는 길고 굵은 하나의 끈을 가지고 있었습니다. 우주가 발생하는데도 초끈이론에서처럼 끈이 중요한데요. 끈은 줄, 즉 線이고, 點이고, 동시에 面입니다. 바로 고구려인들은 고구려인들과 주변 사람들, 생활과 자연 또 이런 모든 역할을 하나의 끈으로 연결하는 도구와 방법을 발견했는데, 그 끈이란 바로 고구려인들의 자의식이고 정체성입니다. 그리고 그것이야말로 제가 오늘 강의 첫 부분에서 얘기했던 고주몽, 즉 고구려의 건국목표에서 원조선의 정신성을 재현하는 것이죠. 르네상스 시대가 되고 리디스커버리(Rediscovery)시대가 되고 리파운데이션(Refoundation)시대가 되는 곳이 바로 여깁니다.

그래서 광개토태왕과 장수왕 시대에 고구려인들은 본격적으로 자의식을 확장시키는 작업을 했습니다. 때문에 여러분이 보는 광개토태왕 비문에 '추모는 천제의 아들이고 어머니는 수신의 딸이다.' 이렇게 강력하고 자신감 있게 선언한 것입니다. 고주몽은 자기 입을 통해서 '나는 황천의 아들이고, 어머니는 수신의 딸이다.' 라고 외쳤죠.

중국 사람들은 그를 '호태왕' 이라고 부르고 있습니다. 정식명칭은 '광

오회분 4호묘의 천장에 그려진 황룡그림

개토경평안호태왕' 또는 '광개토지평안호태왕'입니다. 이러한 태왕을 '삼국사기'는 왕이라고 기록했고, 학생들이 배우는 교과서에서도 광개토왕으로 기술되어 있는 거죠. 중요한 사실은 그 당시 사람들은 태왕이라고 불렀다는 겁니다. 태왕과 왕은 질적으로 위상이 다른 겁니다. 그래서 동일한 시대에 '모두루총(牟頭婁塚)'이라는 다른 무덤에 넣은 묘지석을 보면, 추모는 일월지자(日月之子), 즉 해와 달의 자식으로, 또 다른 곳에서는 묵서 붓글씨로 천손(天孫), 하늘의 자손. 또 '천왕지신총(天王地神塚)'라는 이름이 붙은 벽화의 그림을 보면 새를 타고 앉아 있는 사람 옆에 '천왕(天王)'이라고 썼습니다. 고구려인들은 그 당시에 연호를 사용함은 물론이거니와 자신들을 하늘의 피를 받은 사람들, 고구려야말로 질서의 또는 이 지

경주 호우총에서 발견된 명문이 있는 청동합

천왕이라는 묵서가 있는 벽화
안칸 북쪽 천장에 천왕(天王)이라고 써놓은 벽화가 있다

구의, 이 세상의 중심이라는 자의식을 가지고 활동을 했다는 것이 드러나 있죠. 고구려인들은 바로 그런 것들을 통해서 힘을 얻고, 그 힘을 갖고 조금 전에 말씀드린 대로 동아지중해의 코어역할을 할 수가 있었습니다.

오늘 강의의 주제가 해양활동을 통해서 본 고구려였기 때문에 아쉽

동명왕을 모신 신전으로 추정되는 장군총의 겨울(사진 석하 촬영)

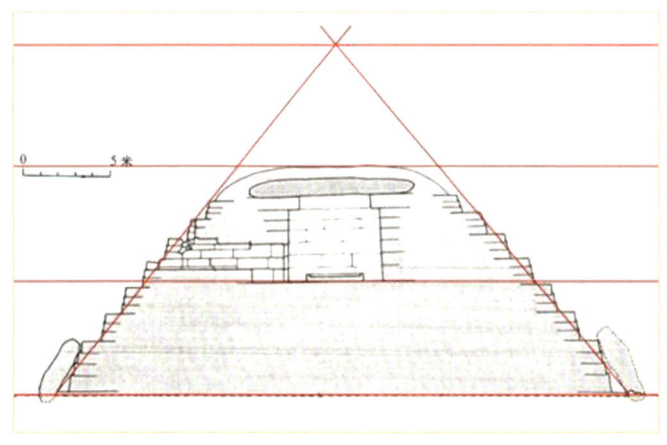

장군총을 건축학적으로 분석한 도형(우지성 윤명철 작도)

2강 고구려의 해양활동과 국가발전 정책 99

만 비교적 해양활동에 국한해서 말씀드렸습니다. 사실 고구려는 단순하게 해양활동뿐 아니라 다양한 측면에서 새롭게 봐야 할 가치가 있습니다. 현재를 살아가는 사람은 늘 과거를 통해서 모델을 삼습니다. 그 모델을, 그동안에는 중국이나 일본, 또는 서구역사에서 찾아왔는데, 우리 역사 속에서도 충분히 찾을 수 있습니다. 마찬가지로 우리가 존경하는 인물도 부모님이나 할아버지, 할머니라든가 또 그 위의 할머니, 할아버지에서 찾을 필요가 있습니다.

 그런 의미에서 가장 대표적이면서도 의미 있는 모델, 그리고 21세기 우리 민족의 현실과 직결될 수 있는 모델은 고구려이고, 고구려 중에서도 광개토태왕이라고 생각합니다. 저는 그래서 한민족의 해양활동과 대외진출사라는 강의의 큰 틀 속에서 오늘 강의를 고구려의 해양활동과 국가발전 정책으로 삼았습니다. 이로써 오늘 강의를 마칩니다. 감사합니다.

한민족의 해양활동과 대외 진출사

3강
동아지중해의 임금 장보고의 해양활동과 재외 신라인들

- **장보고** : 9세기 경 신라에 청해진을 설치하여 신라, 당, 일본 및 동남아시아를 전반 연결하는 물류와 무역망을 장악하고, 새로운 정치질서의 구현을 추진한 인물

- **재당신라인** : 8세기~9세기 경 당나라에 거주하였던 신라계 한민족들. 상업과 해양활동에 뛰어났으며 장보고와 연결하여 동아지중해의 물류망을 장악했다.

- **신라방** : 당나라에 거주한 신라인들의 집단거주지이다. 자치권을 갖고 있었으며, 무역의 핵심역할을 담당하였다. 현재 중국 경제특구도시들과 유사하다.

- **신라인들의 항로** : 남해항로, 황해중부 횡단항로, 황해남부 사단항로, 동중국해 사단항로 등으로 구성

3강

동아지중해의 임금 장보고의 해양활동과 재외 신라인들

안녕하세요. 동국대학교에서 역사학을 강의하고 있는 윤명철이라고 합니다. 저는 지난 시간부터 한민족의 해양활동과 대외진출사라는 제목으로 여러분과 함께 공부하고 있는데요. 지난 1강, 2강에 이어서 오늘은 3강이 되겠습니다. 3강은 다소 독특한 제목이 되겠는데요. '동아지중해 임금 장보고의 해양활동과 재외신라인' 입니다. 동아지중해라는 말의 의미는 지난번에 들으셨죠? 오늘은 동아지중해의 임금이라는 말을 썼습니다. 장보고는 육지의 나라가 아니라, '바다 나라의 임금', '面의 나라'가 아니라 '線의 나라'를 다스리는 임금이었습니다. 저는 이런 식으로 역사를 재해석하는 것이죠.

그리고 또 한 가지, '재외신라인' 이라는 말씀을 드렸습니다. 그 당시에도 우리 민족들은 국외에서 활동을 많이 했습니다. 재외신라인, 그러니까 당연히 당나라에도 있었고, 일본열도에도 살고 있었습니다. 그 외에 다른 지역에도 있었겠지만 적어도 우리 역사에 직접적으로 영향을 끼치는 지역은 당나라와 일본을 포함하는 지역입니다. 보통 재외신라인이라고 얘기했습니다만, 저는 범신라인이라고 부릅니다. 현재로서는 본국의 한민족, 중국지역에 사는 재중동포 흔히 얘기하는 조선족이죠, 또 일본열도에 살고 있는 재일동포, 그리고 미국에 사는 재미동포들을 비롯한 모든 해외동포들을 '범한민족'이라고 했을 때, 그 당시에는 그들을 '범신라인'이라고 부르는 겁니다. 지금 우리가 '한민족 공동체', 즉 '디아스포라'를 추구하는 것처럼, 그 당시에 신라도 마찬가지로 한민족 공동체를 추구했다고 보고, 그것을 실현한 사람이 장보고라고 여기는 겁니다.

장보고라는 인물은 말할 수 없이 다양하고, 활력이 넘치며, 매력적인데요. 얼마나 매력적인 인물인지를 한번 살펴보기로 하겠습니다. 정말 유감스러운 것은 지난주의 강의도 마찬가지고, 오늘 3강, 그리고 다음 주 4

「삼국사기」 열전의 장보고 관련 기사

강에서 다루는 신라와 발해도 마찬가지이지만, 우리 나라의 역사에서도 중요한 부분들은 역사책에 기록이 안 된 경우가 많이 있습니다. 장보고도 마찬가지로 우리 역사에서는 기록이 거의 남아 있지 않습니다. 발해 같은 경우는 더욱 그렇죠. 삼국사기와 삼국유사에서 각각 장보고에 관해서 표현했는데, 내용이 아주 적을 뿐만 아니라 우리가 생각하는 것처럼 긍정적으로 보지는 않았습니다.

삼국사기에서는 반역열전에 몇 줄 나와 있고, 삼국유사에도 기록이 있지만 간단합니다. '이름은 장보고이지만 궁복, 또는 궁파라고 한다.' 그런데 재미있는 것은 활 궁(弓)자가 들어간다는 거죠. 고구려의 주몽처럼 '궁' 자가 들어가는 것은 우리 민족이 가진 활과 관련된 특별한 의미가 있다고 봅니다. 그리고 또 한 가지, 삼국사기와 삼국유사에는 각각 이렇게 표현하고 있어요. 즉, "장보고(張保皐)와 정년(鄭年)은 …… 그들의 고향과 父祖는 알 수 없다." 즉 아버지와 그 할아버지를 알 수 없다고 말입니다. 그러니까 가계를 알 수 없는 미천한 신분의 사람이라는 것이죠. 그뿐만 아니라 아주 냉랭한 말투로 '해도인'이라고 기록하고 있습니다. 장보고의 고향을 지금의 완도라고 많은 사람이 주장하고 있는데요. 그 근거는 해도인이라는 글자 때문에 그렇습니다. 장보고의 고향이 완도일 가능성은 물론 큽니다. 그런데 삼국사기에 해도인이라고 기록한 것은, 말 그대로 지역을 표현한 것입니다만, 일종의 멸칭(蔑稱)에 가까운 것이죠. 이미 삼국 통일전쟁이라는 질서재편전에서 패배자가 된, 백제지역 중에서도 한반도 서남쪽 해안, 그것도 섬에 사는 사람이니까, 철저한 골품제 사회인 신라의 측면에서 볼 때는 가장 미천한 지역에서 태어난, 미천한 신분의 사람이라는 것이죠. 이것이 우리 역사에서 표현하는 장보고에 대한 기록입니다.

그렇다면 다른 기록은 어떻게 되어 있을까요. 다른 기록, 예를 들게 되면 그 당시에 장보고와 관련을 맺은 곳이 어디겠습니까? 당연히 당나라가 되겠죠? 그다음에는 일본열도가 되겠죠. 사실 670년까지는 일본이라는 명칭이 없었습니다. 670년에 와서 일본열도에 먼저 와 있던 사람들, 망 백제의 유민들, 망 고구려의 유민들, 이들이 모두 합쳐서 일본국을 탄생시키면서 우리가 아는 일본국가가 시작되는 것이죠. 그 일본에도 마찬가지로 장보고에 대한 기록이 남아 있습니다.

그 당시의 당나라 역사를 기록한 대표적인 책은 정사인 『구당서』, 그다음 『신당서』가 되겠습니다. 이곳의 기록을 보면 장보고에 대해서 특별히 표현했는데, 장보고와 정년이 싸움을 잘하고 특히 장보고가 용맹스러웠다고 기록되어 있습니다. 삼국사기에도 그가 말을 잘 타고 활과 창을 잘 써서 대적할 사람이 없었다는 기록이 있습니다만, 당나라 시대 최고의 문호라고 알려졌던 두목이 쓴 『번천문집』에는 장보고와 정년을 당할 사람이 그 무렵 서주(지금의 산동반도의 서남부와 강소성의 서북부지역)에는 없다고 말하고 있습니다. 장보고의 친구로 알려진 사람이 누굽니까? 여러분 '해신'이라는 드라마 보셨잖아요. 거기서 친구로 등장하는 정년(鄭年). 정년은 장보고와 함께 당나라로 건너간 고향 친구인데 물속에서 헤엄을 치는데 50리를 가도 숨이 안 찼다고 얘기하고 있습니다. 장보고는 아마 수중실력은 정련보다 못했던 모양이에요. 그런데 말을 잘 타고 활을 잘 쐈답니다.

일본에 가면 더 기가 막힌 기록이 남아 있습니다. 일본불교에서 크고 유명한 종파가 천태종과 진언종인데요. 천태종은 800년 전후로 해서 시작되는데, 3대조에 해당하는 엔닌(圓仁)이라는 승려가 있었습니다. 그 스님이 당나라에 들어가서 불법을 구해 다니면서 쓴 기록이 『입당구법순례

행기(入唐求法巡禮行記)』입니다. 그 책에는 장보고는 물론이거니와 그 무렵에 당나라 지역에서 활동했던 신라인의 활동상황이 아주 낱낱이 구체적으로 기록이 되어 있어요. 만약 그분이 그 책을 안 썼다면 우리는 우리 역사에서 중요한 인물인 장보고는 물론이려니와 '재당신라인'들의 활약상에 대해서 전혀 알 수가 없었던 것이죠. 우리가 싫어하는 일본이지만, 장보고나 신라인, 발해에 대해서 기록한 것은 오히려 일본이라는 것에 반성할 필요가 있습니다.

그런데 그토록 일본역사에서 중요한, 엔닌이 쓴 책에도 어떻게 되어 있냐면 바로 이건데요. 生年未祗奉 久承高風 伏增欽仰. '그 고명함을 일찍부터 들어왔습니다.' 그리고 마지막 구절은 이렇게 되어 있어요. '삼가 우러러 흠모함이 더해갑니다.' 이런 내용의 글들이 엔닌이 장보고 대사에게 직접 보낸 편지에 나와 있습니다. 그는 당나라에서 9년 6개월간을

적산선원 뒤편의 적산대명신을 모신 건물

머물렀는데, 장보고가 세운 법화원에서 2년 반을 기숙하면서 신세를 단단히 졌습니다. 846년에 귀국할 때도 신라배를 타고 일본에 돌아와서 천태종을 중흥시켰습니다. 이런 엔닌이 돌아가시면서 유언을 남겼죠. '장보고를 신으로 모셔 달라.' 일본에는 그래서 장보고를 모신 곳이 몇 군데가 있는데 가장 대표적인 곳이 현재 교토 시내 외곽에 있는 적산선원(赤山禪院)입니다.

적산은 장보고가 신라방을 꾸렸던 곳이기도 하고, 엔닌이 돌아올 때 출발한 중국의 산동성 석도에 있는 산입니다. 그 이름을 딴 것이 분명한 적산선원이 바로 여깁니다. 붉은 관복을 입고 머리에 관을 쓴 채 앉아 있는 장보고의 영정이 이곳에 모셔져 있는

장보고호에 걸었던 장보고 영정(이종상 그림)

적산선원에 남아있는 장보고로 추정되는 인물 그림

겁니다. 우리는 남아 있는 게 없지만, 다행히 일본에는 장보고로 추정되는 두 점의 그림이 남아 있는데, 그 중의 하나가 이 적산선원에 모신 장보고의 모습입니다.

장보고는 우리 역사에서는 별로 주목을 받지 못했고, 후대에 육당 최남선을 비롯한 몇 분들이 간단하게 언급을 했었어요. 그런데 장보고가 특별한 인물이로구나 하고 우리나라 사람들이 자각하게 된 것은 우리 자신이 한 것이 아니라 남에 의해서 영향을 받으면서 그랬던 것이죠. 그 당시에도 당나라와 일본에서 그랬듯이, 현대사회에 들어와서도 우리가 발견한 것이 아니라 미국사람에 의해서 발견됐다는 겁니다.

바로 초대 주일 미 대사였던 '오드윈 오 라이샤워' 교수는 장보고를 주제로 해서 하버드 대학에서 박사 학위 논문을 썼습니다. 그리고 장보고의 활동에 대해서 낱낱이 기록한 다음 단적으로 이렇게 평가하고 있어요. 그 당시 신라방이라든가 청해진을 우리가 생각하고 있는 조계지, 또는 콜로니라고 해서 식민지로 봤던 겁니다. 그래서 그들 조계지를 다스리는 총독(Commissioner) 또는 Commercial Empire, 즉 상업제국의 무역왕(Merchant Prince)이라는 표현을 쓸 정도로 극찬을 합니다. 한마디로 'The Trade Prince of the Maritime Commercial Empire'라고 규정했습니다. 이런 논문이 발표되고 나니까 한국 사람들이 장보고를 주목하기 시작했고, 그런 과정에서 장보고가 굉장히 중요한 인물이라는 것을 인식하게 된 것이죠.

제가 이번 강좌의 처음에 말씀드린 것이 있어요. '역사학은 미래학입니다.'라고. 역사는 단순하게 과거의 사실을 규명하는 것이 아니라 현재의 문제이고 나아가서 미래의 문제입니다. 즉 제가 본 역사는 무엇을 찾아내는 What의 문제가 아니고, '왜 발생했는가.' 하는 Why의 문제이고, 나아가서 이 문제들을 '어떻게 해결할 것인가.' 하는 How의 문제입니다. 장보고는 841년에 비명횡사했으니, 그 이후에 몇 년이나 지났습니까? 거의 1200년 가까이 흘렀네요. 꽤 오랜 시간이 지났지만, 지금도 유효하다는 겁니다. 왜 그러냐 하면 장보고가 등장하던 그 당시의 국제적인 상황과 그것을 이용해서 장보고는 물론이거니와 신라인들이 발전 것들이, 지금 21세기의 상황과 거의 동일하다는 것입니다.

그런 부분들을 상세하게 말씀드리도록 하겠습니다. 여러분도 잘 아시겠지만, 백제가 660년에 멸망하고, 고구려는 668년에 평양성이 함락당하고, 671년에 안시성마저 함락당했습니다. 그리고 698년에는 발해라는 이름으로 재건국하게 되는데요. 이 과정에서 동아시아 질서가 재편됐습니다. 전에는 중국지역에 있었던 수나라와 당나라라는 강력한 세력, 고구려 중심으로 한 우리 세력, 그리고 북방 세력이 서로 견제하면서 공존했습니다. 그런데 그 질서가 변하면서 당나라 중심의 일극(一極) 체제로 변했다는 겁니다. 쉽게 말씀드리면 21C는 미국이라는 슈퍼파워를 중심으로 세계질서가 재편되었듯이, 그 당시의 세계도 똑같이 당나라라는 슈퍼파워를 중심으로 해서, 발해와 신라라는 남북국이 있었고 또 막강한 세력을 지닌 토번국과 남조국이 있었습니다. 일본국은 주변부에 있을 수밖에 없었습니다. 말갈 돌궐 거란 등도 마찬가지입니다. 이런 구도 속에서 당연히 신라의 위상이 드러날 수밖에 없는 것이죠.

또 한 가지는, 국제질서의 재편을 둘러싸고 미국과 소련이 군사경쟁을 벌였던 것과 똑같이 그 당시에도 고구려와 수나라, 고구려와 당나라 간에는 전쟁이 70년 또는 80년 동안에 걸쳐서 벌어졌었거든요. 그런데 당나라가 승리하면서 또는 나당연합군이 승리하면서 말 그대로, 우리에겐 어떤 입장인지 모르겠지만, 그 당시 세계인 동아시아의 질서는 안정됐다는 겁니다. 안정되고 나니까 이제 질서내용은 정치나 군사나 외교가 아니라 무역이나 문화가 중요해졌습니다. 지금도 마찬가지 아니에요?

1991년도에 소비에트 연방이 붕괴하면서 정치군사의 시대는 물러가고, 그런 상황 속에서는 무역의 시대가 도래한다고 얘기했잖아요. 현재 우리 사회에서 중요한 이슈가 되는 FTA부터 시작해서, 그전부터 있었던 IMF(국제통화기금) WTO(세계무역기구) 등은 다 같은 구조와 맥락에서 만들어지고 작동한 것입니다. 이제 본격적인 무역의 시대로 전환된 거죠. 또 한 가지는 문화가 중요해지지 않았습니까? 과거에도 문화는 물론 중요했었지만, 지금은 문화가 정치는 물론이고 산업과 직결되었기 때문에 매우 중요하죠? 현재 한국정부에서도 주력사업의 하나로 설정하고 있는 것이 'CT'라고 하지 않습니까. Culture Technology, 문화기술, Culture Industry 문화산업, 이거 지금은 물론이고 미래에는 더욱 중요합니다. 하지만 장보고가 활동하던 당시도 똑같았거든요.

여러분 잘 아시겠지만 21세기가 들어오면서 전 세계를 놀라게 한 첫 번째 사건이 뭡니까? 9.11테러이거든요. 그런데 9.11테러는 그전처럼 정치적이고 군사적인 직접 충돌이 아니라 테러라는 수단을 이용했습니다. 그런데 사람들은 그것을 단순한 정책의 문제가 아니라 무엇으로 봤습니까? 문명의 충돌로 봤거든요. 역사학자인 사무엘 헌팅턴은 문명의 충돌(The crash of civilization)이라는 책을 통해서 앞으로의 세계질서는 변해가면서 문화가 중요해지니까, 자연스럽게 정치가 아니라 문화의 괘선을 따라서, 문명의 충돌을 통해서, 세계질서가 재편될 것이라고 주장한 겁니다. 물론 그 해석이 꼭 맞진 않았지만, 뉴욕을 상징하는 거대한 쌍둥이 빌딩이 한 번에 무너지는 광경을 본 사람들에게는 적중한 것처럼 보였죠. 이것은 상대적으로 무엇을 말하는가 하면 이제는 정치군사의 시대에서 무역과 경제, 문화의 시대로 바뀌었다는 겁니다. 마찬가지로 이와 유사한 상황 속에서 신라와 함께 장보고의 위상이 역사적으로 부각될 수밖에 없는 것이죠. 지금까지 제가 한 말을 놓고 보더라도 장보고 시대에 있었던 상황이 현재 우리가 당면한 상황과 구조적으로 거의 비슷하다는 걸 알 수가 있겠죠? 그래서 역사는 미래학이 될 수 있는 겁니다.

다시 한 번 말씀드려 볼게요.

이런 국제적인 상황 속에서 신라가 당연히 추진해야 할 일은 무엇이겠습니까? 제가 여러 번 얘기했듯이 동아시아는 일종의 지중해입니다. 이렇게. 우리 지역을 가운데 두고 중국 지역, 북방지역, 일본열도지역이 삼태기처럼 둘러싼 형태가 되겠습니다. 이런 형태와 성격 속에서는 당연히 육지와 해양이 함께 중요합니다. 그래서 흔히 얘기하는 대륙질서와 해양질서가 동시에 복합적으로 작용합니다. 그렇다면 이런 과정을 겪어오는 우리 역사를 바라보는 시각은 기존에 적용해왔던 반도사관도 아니고, 또 일부에서 주장하는 것처럼 대륙사관이나 또는 제가 처음에 주장했던 해양사관도 부족하고 문제가 있습니다. 이제는 이렇게 바다와 육지를, 즉 지역적으로는 한반도와 만주와 바다를 하나의 유기체로 보는 '해륙사관'이 필요하다는 겁니다.

이런 질서 속에서 우리 민족이 발전하기 위해서는, 이 지역에서 성장한 나라들이 국가를 발전시키는 정책의 큰 틀은 '해륙정책'이어야 합니다. 바다와 육지를 동시에 활용하여 발전시키는 것이야말로 동아지중해 질서 속에서 강국으로 발돋움할 수 있는 지름길이고, 이것은 21세기 우리에게도 똑같습니다. 앞으로 동아시아에서는 어떠한 형태로든 해양 분쟁이 격화될 수밖에 없습니다. 장보고가 활동하던 시대와 비슷한 상황인데요.

신라는 나름대로 해륙정책을 활용해서 당나라와 무역활동을 벌여 엄청나게 성장합니다. 여러분 생각하기에 어떨지 모르겠지만, 그 무렵의 신라는 산업이 매우 발달했습니다. 역사는 추상적으로 이해하는 것이 아니라 구체적으로 분석해야 합니다. 제가 고구려를 강의할 때 또 말씀드리겠지만, 고대에도 국가가 발전하기 위해서는 관념적인 것, 종교적인 것, 문화적인 것도 중요하지만, 가장 필요한 것은 기술입니다. 테크놀로지. 그 다음에는 기술력을 바탕으로 발전한 산업이죠. 그리고 이런 것을 부가가치로 창출하는 것이 무역입니다. 신라, 당연히 가내공업을 비롯한 공장수공업 등의 산업이 발달했죠. 고구려야 물론 산업이 다양하고 대규모의 형태로 발달했습니다. 발달한 산업능력으로 만든 군수품, 공산품 등을 비롯한 갖가지 물건들을 배에 실어 당나라에 수출하였습니다. 신라는 우황, 인삼 같은 토산품도 중요하였지만 신라 자체에서 만든 신라칼, 신라먹 등을 비롯하여 여러 가지 공예품이 있습니다.

그중에 가장 좋은 제품이 무엇일까요? 비단 명주예요. 대부분의 한국 사람들은 오해를 합니다. 우리가 면 옷, 무명옷을 언제부터 입기 시작했다고 배웠죠? 보통 어떻게 배웠습니까? 고려 때 문익점이 사신으로 송나라에 갔다가 붓 뚜껑 속에 목화씨를 담아와서 목화를 재배하고, 그때부터 면옷을 입었다고 배웠습니다. 정말 그럴까요? 그렇다면 면이 들어오기 전에 우리는 옷 다운 옷을 제대로 안 입었겠네요. 삼베옷이라든가 아니면 값비

신라가 일본에 수출한 신라 먹

싼 모피만 걸쳤겠네요. 그것이 일본인들이 우리에게 가르친 내용입니다. 실상은 그렇지 않습니다. 우리는 의류사업이 발전했습니다. 고조선시대 때도 마찬가지고, 고구려의 고분벽화를 보면 얼마나 의복이 발달했습니까? 무늬도 화려하고, 옷감도 다양하고, 디자인은 놀라울 정도로 세련됐죠. 그리고 비단의 종류도 명칭이 다양하게 나오고 있습니다. 신라도 마찬가지죠. 이러한 바탕 위에서 신라인들은 각종 비단, 명주 같은 특산물을 당나라에 수출하고 일본에 수출한 것입니다.

한편, 당나라는 이미 세계제국화, 지금의 미국처럼 슈퍼파워가 되었기 때문에 전 세계로 물류망이 연결됐습니다. '서유기'라는 소설에 나와 있듯이 당나라는 실크로드를 통해서 서역을 거쳐 오늘날의 로마지역까지 연결됐던 겁니다. 한편으론 마린루트, 즉 바다의 길입니다. '비단길'이라고도 하고, 또는 세라믹로드, 즉 '도자기의 길'이라고도 합니다. 또 동남아시아에서 많은 향료가 수입됐기 때문에 '향료의 길' 즉 '스파이스 루트'라고 얘기하고 있어요. 실크로드로 알려졌지만 중요한 사실은 바로 바닷길이라는 것입니다. 이렇게 해로를 통해서 동남아시아, 인도, 그다음에 아라비아로 연결됩니다. 반대로 이런 지역에서 생산되는 각종 산물은 당나라를 통하거나, 또는 직접 신라로 들어오게 됩니다.

예를 들면 페르시아에서 나는 유명한 약재들, 지금도 터키의 이스탄불이나 인도의 해안도시에 가면 약재상들이 즐비하게 늘어섰죠. 동남아시아에서는 온갖 종류의 향료들이 산출되기 때문에 그것을 차지할 목적으로 유럽인들은 동남아시아를 공략했고 살육전을 벌였고 식민지로 만들었습니다. 그 대표적인 것이 여러분이 잘 알고 있는 동인도회사입니다.

이런 향료들이 그 시대에는 당나라를 통해서 신라로 수입되었습니다. 신라와 당나라 간에 무역활동이 활발하게 되니까, 신라의 국부는 증대할 수밖에 없는 것이죠. 그러면 무역을 당나라하고만 했겠습니까? 지도를 펼쳐놓고 본다면 당연히 일본국과 해야 되겠구나 하는 사실을 확인할 수 있습니다. 두 나라 간에는 상호 쌍무적인 무역도 합니다만, 신라로서는 이익이 많이 창출되는 중계무역도 해야겠죠? 중계무역을 해야 합니다. 그런데 그렇게 간단한 문제가 아닙니다. 당시에 신라와 일본국가 간에는 자유롭게 무역이 이루어졌겠지. 이렇게 생각할 수 있는데, 전혀 그렇지 않습니다. 갈등이 심각할 정도였습니다.

또 한 가지, 일본국의 처지에서는 신라국뿐만 아니라 중심국가인 당나라와도 무역을 쉽게 할 수가 없었어요. 길이 막혔기 때문입니다. 일본국에서 당나라로 가는 길은 해로이고 이 또한 세 가지밖에 없었습니다. 첫 번째는 '북로'라고 부르는 항로입니다. 현재 큐슈의 북부인 후쿠오카(福岡) 해안을 출항해서 대마도의 남쪽해역을 경유한 다음에 바로 북상합니다. 그래서 거제도를 멀리서 바라보면서 근해항해를 하다가 서해북부에서 발해만의 등주(登州)항으로 상륙하는 것이죠. 이것이 가장 안전하고 손쉬운 항로입니다. 하지만 마음대로 북로를 택할 수는 없습니다. 신라의 해역을 통과해야 하기 때문에 신라 정부의 동의나 허락이 있어야만 가능합니다. 지금도 북한 선적이 제주도해협을 통과해야 하느냐, 못하느냐 이런 문제가 거론되는 이유가 뭡니까? 결국은 길의 문제예요. 고대사에는 항로전쟁이 자주 발생합니다. 트로이 전쟁도 말씀드렸지마는 결국은 물목쟁탈전이에요. '헬레나'라는 아름다운 여인을 놓고 그리스 전체와 트로이라는 도시국가가 싸운 것이 아니라, 원래 있었던 소아시아 세력과 신흥세력인 그리스 연합군 간에 쟁탈전이에요. 지중해 세계에서는 모든 것이 해협쟁탈전입니다.

당연히 북로는 막혔습니다. 왜냐하면, 신라와 일본은 기본적으로는 적대관계였거든요. 일본국에 들어와서 670년에 일본국을 성립시키는 데 중요한 역할을 한 사람들은 망 백제의 유민들이거든요. 그리고 다시 망 고구려의 유민들이 들어와 일본열도의 정치지형에 상당한 영향을 끼쳤습니다. 더군다나 663년 백촌강 전투에서 백왜연합군을 패배시킨 나당연합군이 일본열도를 침공해 올 것이라고 일본국의 조정은 굉장히 두려워했습니다. 그래서 대마도부터 시작해서 현재 나라까지 큰 성을 비롯한 일련의 방어체제를 구축하는데 그 사업은 백제인들이 주도했습니다. 일본서기에는 그 성들을 쌓은 사람들의 관직과 함께 이름이 다 기록돼 있습니다. 물론 이러한 사실들은 우리 역사책에는 하나도 없습니다. 그런 상황을 맞이하면서 일본은 당나라와도 그렇지만 신라와는 적대관계에 있었습니다.

감포 앞에 있는 문무왕의 수중릉으로 추정되는 대왕암

여러분이 보시는 이 사진은 유명한 문무왕의 수중릉입니다. 신라 삼국 통일의 위업을 이룬 문무왕은 죽을 때 화장한 자신의 뼈를 이 바다에다 묻으라고 했죠. 동해의 용이 돼서 왜국의 침입을 저지하겠다는 의지거든 요. 그 후에 34대 효성왕도 자신의 유골을 동해바다에 뿌리라고 유언을 했습니다. 물론 방어체제들도 구축하지요. 그만큼 당시 신라와 일본국 간에는 전운이 감돌았다는 것을 보여주는 것이죠.

실제로 8세기 중반에 이르면 일본국은 신라를 공격하려는 의사를 갖게 됩니다. 속칭 신라정토계획입니다. 현실성이 있는가? 또는 실제로 그러한 의사가 있었는가에 대해서는 논란의 여지들이 있습니다. 하지만 분명히 그러한 움직임이 공식적으로 있었습니다. 이 사건은 다음번 강의에서 얘기하려는 발해와 일본 간의 동맹으로 발전하게 되는 것입니다. 이런 긴

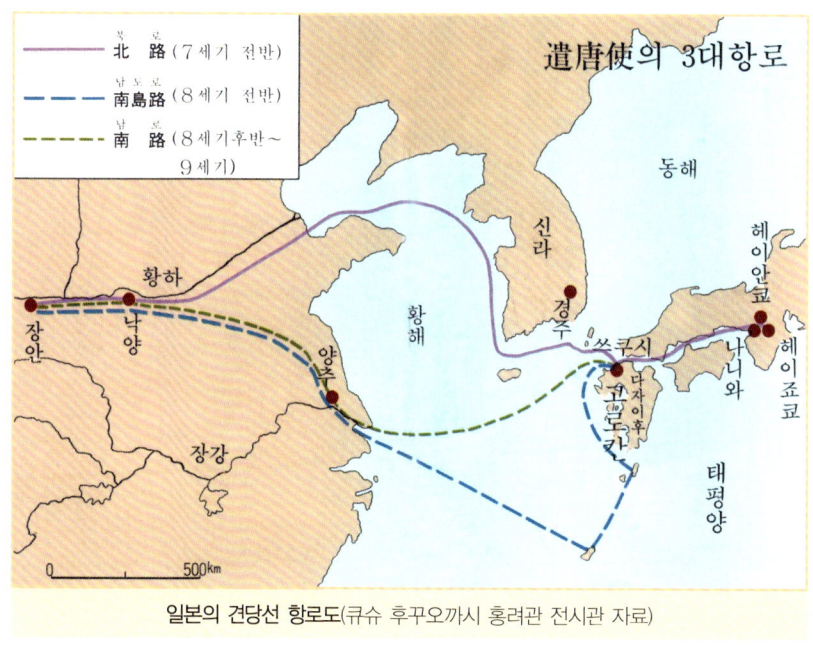

일본의 견당선 항로도(큐슈 후꾸오까시 홍려관 전시관 자료)

3강 동아지중해의 임금 장보고의 해양활동과 재외 신라인들

박한 상황 속에서 일본국의 상선이나 사신단들이 어떻게 한반도의 남부 해역을 통과해서 당나라로 가겠습니까? 그건 불가능한 일이죠. 물론 소강상태에 이르기도 하면서 때때로 신라의 협조를 얻습니다만, 그렇지 못할 때 일본은 궁여지책으로 남도로와 남로를 사용합니다.

남로는 현재 큐슈의 서부인 고또(五島)열도에서 출항해서 제주도 해역과 동중국해를 횡단해서 현재의 영파지역을 경유한 다음에 다시 북상하는 길입니다. 이 항로가 보기에는 쉬운 것 같지만, 사실은 어렵습니다. 저는 2003년도에 영파 앞의 주산군도를 출항해서 산동반도의 장보고의 적산법화원이 있는 해역으로 갔다가, 그곳에서 황해를 횡단한 다음에 인천과 서천 변산반도, 완도를 거쳐서 제주도에 도착했습니다. 이어 제주도를 출항하여 항해를 시작한 지 13일째에 도착한 곳이 바로 오도열도입니다. 그때 총 43일간 항해를 했거든요. 이 항로는 상당히 어려웠습니다.

마찬가지로 그 시대에도 이 남로는 일본이 여러 번 시도했지만, 왕복다 성공한 적은 단 한 번, 13차 견당사(遣唐使)밖에 없어요. 그만큼 어려운 항로입니다. 또 한 가지는 남도로라고 해서 남쪽 길로 가는 항로입니다. 이것은 큐슈의 남쪽인 가고시마를 최종적으로 출항해서 서남쪽으로 항해하여 오키나와 열도를 통과해서 다시 당나라 연안을 따라 북상하는 길입니다. 지금 동중국해의 센카쿠 열도, 중국에서는 조어도(釣魚島)라고 부르는데, 일본과 중국 간에 영토분쟁이 일어나고 있죠. 이거 심각합니다. 중국에서는 이미 십여 년 전부터 '제2차 南海大戰'이라는 시나리오가 나돌고 있어요. 동중국해와 남중국해에서 중국해군과 일본해군이 충돌한다는 시나리오입니다. 이것이 21세기 현재 동아시아가 현실이죠.

일본은 당나라로 갈 목적으로 이렇게 세 개의 항로를 적절하게 사용했지만 결국은 제대로 성공을 못 해요. 그래서 마지막인 15차 견당사 같은 경우, 몇 번의 시도 끝에 838년에 가는 데 성공합니다. 하지만 당나라에서 돌아올 때는 신라의 배 9척을 빌리고 신라의 수부, 지금으로 말하면 항해사나 선원이 되는데, 그들 60명을 고용해서 귀국하게 됩니다. 물론 승려라든가 상인들도 자주 그랬습니다만, 오죽했으면 국가사절이 당나라에서 재당신라인, 신라의 민간인들을 포섭해서 그들의 배를 빌려 본국으로 돌아왔겠습니까. 일본은 250년 동안 사신단을 불과 20회밖에 파견하지 못합니다.

이 같은 당시의 현실 속에서 일본은 동아시아 세계의 중심에 진입할 수가 없죠. 그러니까 신라는 일본에 때때로 압박을 가하지만, 한편으로는 이런 관계를 이용해서 물건을 팔기도 했습니다. 심지어는 당나라에서 물

나라시 동대사 대불전

건을 수입해서 일본열도에 파는 중계무역도 하였습니다. 그 과정을 구체적으로 보도록 하겠습니다.

여러분이 보는 사진은 정창원(正倉院) 건물입니다. 소쇼인이라고 부릅니다. 지금으로 말하면 일본의 국가유물을 보관하는 수장고입니다. 그러니까 국립박물관보다 더 큰 의미가 있는 곳입니다. 그런데 정창원 건물은 신라양식이 아니라 고구려 양식입니다.

동대사 경내에 있는 정창원 건물

동대사 대불전 뒤편에 있는 고구려 부경양식의 창고건물

고구려의 부경(桴京)이라고 중국 사료에도 기록되어 있고, 고구려의 마선구 벽화에도 똑같은 건물이 그려져 있습니다. 이 부경양식의 창고건물은 정창원이 있는 동대사의 뒤편에도 두 채나 있습니다. 정창원 안에 소장된 물건들은 주로 신라계 물건들이 많고, 발해계 물건들도 일부 있습니다.

여기 소장된 물건들과 함께 삼국사기, 속일본기에 기록된 당시 신라 사람들의 수출 품목들을 정리하면 정말 재미있고, 너무나 다양해서 놀랄 지경입니다. 우선 저 먼 서쪽 나라인 페르시아산 약재부터 시작해서 동남아시아산의 후추, 정향, 육두구 등의 각종 향료, 불교에서 쓰는 침향 같은 불교 용품 등등, 그리고 공작 꼬리(인도, 아프리카, 동남아에서 서식), 슬슬(에메랄드), 구수(양모로 짠 페르시아산 담요), 비취모(캄보디아산 비취조의 털)가 있습니다. 그뿐만이 아니라 신라에서 만든 신라먹, 신라종이, 특히 신라도라는 신라의 질 좋고 독특한 형태의 칼도 수출됐죠. 그러니까 동남아시아를 거쳐 아랍까지 이어진 물류망을 신라가 다시 연장하면서 일본과 중계무역을 했습니다.

또 재미있는 물건 가운데 하나는 바로 이런 것들인데요. 이거 바로 정창원에서 나온 사발입니다. 일본에서는 음도 유사하게 '사바리'라고 그럽니다. 신라인들이 수출한 우리 사발입니다.

그런데 9C에 들어오면서 신라와 일본은 국교가 완전히 끊어졌고, 일본과 당나라도 교류가 끊어졌습니다. 이런 시대적인 배경 속에서 장보고라는 인물이 국제사회에 등장하게 된다는 겁니다. 장보고는 한국사에선 찾아보기 어려운 독특한 국제인이에요. 그는 우리가 얘기하는 재당신라인 출신입니다. 하지만 본국 신라의 섬에서 태어났고 청소년기를 보냈지만, 그가 사회적으로 성장하고 출세한 곳은 당나라 지역이니까 재당신라인입니다. 하지만 그 이후에 신라에 돌아와서는 청해진을 설치하고, 대사라는 특별한 벼슬을 받은 다음에는 다시 당과 신라와 일본을 연결하는 독특한 업적을 이력으로 가진 사람입니다. 그 당시로써는 누가 보더라도 실질적인 국제인이라고 볼 수 있습니다.

재당신라인은 이번 강의의 처음에 말씀드렸습니다만 당나라에 살고 있는 신라인을 얘기합니다. 이를테면 백제가 멸망하면서 숱한 사람들이 당나라로 붙잡혀 갔습니다. 그다음에는 고구려유민들도 숱하게 건너갔죠? 그다음에 신라에서는 신라의 승려들이나 학자들이 비교적 좋은 조건 속에서 건너갔죠? 신라에서는 관리들도 건너갔습니다. 그리고 또 하나 중요한 사실은 신라농민들도 많이 건너갔다는 사실입니다. 여러분 보트피플 잘 아시죠? 월남이 패망하고 나서 바다를 떠돌면서 새로운 정착지를 찾는 보트피플이 생겼죠. 이런 현상은 고대나 지금이나 똑같았습니다. 당시에도 보트피플들이 많이 있었습니다. 백제유민들이 바다를 건너서 일본이나 당나라로 갔으면 이들이 보트피플이 됩니다. 심지어는 통일신라가 한참 발전하는 그 시기에도, 예를 들면 816년입니다만, 신라 농민들 150명이 양자강의 하류 지역으로 건너간 사실이 있습니다. 삼국사기에 기록된 역사적 사실입니다. 얼마나 많은 사람이 당나라로 그냥 건너갔는가를 짐작할 수가 있죠.

이런 유이민이 모여서 형성한 마을이 신라촌이 됩니다. 또 신라촌들이

정창원에 보관 중인 신라유물들

모이고 모여서, 어느 정도 도시적 성격을 띤 것이 신라방입니다. 그러니까 신라방은 신라 사람들이 단순하게 거주하는 것이 아니라, 에드윈 오라이샤워 교수가 연구를 통해서 발표했지만, 조계지 형태를 만들고 거기서 독자성을 가지고 생활공동체를 이룹니다. LA에 가면 'LA 한인타운'이 있죠? 우리는 미국사회에 큰 힘을 미치지 못하지만, 차이나타운이나 재팬타운은 거기서 무슨 문제가 발생했을 때, 미국 본국법에 따르는 예도 있습니다만, 자체적으로 해결하는 경향이 강하거든요. 신라방도 일종의 그런 특별한 공간을 의미합니다.

당나라에서는 신라방을 비롯해서 페르시아인들이 집단 거주하는 '파사방' 등에 일종의 조계지면서 특별자치구이기 때문에 자치권을 부여했다는 겁니다. 그 외에도 신라인들이 묵는 신라관이라는 일종의 숙박시설도 있고, 또 법화원처럼 사찰도 있었습니다. 이런 다양한 시스템들이 모여서 유기적으로 작동하면서 말 그대로 범신라인의 공동체를 이루었습니다.

재미있는 사실은 영파지역, 항주지역, 청도지역, 그다음에 석도 지금의 영성시라 할 수 있죠. 그다음에 위해지역, 등주지역. 이런 지역들에 신라인들이 집단적으로 거주했기 때문에 신라방이라고 불렀는데, 정말 놀랍게도 이런 도시들이 20세기말 부터 21세기까지 중국 경제발전의 견인차 구실을 하는 소위 연해개방도시들로 형성됐다는 겁니다.

등소평 잘 아시죠? 실용주의자인 등소평은 1979년부터 '사회주의 시장경제체제'라는 것을 선포하고 추진했습니다. 공산주의 국가에서 경제적으로는 자본주의를 받아들이는 거대한 실험을 한 것인데, 그 전략을 성공하게 하는 구체적인 전략이 '경제특구'의 설치 운영입니다. 스페셜 이코노믹존(Special Economic-zone)입니다. 현재 우리는 인천경제특구부터 시작해서 여러 곳에다 특구라는 이름의 것을 설치했지만, 중국의 경제특구는 그 정도의 규모나 형식이 아니라, 거의 완벽한 의미의 경제특구였습니다. 그 특구가 처음에는 현재 광동성 지역인 광조우(광주), 선전(심천), 주하이(주해) 등등이었고, 그 후에 북쪽에도 경제기술개발구들을 설치하였습니다.

그런데 우리 재당신라인들이 집단적으로 거주했던 신라방의 위치와 거의 일치하는 지역이 많습니다. 저는 논문을 발표하면서 등소평이 추진한 경제특구정책은 당나라에 있었던 파사방이나 신라방 또는 장보고의

중국 산동성 영성시 석도항. 뒷산이 법화원이 있는 적산이다.

청해진을 모델로 삼은 것이라고 주장을 했습니다. 지금 한국에서도 장보고는 모델로서 수용할 가치가 충분하다고 봅니다. 그만큼 역사는 미래에도 생존전략으로서 중요합니다.

 장보고는 이런 재당신라인들을 배경으로 성장했는데, 그가 본격적으로 출세한 배경 중의 하나는 여러분이 잘 아시기 때문에 짧게만 언급하겠습니다. 오늘날의 산동지방은 고구려의 유민들이 55년간 장악하면서 '제'라는 나라를 건국해서 당나라 중앙정부와 전쟁을 벌였습니다. 그들은 대운하를 비롯한, 황해를 통해 발해나 신라와 이루어진 물류망을 장악해서, 막강한 정치세력으로 성장했습니다. 그런데 제나라를 격파하는데, 즉 당나라 정부가 제나라를 토벌할 목적으로 만들었고, 또 그 일에 결정적인 공을 세운 군대가 서주지방에 있었던 무녕군입니다. 그 무녕군에서 비교적 높은 직위인 군중소장을 한 사람이 장보고였습니다. 15만의 병력을 보유했을 정도로 강력했던 이정기 일가의 제나라는 결국 819년에 멸망했습니다. 그리고 장보고는 이제 시대상황이 변했다는 사실과 자신의 이용가치도 다했다는 현실을 간파합니다. 정치 군사의 시대가 끝났고, 군인이었던 그는 새로운 길을 모색할 수밖에 없었는데 그 가운데 하나가 바로 본국 신라로 돌아가는 일이었습니다. 신라로 귀국해서 자기가 경험했던 국제정세에 대한 안목과 해양활동에 대한 탁월한 능력을 바탕으로 무역업에 종사하겠다는 것을 중요한 전략적 목표로 삼았던 겁니다.

 이런 장보고의 꿈과 야심을 가능하게 해준 국제적인 환경이 조성됐는데요. 여러분이 잘 알고 있는 해적의 문제입니다. 그 당시에 동아시아의 바다에는 해적들이 아주 들끓고 있었어요. 당나라해적, 신라해적, 아마 일본해적도 있었을 겁니다. 그 해적들이 신라인들을 붙잡아서 당나라에 노비로 팔았습니다. 이런 현상이 얼마나 극심했는지 823년에는 당나라

조정이 칙명을 내려 신라인들의 노비매매를 근절시키라고 할 정도였습니다. 그럼에도 해적선들이 발호하고, 신라인을 매매하는 행위는 근절되지 않았습니다. 결국, 828년 10월에 '신라노비 매매금지령'이 발령됩니다. 노비들의 매매가 극성을 부렸다는 사실은 해적들의 발호가 극심했음을 뜻하고, 해적들의 활동이 극심했다는 것은 정상적인 물류망이 붕괴했다는 것을 의미하죠. 다시 말하면 무역망이 깨졌다는 것을 의미합니다.

신라와 당나라와 일본열도 간에 형성된 삼각 교역망이 일개 해적들 때문에 붕괴가 됐다면 누구라도 좌시할 수가 없었겠죠? 그래서 당나라 정부나 신라정부, 일본국으로서는 동아시아의 바다를 안정시켜줄 만한 물류망을 복원시켜 줄 특별한 세력과 사람이 필요했죠. 즉, 한자로 얘기하게 되면 바다를 맑게 해야 할 세력이 필요했다는 겁니다. 바다를 맑게 한다는 것을 한자로 표현한다면 뭐가 되겠습니까? 바다를 맑게 한다. 어렵게 생각하지 마십시오. 청해(淸海)죠. 맑을 청(淸)자니까, 바다를 맑게 하

청해진의 본영이 있었던 완도의 장도 성벽

는 것. 깨끗이 소탕하는 것, 지금 소말리아 해적을 토벌하는 부대를 청해부대라고 한 것과 같습니다. 그래서 장보고가 대사라는 독특한 직책으로 설치한 진의 이름이 청해진이 되는 것입니다. 재미있지 않습니까? 역사라는 것은 이렇게 시간과 공간, 역사와 현재, 사건이라는 맥락 속에서 파악해야 한다는 겁니다.

장보고는 소위 인권주의, 애국심 등 거창하고 가치 있는 명분을 가지고 당시 신라로 금의환향을 했고, 신라정부의 입장에서는 귀찮기 그지없는 해적을 토벌할 뿐만 아니라 해양지역에 기생할 수밖에 없는 해상호족 세력들을 누르고, 진압하기 위해서라도 진을 설치할 필요성이 생겼습니다. 그래서 장보고라는 대리인을 통해서 청해진을 828년에 설치하게 하고, 829년에는 현재 천안함 사건 때문에 문제가 되고 있는 평택 아래인 남양만에 당성진을 설치하게 되는 것이죠. 그리고 장보고가 841년에 죽은 후에는 강화도에 혈구진을 설치하였습니다. 고구려는 강화도를 점령

신라인들이 항해하면서 경유했던 산동성 노산일대

한 다음에 혈구군을 설치하였습니다. 그 후 이 혈구진에서 성장한 사람이 바로 왕건의 가문입니다.

이러한 상황들을 골고루 고려한다면 장보고로서는 자기가 신라정부를 교묘하게 이용했다고 생각했겠지만, 신라정부는 오히려 장보고를 끌어들여서 철저하게 이용하고, 다 쓴 다음에는 가차 없이 버렸다고 보는 것이 아마 객관적인 해석일 것 같습니다.

장보고는 청해진의 대사로 임명되자 본격적으로 자신의 구상인, 제 용어로 표현한다면 동아지중해의 해양왕, 또는 線(line)의 나라 임금이 되기 위한 작업에 돌입했습니다. 저는 최근 들어서 기업의 운영방식을 얘기하면서 '시스템'을 자주 거론합니다. 시스템이 그만큼 중요하다는 것이지요. 하지만 역시 어떤 일의 핵심은 인적자원이라고 봅니다. 인적 네트워크. 근대사회도 마찬가지이지만, 전근대 사회로 올라가면 갈수록 시스템이 불비하거나 미비하기 때문에 사람의 능력과 역할이 정말 중요합니다.

당연히 장보고로서는 사람을 최대한 활용하는 정책을 구사했는데 그것을 최근의 용어로 표현한다면 인적네트워크(Social Network)를 만든다는 겁니다. 제가 인적네트워크라는 말씀을 드렸을 때 여러분은 벌써 감을 잡았을 것 같아요. 그 시대에 사는 사람들의 인적네트워크라는 것은 뭐가 되겠습니까? 당나라에 살고 있는 재당신라인, 본국 신라인, 재일신라인을 하나의 시스템으로 엮는 것이겠지요. 그러니까 그 시대에 동아시아 지역에 있는 모든 신라인을 범신라인들로 이어진 네트워크 속에 포진시킨다는 겁니다. 이것이 중요하죠.

그러면 질문을 하나 하겠습니다. 제가 무슨 일을 벌이기 위해서 여러 사람을 요소요소에 포진시킨 다음에 그들을 하나의 끈, 또는 하나의 망으로 연결했다고 한다면 단순하게 사람 자체만 엮었겠습니까? 아니지요?

그 사람이 닦아온 기술과 그 사람이 배운 지식과 소중한 경험들, 그리고 그 사람이 가진 지위와 역할이 있었겠죠? 이것을 동시에 장악한다는 겁니다. 말 그대로 'Social network' 입니다. 특히나 중요한 것은 활동 무대가 육지가 아닌 바다의 나라거든요. 바다에서 가장 중요한 것은 해양활동입니다. 해양활동 중에서 가장 중요한 힘은 해양력입니다. Sea-Power이라고 말하지요. 해양력에도 여러 종류가 있습니다. 조선술, 항해술, 국가조직, 산업구조, 도시의 건설, 항구 등. 그 가운데에서도 가장 중요한 것은 조금 전에 얘기했듯이 항로 또는 항선의 확보거든요.

육지 사람들이 보기에 바다는 거칠 것 없는 망망대해이기 때문에 마음 먹은 대로 아무 곳으로나 갈 수 있을 거로 생각합니다. 하지만 길이 따로 있기 때문에 아무 데나 갈 수가 없어요. 다시 한 번 지도를 보지요. 이 동아시아의 모든 지역을 연결하는 항로가 그려져 있습니다. 제가 96년도에

장보고 항로를 재현하고 법화원에 전시된 동아지중해호 (1996년)

영파 앞바다를 출항해서 황해의 동쪽 근해를 북상하다가 적산의 법화원 앞바다까지 갔거든요.

그 시대에 이 항로는 재당신라인들이 해안가의 곳곳에 살고 있었으므로 전체를 알 수가 있었습니다. 당연히 그렇겠죠? 다른 지역 사람들은 이 해역의 물길을 제대로 알 수가 없어요.

자, 그다음에 황해 중부를 건너서 서해근해안을 따라 내려와 현재 완도까지 오는 항로는 누가 알겠습니까? 재당신라인도 아니고 재일신라인도 아닙니다. 오로지 본국 신라인들만 알 수 있습니다. 그것도 동해안 세력이라든가 남해안 세력이 아니라 바로 서해안 세력만이 알 수밖에 없는 것이죠. 이들이 바로 물길을 아는 일종의 파일럿이 되는 겁니다.

그다음에 청해진을 출항하여 먼 바다로 나간 다음에는 일본까지 이어지는 항로는 일부는 본국 신라인들이, 일부는 일본열도에 살던 재일신라인이 함께 장악했습니다. 그러니까 '해양 인적네트워크'를 구축한다는 일은 결국 세 개로 나누어져 있던 항로를 하나로 일원화, 일선화시키는 일이 되겠죠? 동아시아의 물류망을 완벽하게 복원해서, 요즘의 경제용어로 말하면 허브에다 청해진을 두었다는 겁니다. 이것이야말로 당시로 봐서는 최고의 완전한 해양적 경제적이 되겠습니다. 장보고의 인적네트워크가 가진 중요한 특성이 되겠습니다.

그뿐만 아니라 당나라의 해안지대에는 곳곳에 '신라방'들이 있었습니다. 일본에도 신라인들이 사는 집단 거주지가 있었습니다. 이 사람들은 여러 가지 면에서 뛰어난 능력을 갖추고 있었습니다. 이들은 농업에 종사했습니다만, 소금도 굽고, 숯도 구웠죠. 환금성(換金性)이 좋았기 때문입니다. 그러나 역시 중요한 일은 무역업에 종사했다는 겁니다. 지금도 재일교포, 재미교포, 또는 재중동포들이 안전하고 손쉽게 돈 벌 수 있는 사업 가운데 하나는 이 삼국을 연결하는 무역업이거든요. 마찬가지로 그 시대의 신라인들도 무역업에 종사했습니다. 그뿐만 아니라 그들은 운송업에 종사했습니다. 그 당시에 무슨 운송업이 있었겠어? 그렇게 생각하실지 모르겠지만, 전혀 그렇지 않습니다. 그 시대에는 지금처럼 통신이 발달하지 못했기 때문에 무조건 어느 지역을 직접 가야지만 사업이 되는데, 그것을 가능하게 해주는 것은 운송업이죠. 가장 부가가치가 높은 사업이었죠. 그러니까 당연히 조선업이 발달하고, 항해술이 능란하고, 이런 기술력들이 갖춰지지 않으면 운송업이나 무역업이 불가능했습니다. 그런데 장보고는 '인적네트워크'와 함께 각 지역에 있는 신라인 거주지를 연결해서 가능하게 했고, 그뿐만 아니라 무역활동도 활발하게 전개했죠.

　장보고가 거느린 선단은 신라 안에서 생산된 것뿐만 아니라, 당나라, 동남아시아, 심지어는 아라비아 같은 지역에서 나온 물건도 수입해서 일본에 팔았습니다. 그리고 반대로 일본에서 생산된 면 같은 물건을 사서 신라에 팔거나, 당나라에 파는 일도 했죠. 이렇게 중계무역을 벌였을 뿐 아니라, 더욱 놀라운 사실은 지금도 하나의 모범이 되고 있는데요. 요즘 말로 표현하면 보세가공무역도 했다는 겁니다. 보세가공무역은 원료를 싸게 사다가 상품으로 제작해서 다시 내다 파는 일종의 고급 중계무역입니다. 예를 들면 신라지역의 공방에서 어떤 물건을 제작해서 파는데, 그 물건은 신라 자체에서 만든 물건이 아니라 당나라에 있는 물건을 들여와서 가공하거나 모방해서 만든 다음에 일본에다 되파는 것이죠. 그중에 대표적이며 현재까지 알려진 것은 강진에서 나온 청자입니다. 청자의 기원은 학자에 따라 약간 차이가 있습니다만 기본적으로 이 무렵에는 신라에서도 청자가 만들어졌다고 보고 있습니다. 그랬다면 장보고의 선단이 당나라에서 청자 만드는 기술을 들여오거나 벤치마킹을 해서 강진지역에서 청자를 제작한 다음에 일본열도로 수출할 수 있습니다. 그 외에 아라비아의 물품들도 있었을 겁니다. 이것이 당시 장보고가 추진한 무역의 메커니즘이 되겠습니다.

무역활동에 대해서 말씀드렸는데요. 그러면 이것만으로 장보고가 '선(線)의 나라'를 건설할 수가 있을까요? 그렇지가 않죠. 부족합니다. 정말 중요한 것 가운데 하나는 실질적으로 활용할 수 있는 기술이 필요하고, 여러 분야에 활용되는 힘(power)이 필요하다는 겁니다. 특히 핵심인 해양력이 필요하다는 겁니다. 이제부터 구체적으로 해양력을 말씀드리겠습니다. 해양력은 말 그대로 해양과 관련된 모든 힘이지만 역시 군사력입니다. 해양력은 함선이라든가 상선의 규모와 숫자, 성능 등입니다. 그리고 그것을 효과적으로 이용할 수 있는 항로의 확보입니다.

신라의 조선술에 대해서 몇 가지 말씀을 드려야 하는데요. 지난 시간에도 말씀드렸는데, 오늘날 우리가 보통 생각하는 것처럼 동아시아 해양문화의 수준이 뒤떨어진 것은 아닙니다. 어떤 면에서는 오히려 동남아시아라든가, 심지어는 지중해 지역보다 뛰어난 점이 많았습니다. 중국지역이 보유한 해양문화의 수준은 실로 가공할 정도였습니다. 우리도 역시 발달했는데, 가야에는 가야선이, 백제에는 백제선이, 신라에는 신라선이 각각 있었습니다. 물론 제가 말씀드린 이런 배의 명칭들은 우리 기록이 아니라 일본서기 같은 일본기록에 나오는 것들이죠. 이 무렵에는 신라배가 워낙 우수했기 때문에 당시 야마토 조정에서는 신라선을 확보해야 한다는 것을 지방정부, 즉 현재 후쿠오카에 있는 다자이후에 내릴 정도였습니다. 『속일본후기』 839년 조에 나오는 기록입니다. 대마도라든가 큐슈지역에서도 신라선을 확보하는 일이 매우 중요해서 840년에는 대마도의 관리가 '다자이후'가 보유하고 있는 배 6척 가운데 1척을 달라고 요청까지 합니다. 신라선의 크기와 적재규모는 정확히 알 수 없고, 다만 짐작할 뿐인데, 지금 이 그림이 신라선으로 추정이 됩니다.

그림으로만 봐서는 크기가 얼마가 되고, 어느 정도의 능력을 갖췄는지 모르겠습니다. 그런데 그 무렵에 신라선보다 능력이 떨어졌다고 여겨지는 일본 배들에 대해서는 기록에 남아 있습니다. 일본 배들은 견시라선, 견발해선, 그리고 견당선이라고 당나라로 파견된 사신단이 승선한 배가 있습니다. 견당선은 1척에 보통 150명에서 200명 정도의 승선인원이 가능했고, 길이는 대략 20m 정도가 됐다고 봅니다. 그러니까 신라의 사신선이나 장보고 선단이 사용했던 배는 역시 100명에서 150명 전후로 한 사람들이 승선했고, 길이는 지름 20m, 폭은 7m를 전후로 했고, 쌍돛대를 사용했다는 겁니다.

아주 재미있는 사실이 있는데, 신라는 752년에 일본열도에 대규모의 사신단을 파견하는데, 모두 700명이나 됐습니다. 무려 700명에 달하는 신라 사람들이 왕자로 위장한 김태렴을 단장으로 일본열도에 상륙합니다. 그때 동원된 배가 7척이라고 하니까 평균 잡으면 한 척당 100명 정도가 승선하는 겁니다. 그런데 보통 선단을 이룰 때는 큰 배와 작은 배가 나뉘어 있습니다. 단장인 왕자 일행이 탄 배와 나머지 관리나 상인, 일반인들이 탄 배를 구분하면 적어도 주력함선이나, 주력상선은 그보다 훨씬 더 컸다고 보는 것이 옳죠. 이런 큰 신라배들을 타고 온 그들은 반 정도는 큐슈지역에 남아서 현지무역을 직접 하고, 나머지 반은 다시 배를 타고 세또내해를 통과해 오사카로 가서 그곳의 나니와(難波)에서나 나라(奈良) 지역의 수도에서 무역과 외교활동을 벌였습니다.

이렇게 보면 당시 신라배의 정확하고 구체적인 규모를 알 수 없겠지만 백 명을 전후한 거대한 배들이 선단을 이루면서 동아시아 지역의 여러 바다를 항해했다는 것을 알 수가 있죠. 그리고 또 한 가지 중요한 것은, 항로의 문제인데요. 신라인들이 사용한 항로는 남해에 있는 한일항로와 황해, 동중국해 등 동아시아 서쪽의 모든 곳이 해당한다고 보면 됩니다. 일본열도까지 항해하려면 울산항을 출항해서 남하한 다음에 대마도를 거쳐서 큐슈 북부에 도착하는 항로도 있고, 당나라로 가려면 경기도 남부나 강화도를 출항해서 황해중부를 횡단하는 항로가 있습니다. 이것은 전부

엔닌이 풍랑을 만난 모습 돛에 장보고의 '보' 자를 써 넣었다(KBS 역사스페셜(2005.11.18) 〈장보고 선단 대양 항해 어떻게 가능했나?〉)

일본에서 복원한 견당선 모형

터도 사용했고, 특히 846년에 엔닌이라는 승려가 건너올 때도 법화원 앞의 이 석도항을 출발해서 하루 반 만에 건너와서 웅주 쪽, 현재 충청도 해안을 바라본다고 했습니다. 하루 반이면 움직일 수 있는 황해 중부횡단항로를 사용했습니다.

그리고 황해남부 사단항로라고 있습니다. 현재 상해만 해역이나 절강해역을 출항해서 한반도 서남부를 거쳐서 다시 울산이나 일본으로 간 항로입니다. 그다음에 정말 중요한 것이 있는데요. 우리는 보통 우리 민족의 해양활동 무대를 동해, 남해, 그리고 황해만으로 생각하기 쉽습니다. 그런데 실제로는 그렇지 않습니다.

상해 외해부터 대만북부해역까지를 동쪽 중국해, 즉 동중국해라고 부르고 있습니다. 그런데 이 동중국해도 우리가 해양활동을 한 무대입니다. 물론 고려시대에는 당연한 일이지만, 통일신라시대 때도 동일하게 신라

절강성 영파 앞바다 주산시 보타도의 신라초

방들이 동중국해의 해안지역에 거주했고 해양활동도 동중국해에서 했습니다. 특히 장보고 선단도 마찬가지겠지만, 통일 신라인들이 영파 등 절강성 해안을 출항해서 동중국해 사단항로를 이용해서 영산강 하구나 금강 하구 해역에 도착했고, 일부는 다시 중간에서 항로를 갈아타고 울산해역으로 도착하고 있습니다.

제가 이렇게 특별하게 말하는 이유는 우리 민족의 역사 활동에서 해양무대는 보통 황해, 동해, 남해로 알고 있지만, 그뿐만 아니라 동중국해를 포함한 넓은 해역이었다는 걸 강조하는 겁니다. 이 사진을 보세요.

중국 측에서 동중국해 사단항로가 출항하는 곳은 영파 앞에 가면 있는 주산군도 앞의 보타도라는 섬입니다. 그 섬 앞에는 '신라초'라는 지명을 가진 적지 않은 암초가 있습니다. 신라초라는 것은 곧 신라의 암초라는 뜻인데요. 그 무렵 통일신라 사람들이 당나라의 오대산에서 불상을 모시고 신라로 돌아가다가 이곳에서 좌초됐습니다. 그러자 신라 사람들은 그대로 돌아가고, 좌초됐던, 배 안에 모셨던 불상을 한 승려가 보타도에다 모셨던 것입니다. 그래서 중국에서는 이곳이 관음신앙의 성지입니다. 재당신라인들이 출항하고 활동했던 곳이고, 장보고 선단도 보타도를 출항해서 한반도 남부지역이나 일본열도까지 항해했습니다.

지금까지 장보고의 해양활동에 대해서 몇 가지 말씀드렸었는데요. 그렇게 한 이유 가운데 하나는 우리 민족이 해양활동을 통해서 대외로 활발하게 진출했다는 것입니다. 그리고 또한 단순하게 진출한 것이 아니라 장보고가 추구한 해양활동과 국가발전정책, 장보고가 청해진을 중핵으로 삼아 완성한 '선의 나라'는 21세기 한국에도 적용이 될 수 있다는 겁니다. 조금 전에 얘기했듯이 국제질서는 급속하게 변화해가고, 본격적인 무역의 시대, 해양의 시대가 도래했습니다. 지금 우리나라의 수출입 물동량의 99% 이상이 바닷길을 통해서 운송되고 있어요. 당연히 해양력을 강화시키지 않으면 안 됩니다. 우리뿐만 아니라 동아시아에서도 해양의 이러한 중요성 때문에 현재 두만강 하류 지역, 남쿠릴 열도, 센카쿠제도라고 불리는 동중국해, 남사군도, 서사군도에서 영토분쟁이 일어났고, 현재 독도에서 여러 가지 문제들이 야기되고 있습니다.

그러니까 해양력이라고 하는 것은 21세기 세계질서 또는 동아시아 질

장보고 선단의 해상 네트워크
(필자 및 주간 조선 제공)

서가 형성되는 데 제일 중요한 역할을 한 겁니다. 또한, 단순하게 군사적으로만 경쟁하는 것이 아니라 외교 문제와 함께 무역이라는 경제 전쟁 등 여러 가지 요소와 연결됩니다. 그렇게 볼 때 장보고가 그 당시에 그런 방식으로 활동하고 성공한 것은 오늘날을 살아가는 우리에게 아주 구체적인 모델을 제시합니다.

단적으로 말씀드리면 장보고는 동아시아 전체에 포진해 있었던 신라인들을 하나로 연결하는 '범신라인 인적네트워크'를 구축하였습니다. 그 다음에 그들이 가지고 있는 다양한 분야의 인적 자원과 뛰어난 기술력과 합리적인 시스템을 연결해서 항선의 일원화, 해양활동의 조직화를 이루어냈습니다. 그리고 청해진을 거점으로 정치력과 일만 명에 달하는 군사력, 막강한 함대와 종교적인 신념 등을 종합적으로 활용해서 그 당시로 봐서는 드물게 국제적인 체제와 지역을 완성했습니다.

그러나 여러분이 잘 아시다시피 장보고는 결국 부패한 신라 왕실에 암살당하는 비극적인 최후를 맞이합니다. 조금 전에 말씀드렸듯이 장보고로서는 국제정세와 함께 신라왕실을 교묘하게 이용한다는 측면이 강했습니다. 하지만 신라왕실의 입장에서는 오히려 반대로 장보고라는 미천한 교민을 끌어들여서 신라의 변방과 바다를 안정시키고, 신라가 당나라 일본과 무역을 하는 데 활용했다고 하는 측면이 강합니다. 장보고는 이와 같은 신라의 내부적인 문제와 지배계급의 교활함을 제대로 인식하지 못하고, 결국은 신라에서 벌어진 왕위쟁탈전에 개입하면서 끝내는 실패로 끝납니다.

삼국사기와 삼국유사에는 장보고의 존재를 높이 평가하지 않습니다. 심지어 삼국사기는 그를 반역열전에 집어넣으면서 아주 간략하게, 소략하게 표현했을 뿐입니다. 그렇게 해서 그와 재당신라인라는 존재들은 역사에서 버림을 받았습니다. 이제 그를 현재와 미래에서 부활시켜야 합니다.

이것으로서 한민족의 해양활동과 대외진출사 제3강「동아지중해의 임금, 장보고의 해양활동과 재신라인들」에 대한 강의를 마칩니다. 감사합니다.

한민족의 해양활동과 대외 진출사

4강
동해의 겨울 바다를 건넌 발해선단들

- **발해** : 고구려 유민들이 698년에 세워 926년까지 존속한 나라. 현재 한반도의 북부 요동반도, 흑룡강 일대를 장악하였고, 무역과 해양활동이 매우 뛰어난 나라였다.

- **해양활동** : 727년 첫 사신을 파견한 이후 멸망 할 때까지 34차례의 국가사절단을 파견하고, 1차례 대규모의 민간인들이 동해를 건넜다.

- **발해의 수출품** : 호피, 표피, 웅피, 초피, 꿀, 인삼, 다시마 등

- **발당전쟁** : 732년 발해의 선공으로 시작된 전쟁. 등주성 전투는 발해수군의 대승

- **항로** : 다양한 종류의 동해항로를 비롯하여 연해주 항로를 사용하여 사할린 및 홋카이도와 교류

4강
동해의 겨울 바다를 건넌 발해선단들

 안녕하세요. 저는 동국대학교에서 역사학을 가르치고 있는 윤명철이라고 합니다. 몇 주 전부터「한민족의 해양활동과 대외진출사」라는 제목으로 여러분과 함께 공부하고 있습니다. 오늘은 네 번째 강의가 되겠는데요. 매우 독특하고 새로울 뿐만 아니라 감동적인 내용이 되겠습니다. 동해의 겨울 바다를 건넌 발해 선단의 활동입니다. 여러분께 사진을 한 장을 보여 드리겠습니다.

얼음이 얼어붙은 발해 1300호

 어떻습니까, 이 사진. 좀 색다른 모습이죠? 왠지 모르게 바다라는 느낌이 듭니다. 가만히 살펴보니까 얼음이 얼어붙었군요. 이건 로프죠? 바로 '발해 1300호'라는 뗏목의 모습입니다. 사진에는 1998년도 1월 5일 날짜로 찍혀 있네요. 이 뗏목은 12월 31일 날 블라디보스토크 항을 출항했으니까, 6일째 되던 날의 모습이 되겠습니다. 1998년은 발해가 건국한 지 1,300주년이 되는 해입니다. 그런데도 실제로 그 당시까지도 한국 사람들은 발해가 우리나라의 역사인지 정확히 알지 못하고 있었어요. 어렴풋이 알고 있었을 뿐입니다.

동북공정은 본격적으로 한국에 알려진 것은 2003년도 11월이지만, 이미 2002년도 3월부터 시작됐습니다. 사실은 동북공정 이전부터도 발해는 중국의 소수정권으로 규정됐습니다. 그럼에도 우리는 발해를 우리 역사인 줄 잘 모르고, 관심도 거의 없었지요. 1998년도에 들어오면서 발해 건국 1,300주년 기념행사가 몇몇 나라에서 벌어졌습니다. 당연히 중국에서 벌였겠죠? 지금 자기 나라의 역사니까, 그리고 연해주 일대가 발해의 영토였기 때문에 러시아에서도 발해건국 1,300주년 기념행사를 벌었습니다. 행사에 소요된 경비는 어느 나라가 댔겠습니까? 러시아는 경제적으로 어려웠거든요. 우리나라가? 아니죠. 당연히 일본이 댔습니다. 일본은 과거부터 '만선사관(滿鮮史觀)' 때문에 발해에 대하여 집요할 정도로 집착을 하고 있거든요. 일본도 기념행사를 벌였습니다, 그런데 정작 우리는 할 수가 없었어요. 상당히 어려움을 겪긴 했지만, 결국은 우리 '고구려 연구회'에서 발해건국 1,300주년 기념 학술대회를 했었죠. 그만큼 국내에서는 발해에 대해서는 별로 인식이 없었고요. 정말 놀라운 일이지만, 2003년도 말에 동북공정이 본격화되고, 여론화 됐을 때까지 한국에서 발해사 연구로 박사 학위를 받은 사람은 단 3명에 불과했다는 겁니다. 그만큼 남한학자들은 고구려사도 그렇지만, 발해사에 대해서는 관심이 아주 적었고, 연구성과도 아주 미미했습니다. 우리 역사학계의 한계와 치부이죠. 그런 상황 속에서 일반 국민은 발해사가 우리 역사란 것을 명확히 알 수가 없었던 거죠. 역사란 것은 막연한 관념과 추측만으로 구성되는 것이 절대 아닙니다. 치밀한 연구가 있어야 하고, 또 그에 걸맞은 관심과 애정을 갖고 있어야 합니다. 그런 의미에서 후손인 우리는 존재를 잊어버렸던 발해인들에게 용서를 구하지 않으면 안 될 것 같습니다.

그래서 제 후배인 장철수 씨와 친구이기도 한 이덕영 씨와 이용호, 임현규 등 4명으로 구성된 발해 1300호가 1997년 11월 31일에 연해주의 블라디보스토크 해안을 출항했어요. 이렇게 황해북부 사단항로를 따라 항해하다가. 울릉도, 독도를 경유하여, 1월 24일 새벽 6시 무렵으로 추측되는데요, 독도의 영토를 주장하는 오키 제도의 도고섬 고까무라(五個村) 앞 해벽에 좌초되면서 4명 전원이 희생되었습니다.

여러분이 보시는 이 항로도가 발해 1300호의 항로가 되겠습니다. 이토록 어려운 항로를 발해인들은 계속 사용했던 것이죠. 이 난파 사건이 일어났을 때 많은 사람이 얘길 했습니다. 왜 겨울철에 동해를 건너느냐고,

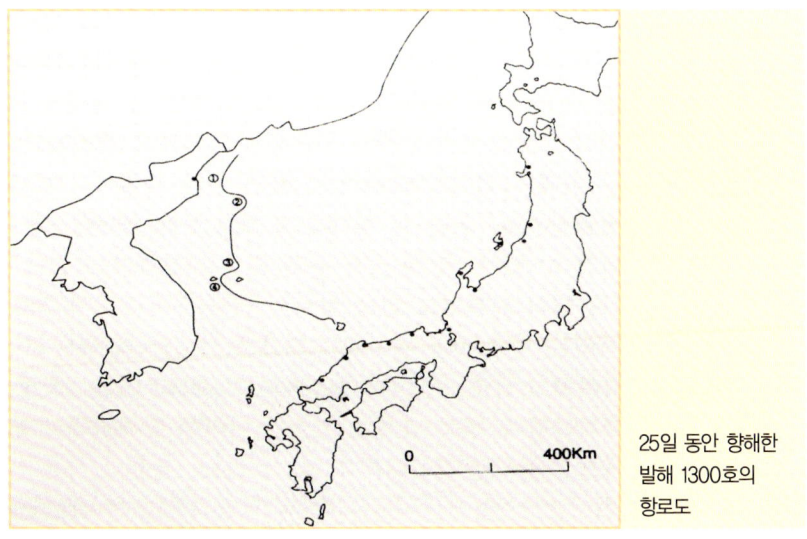

25일 동안 항해한 발해 1300호의 항로도

4강 동해의 겨울 바다를 건넌 발해선단들

또 발해시대에 뗏목이 있었을까? 준비가 부족하고 무모했다는 비아냥부터 시작해서 많은 비난이 일었습니다. 그 당시에 당연히 제가 반론을 펼 수밖에 없었죠. 왜 그러냐 하면 여러 가지로 인연이 깊었습니다. 제가 뗏목탐험을 시작한데다가 해양사를 전공하고 있고, 또 대장과 선장은 특별한 인연을 맺고 있었거든요. 사실은 제가 97년도에 황해 뗏목탐험을 끝내고 돌아오니까, 발해 1300호의 대장인 장철수 씨가 저한테 와서 뗏목을 빌려달라고 했습니다. 독도탐사 때 만난 87년 이후에 후배처럼 대했거든요. 그는 한일어업협정에 반대하는 시위에 통영에서 어선들과 함께한다고 말했어요. 저야 "그럴 수 없다."고 거절했습니다. 그다음에 몇 달 동안은 소식이 없었는데, 갑자기 연락이 와서, 러시아의 블라디보스토크 항이라고 얘길 하더라고요. "왜 갔느냐?"라고 물어봤더니 이덕영 씨와 함께 발해 1,300호를 띄워서 부산까지 항해한다는 계획을 얘기했습니다. 갖은 어려움 끝에 그들은 출발했었고, 저는 바다에서 항해 도중에 무선으로 2번 교신을 했습니다. 결국, 마지막에 참혹한 결과를 가져왔죠. 우리 대원들이 사고현장으로 가서 수습했고, 그때 뗏목에서 가져온 필름을 현상한 것이 바로 이 사진입니다.

역사란 것은 이런 것이죠. 잊어버리는 사람이 있는가 하면, 의도적으로 망각한 사람이 있는가 하면, 집요하게 다시 되살리려는 사람이 있습니다. 그런 의미에서 저는 '발해 1300호'가 역사뿐만 아니라 지성사에서도 굉장히 중요하다고 봅니다. 중국의 동북공정에서는 발해를 중국의 소수지방정권이라고 규정을 내렸었죠. 그리고 좀 더 확실하게 후속작업을 해서 2006년도에 이르러 마지막 결론을 내렸을 때는, 발해의 주체는 말갈인일 뿐만 아니라, 처음부터 국호도 말갈국이었다고 주장을 했습니다. 이제는 그것을 교과서에 수록하는 작업을 진행하고 하고 있어요. 이제 발해는 완벽하게 중국의 역사가 되는 것이죠. 그런데 정작 우리는 발해에 대해서는 실체를 잘 모를 뿐만 아니라, 특히 발해인들이 엄청나게 모험적이고 역동적이고 진취적인, 그리고 겨울 바다를 항해했던 사람들이란 것은 잘 모르고 있어요. 발해인들은 동해를 그것도 한겨울에 건넜던 겁니다. 한겨울의 동해, 바다란 것을 여러분은 잘 모르실 거예요. 여러분이 어쩌다 보면서 낭만적으로 느끼는 겨울 바다는 동해가 아니라 해변이죠. 정작 바다 한가운데로 나가면 상황은 전혀 다릅니다. 겨울 바다는 파고가 높아요. 더구나 바이칼과 오호츠크 해에서 기원한 북서풍이 강하게 불어대기 때문에 상상을 뛰어넘을 정도로 거칩니다. 여러분이 사진에서 보는 것처럼 북쪽바다는 뗏목 위에 얼음이 얼어붙을 정도로 춥죠.

그런데 이 시기에 발해인들은 동해바다를 건너서 일본열도에 간 겁니다. 가는 이유는 여러 가지가 있겠습니다만, 그 계절을 택할 수밖에 없는 이유는 일본열도를 가려면 당연히 북서풍을 타고 가야 되기 때문입니다. 그래서 발해 1300호가 한겨울에 동해를 건넜던 겁니다. 안타깝게도 4명 모두 희생당했지만 그래도 이 일 때문에 사람들이 발해의 역사를 조금이나마 알게 된 것이죠. 그 이후에 논문을 통해서 발해 1300호의 항적과 함께 발해인들은 이러한 항로를 이용해서 건너갔는데, 그것을 실증한 것이 바로 '발해 1300호'라고 주장했습니다. 그런데 우리나라에서 발해사를 전공하거나 동해의 해양을 얘기하면서 발해 1300호의 실증작업이나 제가 쓴 논문들을 인용하지 않습니다. 일본인들의 것은 인용하면서도 그것을 무시하는 그 사람들은 정말 받아들이기 힘듭니다. 학자들은 고맙게 생각하고 미안하게 생각해야 합니다.

여러분 보세요. 이것이 크라스키노에 있는 안중근 의사의 단지동맹비입니다. 올해는 안중근 의사가 순국하신지 100년이 되는 해입니다. 안중

발해인의 출항지였던 크라스키노에 세운 단지동맹비

연해주 일대인 파르티잔스크 지역에 있는 발해 성터

근 의사는 독특한 분이죠. 그분은 뛰어난 천재라고 생각합니다. 정치력도, 행동력도, 사상가적인 면도 있고, 저는 그를 시대의 혁명가라고 생각하고 있습니다. 그분을 비롯해 몇 양반들이 손가락을 자르면서 함께 맹세했죠. 조국을 위해서 봉사, 멸공하겠노라고. 그 단지동맹을 맺은 곳이 크라스키노라는 곳입니다.

북한에서 기차를 타고 러시아로 국경을 넘게 되면 처음으로 도착하게 되는 지명이 핫산입니다. 핫산 들어보셨죠? 나진선봉지구를 통과해서 두만강 철교를 건너면 핫산지역이 나옵니다. 바로 두만강의 북쪽 마을이고 핫산이라는 이름도 조선인들이 붙인 하산에서 기원했다는 설이 있습니다. 핫산에서 조금 더 북상하게 되면 크라스키노가 나오고, 크라스키노에서 또 올라가면 유명한 블라디보스토크 항이 나옵니다. 동쪽을 정복한다는 의미이죠. 한자로 표현한다면 '征東'이 되겠죠. 그 서북쪽에는 우스리스크가 있습니다. 우스리스크에서 더 서북쪽으로 오게 되면 하바로프스크가 있습니다.

　제가 이런 러시아식 명칭을 굳이 언급하는 데는 이유가 있습니다. 이 연해주 땅은 1860년도까지는 청나라의 땅이었습니다. 북경조약을 맺으면서 할양당한 것이죠. 그러니까 청나라, 지금의 중국에 연해주 땅은 수복의 대상이 되는 것이죠. '고토수복' 그렇다면 불 보듯 뻔하죠? 앞으로 이 지역의 역학 구도가 어떻게 전개될 것인가. 그런데 역사를 쭉 거슬러 올라가 보면 그곳은 발해의 영토이고, 고구려의 영토이고, 우리 원조선의 일부였다는 것이죠.

　그리고 이 크라스키노가 중요한 또 다른 이유는 발해 때문입니다. 발해인들이 일본열도로 출항한 항구는 여러 군데가 있는데, 현재까지 분명하게 나타나는 유적이 있기 때문입니다. 크라스키노에는 조그만 성터를 10여 개 이상 발굴하고 있는데요. 저도 오래전에 고구려연구회와 러시아 측이 합동발굴을 하고 있을 때에 가서 참관한 적이 있습니다. 우리 독립군들은 블라디보스토크를 비롯한 연해주 지역에서 조선의 국권을 회복하기 위해서, 잃어버렸던 고구려의 영광과 발해의 역사를 회복하기 위해서 독립전쟁을 벌였는데, 그 중요한 터가 바로 여기란 겁니다. 발해사를 장도빈 선생이 시작한 것은 이런 의미가 있습니다. 역사란 이렇게 면면히 대를 이어오고 있는 것이죠. 아쉬운 것은 이런 분들의 업적과 노력을 역사학계가 무시하고 홀대하고 있다는 겁니다. 물론 근래에 들어서 경비지원을 받으면서 관심을 보여주기는 했습니다만.

자, 이제 발해역사를 구체적으로 살펴보겠습니다. 고구려는 668년에 평양성이 함락당했습니다. 하지만 압록강의 이북에 있는 40여 개의 성은 끝까지 항전을 계속하다가 671년에 안시성마저 항복하면서 고구려는 마치 황혼처럼 역사의 저편으로 사라졌죠. 그러나 완벽하게 사라진 것이 아니었습니다. 원조선이 멸망하고 나자 부활한 고구려를 비롯한 소국들은 국권을 수복하고 끝내는 조선적 질서를 회복했습니다. 그것이 다물(多勿)입니다. 비록 고구려는 멸망했지만, 새날, 새해가 떠오르듯 그 후손들은 계속해서 여기저기서 고구려를 살렸던 것이죠. 그 중의 하나가 바로 발해였습니다. 그래서 처음에는 발해를 고려라고 칭했던 겁니다. 중국 측 사료에는 진국(辰國), 그다음에는 발해라는 명칭을 얻었다고 했지만, 발해인들은 스스로 고려라고 주장했었고, 주변국에서도 그렇게 봤던 것이죠. 얼마나 고구려인들이 집요하냐 하면, 발해인들이 고구려를 부활시켰듯이 발해는 228년 만에 멸망한 직후부터 부흥운동을 무려 200여 년 동안이나 계속했습니다. 무려 200여 년 동안. 또 발해가 멸망할 즈음에 남쪽에서는 고려가 다시 고구려를 계승했습니다. 굉장히 집요하고 무섭다는 겁니다. 그런 무서운 피가 어디에 흐르고 있는 겁니까? 바로 우리 역사에, 우리 몸속에 흐르고 있는 겁니다. 역사적인 유전자 생물학적인 유전자로 계승된 우리 민족은 뛰어난 민족이죠. 여러 가지 면에서.

발해가 처음 건국한 곳이 바로 여기 길림성 돈하시의 동모산이라고 추정되고 있습니다. 고구려가 멸망하면서 끌려간 유민들은 요서지방에서 거주하면서 당나라, 거란, 돌궐사람들과 함께 살아가면서 여러 가지 복잡한 관계를 맺습니다. 그런데 여러 부족으로 나뉘었던 거란족이 통일되면서 '무상가한(無上可汗)'이란 존재가 나타났고, 그는 당나라를 대상으로 난을 일으킵니다. 비록 실패했지만 그런 과정 속에서 기회를 엿보던 고구려 유민세력들은 말갈족의 일부와 함께 동쪽으로 대탈출을 감행합니다. 대조영이 지휘하는 군대와 백성은 당나라의 이해고가 지휘하는 추격군과

동성문의 흔적 옹성구조로 되어 있다.

돈화시 교외 동모산에 있는 발해의 첫도읍지 산의 정상 부분을 둘러싼 산성이다.

싸우며 무려 2천 여리를 행군하다가 천문령 전투에서 최종적으로 승리를 거둡니다. 그들은 동모산 지역에 정착해서 첫 도읍을 건설합니다. 여러분이 이 현장을 보면 좀 실망하실 거예요. '아니 무슨 첫 도읍지가 이 정도인가?' 이렇게 말입니다.

들판 한가운데 버섯처럼 솟아있는 동모산입니다. 토성이 산정상 부분을 둘러싸고 있습니다. 첫 도읍지는 그럴 수밖에 없습니다. 왜냐하면, 피난해 와서 일시적으로 군사적인 거점을 확보할 수밖에 없기 때문입니다. 이런 산정지역에 산성형태로 쌓는 것은 당연합니다. 발해인들은 여기에 머무르지 않고 계속해서 이동하면서 나라를 발전시켰습니다.

그런데 발해인들은 스스로 고구려를 계승했다는 말을 많이 했거든요. 당나라에서도 똑같이 이야기했습니다. 여러분이 잘 아시겠지만, 발해를 건국한 사람은 고구려의 유장인, 즉 망한 나라의 장군인 대조영이라고 배웠었지요? 「구당서」를 비롯한 중국 사서에도 고구려와 발해의 직접적인 관련성을 언급했고, "대조영은 본래 고구려의 별종이다(大祚榮者 本高麗別種也)."라고 기록했습니다. 그러니까 고구려인과 직접, 간접적으로 연결되었다는 겁니다. 삼국유사에는 "고구려의 옛 장수인 대조영이 잔병들을 모아 태백산 남쪽에 나라를 세우고 국가의 명칭을 발해라 하였다(新羅古記云 高麗舊將祚榮姓大氏 聚殘兵 立國於大伯山南 國號渤海)."라고 나옵니다.

일본 사서에서도 당연히 그렇죠. 일본에서는 발해 사신단들이 일본에 갔을 때 그들을 '고려사'라고 명명했습니다. 반대로 일본에서 발해로 보낼 때도 사신들을 고려사라고 했습니다. 일본국은 발해는 정확하게 고구려를 계승한 나라라고 인식을 했던 것이죠.

발해인들은 727년에 동해를 건너는 첫 항해를 시도하면서 많은 희생자를 냈습니다. 일부가 생존하여 일본의 조정에 들어갔습니다. 그런데 그들이 가져온 국서에는 이렇게 되어 있습니다. "옛 고구려의 땅을 다시 회복하고, 부여의 습속을 계승했다(復高麗之舊居 有夫餘之遺俗)." 속일본기에 기록된 내용입니다. 그러니까 고구려인들은 일본국에 첫 사신을 보내면서 발해는 고구려를 계승한 나라라고 선언하였습니다. 후에 중국인들이 혹은 일본인들이 발해를 고구려인들과 말갈인들의 공동정권이라고 주장했습니다. 최근의 동북공정에서는 발해가 말갈인들이 세운 국가라는 주장들이 있지만, 가장 중요한 것은 본인들 스스로 고구려를 계승했다고 선언한 일입니다. 잘 아시겠지만, 고구려는 장수왕 이후에는 고려라는 국명을 사용했거든요. 그러니까 발해는 고려라는 원국명을 그대로 사용한 겁니다. 왕건이 세운 고려도 고구려의 국명을 그대로 계승한 것이죠.『속일본기』에는 "고려사인 양승경 등이 와서 방물을 받쳤다," 이런 구절이 나오고 있습니다. 이런 여러 상황을 고려해 볼 때, 초기에 적어도 발해는 국내외에 고구려를 계승한 나라란 것을 천명하고, 여러 각도로 확인하는 작업들을 했음을 확인할 수 있습니다.

이런 과정을 겪어가면서 발해는 굉장한 발전을 거듭합니다. 이것은 발해의 전성기에 영토를 표시한 지도입니다. 한규철 교수가 15년 전쯤에 북한 학계의 주장을 많이 수용해서 요하 이동까지 포함된 이런 지도를 만들었을 때 주류 사학계에서는 과장됐다는 지적이 있었습니다. 하지만 지금은 오히려 영토의 크기가 더 넓어지고 있습니다. 참 미묘한 일이지만, 이렇게 발해의 영토를 확장시키는 작업은 우리가, 또는 중국이 하는 것이 아니라, 러시아에서 이뤄진다는 겁니다. 러시아는 비록 일부이긴 하지만 현재 자국의 영토 안에 발해가 있었기 때문에 발해사는 자국사 일부가 된 것이죠. 그래서 비교적 냉정하고 객관적으로 연구할 수밖에 없습니다. 발해 역사는 문자로 기록된 사료는 다 나왔다고 알려졌기 때문에 더는 해석의 여지가 없어요. 그런데 조금 전에 본 첫 그림인 크라스키노에서도 봤듯이 여러 장소에서 발굴이 이뤄지고 있습니다. 크라스키노, 우스리스크 외곽, 파르티잔스크, 심지어는 하바로프스크 주변지역, 최근에는 흑룡강 중류 지역에서도 발해유물들이 발굴되고 있습니다. 발해인들이 거주한 곳에는 반드시 있는 유적이 있습니다. 바로 집 자리죠. 발해의 집 자리는 독특한 특성이 있거든요. 그것은 고구려에서 계승된 겁니다. 어떤 것 같

우스리스크 외곽 체르냐찌노 유적의 발해주거지(2008년)

발해인들이 사용한 온돌 유적(2008년)

수이푼 강을 바라보는 발해 석성

습니까? 발해 집 자리의 특성은 무엇일까요? 네? 한 분이 말씀하신 것 같은데, 네 맞습니다. 구들이죠, 온돌.

온돌은 고구려인들의 발명품입니다. 그 때문에 발해인들이 거주한 지역에서는 온돌이 발견될 수밖에 없습니다. 인간의 집단거주지를 발굴하다가 온돌구조가 나오면 일단 발해, 또는 약간 변형되면 발해와 말갈, 이렇게 판단하는 것이죠. 그 밖에도 발해는 고구려를 계승했다는 사실이 여러 가지 점에서 확인될 뿐만 아니라, 새로 발견되는 발해 유적지를 통해서 발해의 영토는 점점 넓혀지고 있습니다. 남쪽 경계는 보통 대동강에서 원산을 잇는 선이라고 하지만, 서병국 같은 학자는 강릉 일대까지 내려왔다고 보고 있습니다.

참, 역사란 것은 어렵고 힘들어요. 지금도 우리에게 가장 중요한 과제는 '천안함 사태'에서 보듯이 남북분단에 따른 비극 아니겠습니까? 내부적 손실도 있고, 중국과 일본과 미국에 의해서 이용당한 측면이 매우 강하고. 당시도 똑같은 겁니다. 발해와 신라가 공존한 기간은 228년입니다. 그런데 그 기간 발해라는 북국과 신라라는 남국이 공식적으로 교류한 것은 단 2회에 불과해요. 그러니까 완벽하게 적대관계를 유지했다는 것이죠. 이것이 남북분단의 비극이죠. 오히려 고구려의 전성기 때보다도 더 못한 상태로 분단돼서 한 쪽은 남국, 한쪽은 북국으로 존재한 겁니다. 물론 신라에서는 같은 민족이라는 인식이 있었기 때문에 발해를 북국이라고 명명했거든요. 우리는 통일신라시대라고 부르지만 북한이 '남북국시대'라는 표현을 사용하면서 최근에는 우리도 남북국시대라는 용어를 쓰고 있습니다. 이렇게 그 시대에는 남북 간의 관계가 완벽하게 문제가 됐던 것이죠.

자, 그러면 이러한 발해가 어떤 수준으로 어느 정도의 역사 활동을 펼쳤는지 몇 가지 자료를 통해서 살펴보겠습니다. 돈하시는 길림성 내에 있는 시입니다. 시내의 한복판에는 '강동 24개 석'이라고 불리는 유적지가 있는데, 커다란 주춧돌 24개가 4줄로 반듯하게 열 지어서 집터처럼 남아 있습니다. 그런데 이런 것들이 발해의 여러 지역, 심지어는 함경남도의 북청 지역까지 이어지고 있어요. 주로 교통로 상에 이런 유적들이 있기 때문에 이 위에 세운 건물이 무엇인가를 놓고 여러 설이 있습니다. 가장 무난한 설명은 창고였다는 주장입니다. 또 한 가지가 있습니다.

시내 외곽에 가면 '육정산 고분군'이 나타납니다. 멀리서 보면 낙타등 같은 여섯 개의 큰 산봉우리가 있는 곳인데, 전체가 무덤군이죠. 주로 발해 왕족들의 무덤이 있는데, 그중에 하나가 3대 문왕의 둘째 딸인 정혜공주의 묘입니다.

이런 것들은 유물 자체도 중요하겠지만, 이런 유물과 고분의 그림, 묘비를 세우는 습속을 가지고 발해의 몇 가지 특성을 알 수 있다는 겁니다. 그중에서도 가장 중요한 것이 고구려인들과 관계가 깊습니다. 고구려인들이 소중하게 여기고, 지키고자 했던 것은 자의식이라고 봐요. 강력한 자의식. 이를테면 천제의식, 황천의식, 일월지자의식, 이런 것들로 표현

길림성 돈화시내에 있는 강동 24개석 (사진 석하제공)

3대 문왕의 둘째 공주 묘 돈화시 교외에 있다.

묘비석

돈화시 교외에 있는 육정산 고분군

발해 수도 상경성 궁전터의 내부

된 실제 내용이죠. 그런데 발해가 고구려의 정수를 계승했거든요. 유적이나 유물에서 그런 점을 확인할 수 있습니다. 발해 임금들은 仁安, 大興, 中興 등의 연호를 사용했고, 임금을 '皇天'이라든가 '聖法大王'이라는 용어로 불렀습니다. 발해는 『구당서』나 『신당서』에 기록된 것처럼 당나라에 조공하는 번국, 또는 동북공정에서 해석하는 것처럼 지방정권이 아니었습니다. 고유한 세계관을 갖고 독자적인 영토와 영역을 확보한 자주적인 국가였다는 것을 유물들을 통해서 확인할 수 있습니다.

발해는 처음부터 강력한 나라였습니다. 그건 너무나 당연한 사실이죠. 사람들이 오해하는 경향이 있는데요. "고구려, 백제, 신라는 초기에는 약한 나라였다.", "부족국가로 출발했다." 등은 강단사학계에서 주장해왔던 견해입니다. 단호히 말씀드리지만 그렇지 않습니다. 고구려, 백제, 신라가 건국하기 이전에 조선이라는 큰 나라가 있었던 겁니다. 천수백 년 동안 존속해오던 조선은 한나라와 벌인 전쟁에서 패배해 정치적으로는 망하고 공동체는 파괴되었지만 모든 것은 그대로 남아 있었습니다. 영토라고 부르는 터가 남아 있죠. 주민이 남아 있죠. 그들이 가지고 있는 제철기술 등의 테크놀로지, 기술력이 있죠. 주민이 만들고 가꿔낸 체제, 즉 국가시스템이 있죠. 그리고 무엇보다도 그들이 그전에 어떤 나라의 후예이고, 누구의 후손이라는 자의식이 있잖아요? 그렇다면 비록 정치적으로는 소국이었을 수 있지만, 단시간 안에 큰 국가로 발전할 수 있을 개연성이 너무나 확실합니다. 마찬가지로 발해도 똑같은 과정을 겪었다고 봅니다. 처음부터 강력한 나라였다는 증거를 여러 가지 댈 수 있지만, 그중에 하나는 곧바로 당나라와 전쟁을 벌인 사실입니다. 발해는 698년에 건국했는데, 그런데 곧이어서 732년에 당나라와 전쟁을 벌이면서 선제공격을 가합니다. 예전에는 우리 교과서에서 이 전쟁을 당나라와 발해간의 분쟁이라고 불렀어요. 唐渤(당발)분쟁. 아와 비아가 뒤바뀐 현상이죠. 그러나 더 정확한 용어는 발해와 당나라의 전쟁이죠. 제가 이렇게 강조하는 뜻을 이해하시죠? 정확한 명칭은 발해·당나라 전쟁이라는 겁니다. 그 당시에 벌어진 국제관계 속에서 발해는 당나라를 공격할 수밖에 없었던 것이죠. 그 결과로 신라는 당나라와 우호관계를 맺고, 안정적으로 발전합니다. 전쟁의 과정과 배경은 생략하겠습니다. 오늘 강의의 주제와 연관해서 해양활동만 얘기하겠습니다.

전쟁은 수륙양면전으로 이뤄졌었는데, 발해수군은 압록강 하구를 출발해서 산둥반도의 등주성을 공격합니다. 실감 나게 사진을 보도록 할까요? 이것은 박작성이라고 하는데, 전형적인 고구려성입니다.

여러분이 보고 계신 사진은 명나라 장성이고. 호산장성이라고도 합니다. 제가 1994년도에는 북만주의 초원에서 말을 타고 내려온 적이 있어요. 43일간 고구려 지역을 답사한 적이 있었는데. 마지막으로 도착한 곳이 압록강 하류지역이었습니다. 그때에 저는 고구려의 박작성을 찾아간 것이고, 당나라 사람들은 호산장성이라고 불렀는데, 가보니까 유적으로 볼만한 것은 거의 아무것도 없었죠. 그런데 최근에 크고 웅장하게 성을 만들었죠. 중국 사람들은 여기가 명나라 장성의 동쪽 끝이라고 주장하면서 명나라 장성을 복원해 놓은 겁니다. 그러니까 우리 한국 사람들은 현장에 가서 정작 고구려의 박작성은 알지도 못하거나 인식하지도 못한 채 '아, 여기가 명나라의 만리장성 또는 진나라의 만리장성의 종점이구나.' 하고 오해합니다. 이 성은 얼핏 보면 당시의 유적처럼 보이지만, 제가 보기에는 전부 다 가짜입니다.

우리는 여기서 한 가지 교훈을 얻어야 합니다. 중국은 역사를 계속 만들어 갑니다, 어떤 형태로든 간에. 때로는 사실과는 관계가 없을 때도 있습니다. 반면에 우리는 역사를 계속 없애갑니다. 조금 남아 있는 것도 과학적인 근거가 없다고 해서 면밀하게 침착하게 검토해보지도 않고 없앱니다, 무엇이 과학인지 모르지만. 또 조금이라도 복원을 하려고 치면 사실을 고증할 수 없다면서 복원을 꺼립니다. 그렇다고 찾으려는 노력을 기

최근에 새로 쌓은 호산장성

▲ 호산장성 안내판
▶ 고구려 박작성 터에서 발견한 우물을 발굴하는 모습

울이지도 않고, 그러면 도대체 우리에게 남는 게 뭐가 있습니까? 역사가 역사학자들만을 위해서 존재하는 것은 아니잖아요. 우리 모두를 위해서 존재하고, 미래를 위해서 존재하는 거잖아요. 역사학은 시대와 사람들에게 봉사하는 겁니다. 정말 큰 문제라고 생각해요.

　이 사진은 제가 95년도에 찍은 건데, 이런 허술하기 짝이 없는 구도로 되어 있지만, 사료에도 나오는 고구려인들의 유적인 박작성입니다. 발해인들은 당나라로 출발할 때 최종적인 항구가 이 옆에 있었던 부두인 박작구입니다. 그래서 732년에 장문휴가 이끄는 수군함대도 이 박작성을 앞을 출항했다고 봅니다. 발해함대는 압록강 하구에서 요동반도의 남쪽을 쭉 항해합니다. 북으로는 요동반도 남쪽의 산군들을 바라보고, 물론 여기 바다인 장산군도 석성열도에는 많은 섬이 있고, 장해나 광록도 해양도 같은 섬에는 지금도 고구려성들이 있습니다. 요동반도 남단, 지금은 여순이

장산군도 광록도의 고려성

죠. 이곳에서 산동반도까지 이어진 묘도군도를 따라 잠행하다가 바로 상륙해서 등주성을 공격하였습니다.

여러분이 사진에서 보시는 이 등주성은 물론 그 이후에 만든 것이요, 등주는 우리 역사에서 굉장히 중요합니다. 지난 시간에 신라인들의 활동에 대해 이야기하면서 신라인들이 도착했다고 말했습니다만, 발해인들도 여기에 도착합니다. 그런데 732년에 발해의 수군함대는 이 성을 공격해서 지휘자인 자사 위준을 죽이고 점령했다가 퇴각합니다. 비록 원거리 기동습격작전이었지만 그만큼 실력과 자신감이 있었다는 반증입니다. 이것이 발해 초기의 국력이고 발해 초기의 국제관계입니다. 이런 상황과 사실들을 이해하지 않은 상태에서 발해가 당나라의 일개 군이었다, 소수지방정권이었다고 주장하는 것은 말이 안 되는 소리일 뿐입니다.

발해는 초기부터 강력한 나라였었고, 강력한 나라였었기 때문에 전성

발해가 공격해서 점령했던 산동반도 봉래시의 등주항(등주성)

기에는 국토의 넓이가 사방 5천 리에 달하고, 10만여 호에 달하는 인구에 군인만 수만 명에 달했습니다. 『당서』에 나온 기록들입니다. 이런 것들도 호구에 잡힌 인구를 얘기하는 것이고, 그 외까지 따지면 인구는 더 많을 수 있습니다. 그리고 그 당시까지 발해란 큰 체제 안에는 말갈의 각 부도 있었고, 기타 고아시아족에 해당하는 소수 종족도 포함되어 있었습니다. 그들은 발해의 정치적 영향 안에 있었고, 발해가 멸망 한 다음에도 그 지역에 남아 있었습니다. 최근까지도 에벤키, 다구르, 오론촌 등이, 러시아에는 나나이족, 우데게족이 있습니다.

그리고 혈연과 문화의 맥락을 쭉 쫓아 올라가고 그들이 가지고 있는 신화, 설화, 습속들을 비교해보면 발해와 얼마나 밀접한 관계를 맺고 있는가를 알 수 있습니다. 물론 발해 이전의 나라인 고구려, 고구려 이전에 부여와도 연관이 돼 있지만, 우데게족은 본인들이 발해인의 후손이라고 이야기할 정도로 발해와 연관성이 깊다는 겁니다. 발해는 한참 전성기에는 우리가 알고 있는 요하서쪽을 제외한 모든 만주지역을 발해라는 하나의 정치적인 체제 안에 집어넣고 고구려 유민세력을 주축으로 삼아 말갈족과 기타 종족들을 공존하는 국민 구성원으로 편재시킨 체제를 갖췄을 겁니다.

나나이족

오론촌족 여인

자, 이렇게 해서 발해의 역사에 대한 개략을 살펴봤습니다. 이제는 발해의 대외진출사에 관해 살펴보겠습니다.

발해인들은 군사적으로는 732년 사건이 있었지만, 그 후로는 무역활동과 문화교류를 통해서 바깥 세계와 열정적으로 활동했고, 교류하고, 진출했던 겁니다. 오늘의 주제는 대 일본관계이기 때문에, 당나라와 관련해서는 간단히 말씀드릴게요. 8세기 중엽에 이르러 당나라와 우호관계가 성립되었고, 그 이후면서 사신단만 무려 130여 차례나 파견했습니다. 정치적으로는 사신단을 파견했지만, 사실은 당나라에 많은 수출을 하게 됩니다. 그 무역품목 가운데 하나가 말입니다. 고구려인들이 말을 수출할 때는 그 말을 주로 흥안령 지역에서 수입해 옵니다. 그런데 발해인들이 당나라에 수출한 말들은 놀랍게도 여기 우수리스크 지역에서 키운 겁니다. 이 지역에는 12부 가운데 하나인 솔빈부가 있었는데요. 현재 우수리스크 지역의 수분하가 흐르고 있는 곳입니다. 우리 독립군들이 활동하고, 이상설 선생이 돌아가신 곳이기도 합니다. 근래에는 발해의 절터와 성터

우수리스크 시내 외곽 수이푼 강가의 발해성터

집터들이 계속 발굴되는 지역입니다. 이 지역에서 키운 말들을 우선 육로를 이용해서 압록강 하구까지 이동시켰습니다. 그 놀라운 광경을 상상해 보십시오. 발해인들의 호방함이 느껴지지 않습니까? 그다음에는 배에 실어서 등주지역에다가 팔았습니다. 등주는 국제도시인만치 발해관이 있어서 발해 사신들과 상인들이 묵었습니다. 그런데 참 재미있고 역사의 아이러니이지만, 발해 전기에 해당하는 시대에 발해인들과 교역을 했던 당나라의 담당자들은 누구일 것 같습니까? 지난 시간에 잠깐 언급했었는데. 이 산동반도 지역을 무려 55년간이나 장악하고 있었던 고구려 유민세력들입니다. 그들도 결국은 멸망하고 난 후에 재당신라인의 일부가 됐지만, 보통 이정기 일가로 표현되고 있는 고구려유민 세력들은 이곳을 장악하면서 발해인들과 활발하게 무역을 벌였고, 가장 부가가치가 높은 품목이 명마라는 겁니다. 명마, 좋은 말.

자, 이렇게 해서 당나라 문제를 접겠습니다.

발해에 실질적으로 중요한 것은 일본과의 교류입니다. 발해와 일본국이 맺은 교류는 초기에는 정치적이고 군사적인 목적이 강했습니다. 왜? 조금 전에 말했듯이 670년에 새로 성립된 일본국은 신라와는 적대관계에 있었습니다. 초기부터 갈등과 충돌이 심각했습니다. 8세기 중엽에는 '신라정토'라고 하여 일본국은 신라를 본격적으로 공격하려는 표현까지 했고, 실제로 준비를 했습니다. 한편, 신라와 발해는 완벽한 적대관계이었고, 그렇다면 역학관계로 보나, 나라의 성격으로 보아 발해와 일본국은 당연히 전략적 동반자 관계가 되어야겠죠? 왜냐하면, 중간에 있는 신라를 압박하려면 동맹관계를 맺을 수밖에 없고, 발해입장에서는 초기의 어려운 상황과 여러 가지 이유 때문에 일본국과 교류를 갖는 일이 절실했다는 겁니다. 그런데 오히려 발해가 신라와 당나라를 견제할 목적 때문에 능동적으로 일본과 교류했다는 주장도 있습니다. 어쨌든 분명한 사실은 주로 발해가 주도하면서 일본과 발해 간의 교류가 시작된 것이죠. 발해인들은 200여 년 동안 꾸준히 건너갑니다. 처음에는 정치적이고 군사적인 목적 때문에 일본열도로 건너갔습니다. 그러나 8세기 후반이 되면서 동아시아의 국제질서가 안정되거든요.

지난 시간 말씀드렸듯이 장보고의 등장이란 사건은 동아시아 질서가 평화구도로 정착되었고, 무역과 문화가 중요해진 것을 뜻합니다. 똑같이 동해도 마찬가지였습니다. 일본은 신라와 관계를 맺지 못합니다. 쇄국정책을 유지한 것입니다. 그래서 발해인들은 주로 경제적인 목적을 가지고 출발하게 되는 것이죠. 대단한 사람들이에요. 발해가 228년 동안 존속했다고 얘기했었지요? 그 228년 동안에 발해인들이 일본열도로 건너간 공식적인 사절단은 34차례입니다. 무려 서른네 번을 건너갔습니다. 한 번은 746년에 민간인 1,100명이나 독자적으로 건너갑니다. 그리고 마지막 한 번은 발해가 멸망한 다음에 '동란국'이라는 일종의 괴뢰국이지만 사신을 파견하죠. 그러니까 34+1+1, 총 36번이나 동해를 건너서 간 건데요. 이것은 공식적인 기록이죠. 『일본서기』, 『속일본기』, 『속일본후기』 등 이렇게 일본정사 기록에 나온 것을 토대로 작성한 겁니다. 물론 우리 기록에는 단 하나도 없어요. 물론 삼국사기뿐만 아니라 어디에도 없습니다. 발해 자체에 대해서도.

최치원의 말을 인용한 것, 삼국유사에서 고구려 유장인 대조영에 대해서 잠시 언급한 것, 이런 것들은 우리에게 별로 긍정적인 인식을 심어주지 못한 표현이죠. 그러니까 발해 활동도, 해양활동에 관해서도 우리 기록에는 없는 거예요. 어쩔 수 없이 주로 일본 측 기록에 의존해야지요. 우리나라 역사는 좀 이상하죠? 정말 반성해야 합니다. 어떤 면에서는 일본이 고마울 때가 있어요. 34+1+1, 즉 36번이나 일본에 갔는데, 그러한 공식적인 기록 외에도 비공식적으로 부지기수로 건너갔을 겁니다. 그것이 당시의 상황과 해양문화의 메커니즘이거든요. 더군다나 정치나 외교는 공식적이고, 조직적으로 이루어지는 교섭이지만, 무역이란 것은 민간인들이 참여하게 되면, 그건 비공식적인 것 아니겠어요. 그리고 고대에는 은밀하게 이뤄진 밀무역도 많이 있었잖아요. 그런 상황들을 고려하면 발해인들이 동해를 건너서 일본열도로 무수히, 무수히 건너다녔구나. 이러한 사실들을 알 수 있는 것이죠.

그렇다면 발해인들은 일본열도에 도대체 무엇을 팔기 위해 목숨을 걸었을까요? 궁금하지 않으세요? 발해인들이 취급한 무역품목. 여러분은 발해라는 나라의 실체도 정확히 잘 모르셨고, 더군다나 발해가 철저한 무역국가란 것도 잘 모르셨고, 더더군다나 발해의 무역품목이 구체적으로 무엇인지는 모르실 것 아니에요? 여러 번 얘기했지만 한 나라가 강력해지기 위해서는 군사력만으로 이루어지는 것이 아닙니다. 산업이라든가 기술력이 절대적으로 필요합니다. 이런 요소들이 뒷받침되지 않으면 정말 곤란하거든요. 고구려가 이러한 요소들을 잘 육성하였듯이 당연히 발해도 그렇죠. 동시에 발해는 만주일대라는 자연환경 때문에 독특한 산물들이 다양했고, 일본인들이 필요로 하는 중요한 물품들도 골고루 적지 않게 생산됐어요. 잘 아시겠지만, 일본은 섬나라 아닙니까? 그것도 태평양과 만나는 섬나라니까 당연히 대륙에서 생산되는 물품들은 없을 것 아니에요. 홋카이도를 통해서 무역할 수는 있지요. 하지만 혼슈 북부에는 하이(아이누)들이 있었고 사할린에는 유귀(流鬼)가 있어서 여러모로 불편했을 겁니다. 발해인들은 일본에 가장 값이 비싸게 나가는 물품만 보냈을 겁니다. 또 신라와 마찬가지로 당나라에서 사온 물건을 되파는 중계무역

소흥안령 담비

도 합니다, 발해인들이. 그건 당연한 겁니다.

발해인들은 독자적인 상품을 많이 보냅니다. 요즘도 고려하면 뭐가 떠오르죠? 청자, 인삼, 발해는 인삼 같은 것도 수출했습니다. 그 다음에 진짜 중요한 물품들이 있습니다. 담비였어요. 담비 가죽, 초피. 우리가 시베리아라고 부르는 공간은 '빈 땅'이란 의미입니다. 이러한 빈 땅을 러시아인들이 개척한 유일한 이유는 모피, 그중에서도 담비 가죽을 찾기 위해서입니다. 동쪽으로, 동쪽으로 진출하다 보니까, 그들 말로 개척을 하면서 오다보니 지금의 연해주 끝까지 오게 된 거예요. 그만큼 담비 가죽은 고대사에서 가장 값비싼 물건입니다. 심지어는 흔히 이야기하는 실크로드, 향료로드, 이런 것과 마찬가지로 '담비의 길'이란 명칭까지 붙을 정도였습니다.

발해인들은 담비 같은 비싼 가죽, 예를 들면 호피-호랑이 가죽, 웅피-곰 가죽, 표피-표범 가죽, 담비 가죽, 그리고 꿀이나 인삼 등을 일본열도에다가 파는 거죠. 또 있습니다. 지금 일본사람들이 가장 좋아하는 음식이 뭐가 있을까요? 인삼, 참치, 김, 술?

네. 다 일본인들이 좋아하는 거지만, 제가 말씀드리는 것은 해산물, 그중에서 다시마입니다. 다시마가 그 시대 발해인들의 중요한 수출품이었다는 겁니다. 재미있죠? 발해인들이 이런 물건들을 팔고 그 대신에 일본에서는 당연히 값비싼 물건들을 가져왔죠. 대표적으로 수은 같은 것도 있지만, 주로 명주, 면 같은 섬유제품입니다. 이미 동아시아에서는 면이 있었어요. 고조선도 고구려도 당연히 면제품과 옷들이 있었고요. 일본의 면은 유명했습니다. 지난 시간 말씀을 못 드렸지만 원래 신라 해적은 유명했습니다. 동아시아의 바다에서 왜구가 등장하기 이전에, 9C에 신라구가 등장했어요. 그들이 때로는 대마도를 일시적으로 점령한 적도 있었고, 큐슈 서쪽인 오도열도에 상륙해서 살육한 적도 있습니다. 무서운 사람들이에요. 해적을 찬양하는 건 아니지만, 우리 민족의 해양활동을 말씀드리는 겁니다.

그때 신라해적들이 가장 탐냈던 물건이 바로 면제품입니다. 일본의 지방정부가 중앙정부에 보내는 공물선에는 면이 실려 있었거든요. 그 면을 탈취하는 일이 신라해적들의 주요한 목적 중의 하나죠. 이 면은 고려시대에 문익점이 비밀리에 가져왔던 목화 면이 아니라 풀솜 면입니다. 역사를 여러분이 잘못 배우신 거예요. 우리는 일찍부터 의복생활이 매우 뛰어났고, 섬유산업이 매우 발달했던 겁니다. 발해인들은 일본에서 면이라든가 수은 같은 제품들을 본국으로 가져가서 임금은 임금대로, 왕실은 왕실대로, 나머지 지방의 수령들은 나름대로 그 물건들을 지방으로 가져가서 부를 확대하고, 자기 정치력을 강화하는 데 썼던 겁니다. 이렇게 발해와 일본 간에는 활발하게 무역활동이 이뤄졌습니다.

그렇다면 이런 과정에서 어떤 현상이 일어나겠습니까? 양쪽이 호혜적으로 쌍방무역이 이뤄진다면 문제가 되질 않죠? 그런데 어느 한 쪽이 주도해서 이뤄진다면, 그런 현상을 우리는 무역 역조현상이라고 하잖아요.

발해는 수출 주도형이고 일본은 수입주도형 시스템이 된 것입니다. 너무나 간단해요. 발해인들이 일본열도로 건너간 것은 말씀드린 대로 36번 이상이고. 일본에서 사신들이 발해에 간 것은 총 13번이에요. 그것도 발해선을 타고 간 경우도 여러 번 있습니다. 그나마 9세기에 들어서면 한 번도 없습니다. 그러니까 두 나라 간에 벌어진 무역은 발해인들의 압도적인 주도하에 이뤄졌다는 겁니다. 고가의 품목들은 모피를 포함해서 발해의 생산물이거든요. 당연히 무역역조현상이 일어나겠죠? 841년의 일인데. 양성규라는 사신이 왔을 때는 궁중에서 지급한 돈만 해도 무려 40만 전이라고 합니다. 현재의 연해주 일대에서 그때의 일본 돈들이 발견되는 이유가 그 때문입니다. 우수한 품질의 모피는 지금도 마찬가지겠지만, 그 시대에도 부의 상징이기 때문에 일본의 귀족들은 더운 여름철에도 여러 겹씩 끼어 입었다는 내용이 사료에 나오고 있습니다.

자, 이러면 발해와 일본, 특히 발해의 무역활동에 대해서 이해를 하셨죠? 발해로 하여금 이러한 무역활동을 가능하게 한 것이 바로 해양활동 능력입니다. 해양활동 능력, 즉 해양력은 말씀드렸지만, 첫 번째는 항해술, 두 번째는 조선술이 됩니다. 나머지는 테크놀로지, 즉 각종 기술력이 되겠지요. 저는 발해인들의 항해술이 타의 추종을 불허할 정도로 뛰어났다고 생각합니다. 이 그림을 한 번 볼까요.

발해인들이 자주 도착하고 출항하던 노토반도의 후꾸우라항

이렇게 연해주의 남부 일대에서, 또는 한반도의 북부해안에서 일본열도로 항해할 때에는 당연히 겨울에 출항할 수밖에 없습니다. 오호츠크 해에서 내려오는 한류도 마찬가지겠지만, 동해에는 음력 9월부터 음력 1월 사이에는 북서풍이 불거든요. 그래서 발해인들이 돛단배를 타고 일본열도로 갈 때는 늘 북서풍을 타고 신속하고 정확하게 가야 합니다. 물론 위험도는 최고가 됩니다. 한겨울에 높은 파도를 가르면서, 이런 원거리 항해를 한다면 발해인들의 항해술이 얼마나 뛰어났는가! 이것은 분명히 알 수가 있는 것이죠. 그렇죠? 바이킹의 배들도 춥고 파도가 높은 북해의 바다를 가르고 항해해야 합니다. 또 한 가지는, 여러분이 잘 아시겠지만 이런 동해 같은 바다를 무엇이라고 부르죠? 끝없이, 끝없이 넓은 바다. 망망대해죠. 남해는 어느 한 쪽이든 육지를 바라보면서 항해할 수 있습니다. 부산에서 대마도까지는 55km, 대마도에서 이끼 섬까지는 55km, 그리고 이끼 섬에서 본토인 큐슈 해안까지는 대략 25km. 그러니까 총 직선거리는 불과 120~30km밖에 안 되죠.

황해는 남해보다는 넓지만, 황해도 해안인 장산곶에서 산동반도 끝까지는 250km 정도입니다. 847년에 엔닌이라는 일본승려가 돌아올 때는 石島의 모야도를 점심 무렵에 출발한 지 하루 반 만에 웅주계, 즉 백제 서쪽 해안을 보았다고 기록했습니다. 이렇게 양쪽 해안 간의 거리가 가까운 바다이기 때문에, 웬만하면 배들은 양쪽 해안을 보면서 바다를 항해할 수 있어요. 물론 저도 그렇게 항해했습니다. 그런데 날씨가 나빠 시야가 불투명한 경우나 바다 한가운데에서는 육지를 확인할 수 없습니다. 하지만 그래도 오랫동안 다니던 길이기 때문에, 어떤 방향으로 가면 어떤 해역이 나온다는 것을 잘 알죠. 그 외에도 항해의 메커니즘에는 여러 가지 많습니다만 넘어가겠습니다.

그러나 동해는 말 그대로, 더도 빼도 할 수 없을 정도로 진짜 망망대해에요. 망망대해. 그러니까 동해에서는 육지를 보면서 항해하는 것이 아니라, 거의 안 보면서 항해해야 하거든요. 그렇다면 내 배가 도대체 어디에 있는가를 알 수가 없잖아요? 그래서 이런 망망대해에서 원양항해를 할 때는 뛰어난 항법기술이 반드시 필요합니다. 그것은 천문항법이라고 그러는데, 밤에는 하늘의 별을 관측하고, 크기가 달라지는 달을 관측하면서 항해하는 항법이에요. 대신 낮에는 해의 움직임을 관측하는 것이죠.

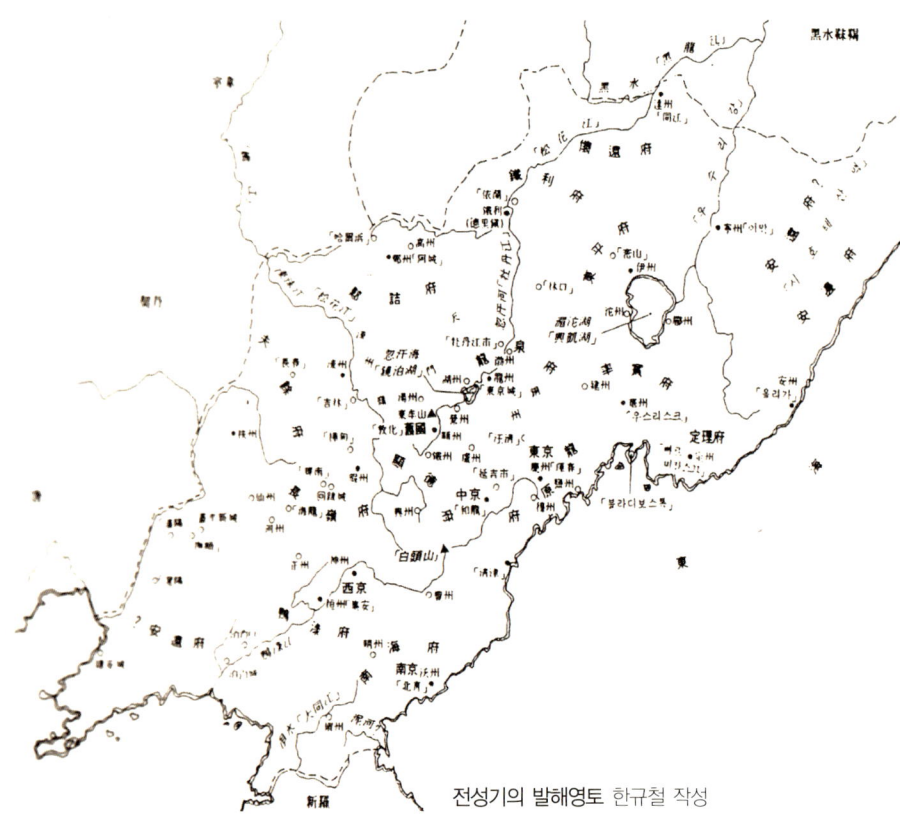

전성기의 발해영토 한규철 작성

다소 고난도의 기술입니다. 그 외에도 다양한 테크놀로지가 있지만, 기본적으로 천문항법은 하늘의 움직임을 통해서 선박의 위치를 찾고 항로를 결정하는 것입니다.

당시에 발해인들은 여러 가지 객관적인 상황을 보더라도 당연히 천문항법을 했다는 것을 알 수 있습니다. 그리고 천문항법을 했다는 결정적인 근거들이 나옵니다.

사진을 한번 보세요. 발해인들이 일본열도로 갈 때는 당연히 발해의 임금이 일본의 국왕에게 국서를 보내잖아요. 국서에는 사신단의 여러 가지 명칭과 함께 가는 사람들인 대사부터 부사를 비롯해서 고급선원에 이르기까지 직책이 나옵니다. 871년에 보낸 국서에는 '천문생(天文生)'이란 직책을 기록한 글자가 나오는데, 천문생이란 하늘의 문자를 읽을 줄 아는 사람이란 뜻이 됩니다. 그러니까 '아! 발해선에는 천문생이라는 천

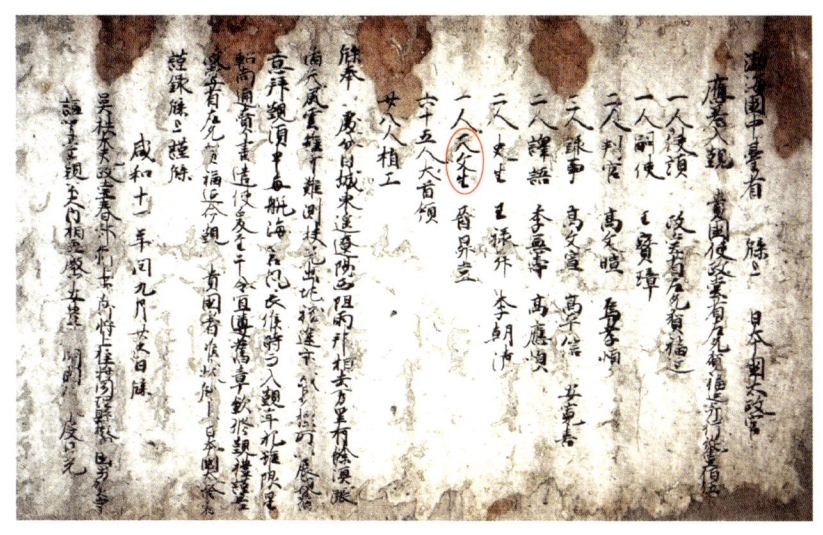

871년에 발해가 보낸 국서. '天文生'이란 글자가 있다.

문을 관측하는 사람이 탔구나.'라는 사실을 알 수 있습니다.

발해인들의 항해술과 조선술에 대해서는 구체적인 기록이 없어요. 다만, "일본에서는 발해인들이 돌아갈 때, 배를 짓는데 일본에서 배를 건조하는데 나무를 제공했다."라든가, "기술을 제공했다."라는 글귀를 갖고서 발해는 일본보다 조선 능력이 떨어졌다는 주장을 합니다. 그것은 해양의 메커니즘을 몰라서 하는 주장입니다. 발해인들은 거친 바다 물결을 뚫고 압도적으로 많이 건너다녔습니다. 발해인들이 36차례 가면서 무수히, 무수히 많이 희생당합니다. 폭풍 때문에 난파한 기록도 여러 번 나오고, 많은 분이 죽거든요. 그렇다면 당연히 배가 파손됩니다. 그렇다면 고국으로 돌아갈 때 배를 손보거나 다시 건조하는 작업은 너무나 당연한 일입니다. 제가 직접 항해를 해 봤기 때문에 이런 메커니즘을 이해할 수가 있습니다. 그리고 발해인들은 당연히 그렇습니다. 오히려 신라나 백제처럼 발해인들이 조선술을 지도했을 가능성이 더 큽니다.

발해의 영토가 어느 정도의 크기인지 아십니까? 발해의 영토가 여긴데요. 오늘날 만주일대와 한반도 북부입니다. 그런데 발해영토를 이해하려면 미묘한 점을 아셔야 합니다. 우리는 보통 영토를 땅이라고 하지 않습니까? 地. 그랬을 경우, 최근에는 천안함 사건 때문에 '지정학적'이란 단어를 많이 사용하고 있는데, 땅은 정치적인 문제가 있을 때는 '지정학적'이라는 용어를 사용하고, 경제적이면 '지경학적'이란 용어를 쓰고, 문화적으로는 '지문화적'이란 용어를 씁니다.

그런데 지경학적으로 볼 때 발해의 영토인 동만주와 연해주 일대는 대삼림지대인데, 이곳의 자연생태계는 일본열도나, 한반도 남부, 중국 남부와는 달리 침엽수림지대예요. 그러다 보니 선박의 재료가 되는 것들은 주로 소나무 등의 침엽수입니다. 침엽수는 밀도가 압축되어 있고, 그 때문에 비중이 높고 무겁습니다. 그래서 침엽수로 건조한 배들은 부력은 약하지만, 그 대신 선체가 강하고, 비교적 규모는 작죠. 그래서 초기에는 수십 명씩만 타고 동해를 건너옵니다. 8세기 후반에 이르면 한 번에 많은 인원이 옵니다.

발해는 조선술이 뛰어났기 때문에 배를 갖고 일본열도로 오게 됩니다. 발해의 조선술은 뛰어났습니다. 정말 중요한 것은 발해인들이 사용한 항로입니다.

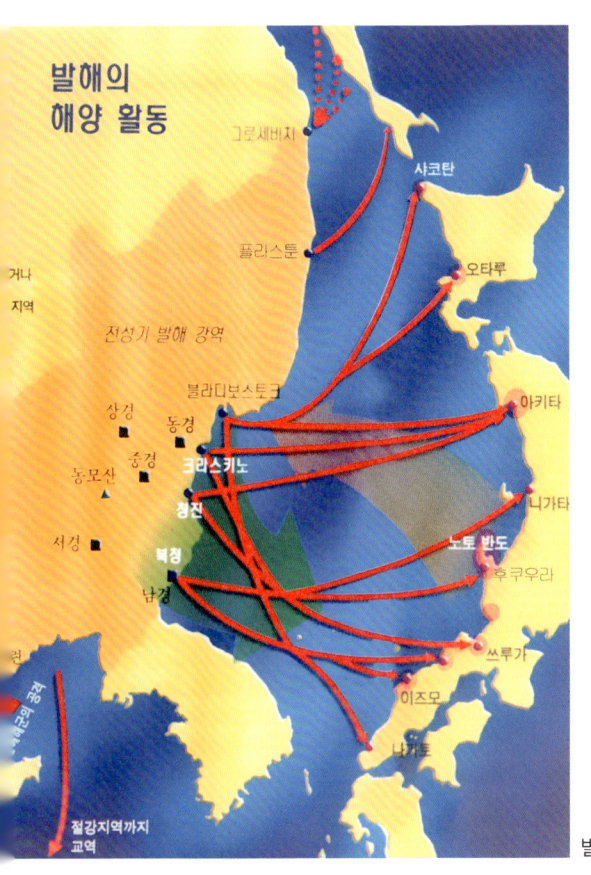

발해 항로는 현재 동해 전 지역을 대상으로 삼았습니다. 예를 들면 동해의 북부를 통해서 현재 니가타 해역에 도착하는 항로가 있습니다. 니가타 하면 여러분은 생각나는 사실이 없나요? 과거에 북한으로 재일동포들을 수송하던 북송선들이 출발하던 항구입니다. 북송선, 발해와 똑같습니다. 역사란 것은 과거와 현재가 비슷한 패턴을 유지합니다.

발해인들의 일본항로(필자와 주간조선 제작)

발해선들은 주로 니가타 항 앞에 있는 비교적 큰 섬인 사도섬에 많이 도착합니다. 그다음에는 이시카와(石川) 현의 노토(能登)반도에 도착을 많이 합니다. 고구려인들도 많이 도착했기 때문에 고구려와 연관된 유적이 많이 남아 있어요. 그 남쪽으로 내려가면 후꾸이 현의 쓰루가(敦賀)라는 지역이 있는데, 이 쓰루가는 우리와 정말 관계가 깊습니다. 첫 번째로 가야인들이 이곳에 왔습니다. 두 번째는 신라인들이 도착했습니다. 그래서 이 지역에는 지난 시간에 말씀드렸지만, 신라를 의미하는 시라기라는 단어가 많이 발견됩니다. '시라기만'이 있고, 신라신을 모신 '시라기신사'가 여러 군데 있습니다. 동시에 고구려인들도 여기에 자주 도착했거든요. 여기서는 가장 짧은 거리로, 당시 정치의 중심지인 야마토가 있는 키나이(畿內) 지방으로 갈 수 있습니다. 그리고 마찬가지로 발해인들도 여기에 도착합니다. 발해인들은 초기에는 주로 북부지역에 도착하지만, 점차 후대로 내려오면서 쓰루가 지역에 도착하고 귀국할 때도 이곳에서 최종적으로 출항해서 직접 바다로 나가거나 혹은 노토반도까지 올라갑니다. 여러분이 보시는 사진이 쓰루가시에 있는 게히(氣比)신궁인데, 과거에는 발해 객관이 있었어요.

객관이란 지금으로 치면 창고가 딸린 일종의 숙박업소라고 보면 됩니다. 일본정부는 발해인들을 위해서 곳곳에 이런 객관을 건설했는데, 발해인들이 여기에 도착하면 전체가 머무는 것이 아니라 반 정도만 여기에 머뭅니다. 이유는? 주변의 호족들이나 다른 지역과 무역을 하기 위해서입니다. 일종의 사무역이면서 밀무역이 되는 것이죠. 이것은 고구려시대에도 마찬가지였습니다. 그리고 나머지 반은 그 당시 때 수도인 나라, 그 뒤에는 교토에 가서 궁정에서 직접 무역을 벌이는 것이죠.

쓰루가에 도착하려면 이런 동해 북부 사단항로도 사용하게 됩니다. 그러나 후기에 가면 현재 시마네 현에 도착합니다. 시마네 현은 "독도여 돌아오라." 이런 커다란 간판이 서 있는 곳입니다. 왜냐하면, 독도의 영유권을 주장하기 때문입니다. 그런데 이 시마네 현의 오끼제도나 이즈모 지역에는 신라인들도 그렇고, 고구려인들도 그렇지만 특히 발해인들이 여러 번 도착하는 것이 사료에 나옵니다. 오끼 제도에 좌초했던 사실도 기록에 나옵니다. 발해인들은 희생당하면서도 줄기차게 이런 지역에 도착합니다. 물론 공식적으로는 현재 후쿠오카 하카다만의 안쪽에 있는 다자이후에 도착하게 되는 겁니다. 이처럼 동해를 이용한 항로들이 다양했는데, 제가 주장하고 싶은 내용은 바로 다음 지역과 연관된 항로입니다.

제가 이번 강의를 시작하며 말씀드렸는데, 백두산 천지에서 발원한 물은 송화강으로 흐릅니다. 이렇게 해서 동강에서 흑룡강과 마주쳐서 흐르

후꾸이현 쓰루가시의 각록신사 발해객관이 있었다.

다가 우수리강을 만나 하바로프스크를 지나 동북상하면 타타르해협의 끝과 오오츠크 해로 나갑니다. 그리고 이 지도에서 보다시피 우리가 보는 타타르 해협은 동해와 연결이 되어 있어요. 이 동아지중해는 전체가 340만 ㎢인 데, 그 가운데에서 1/3의 넓이를 가진 해역이 바로 동해입니다. 그런데 우리는 그동안 동해라고 불렀을 경우, 두만강하구의 나진선봉지구부터 시작해서 남쪽의 바다만을 동해로 인식했었죠? 그렇다면 우리 민족의 해양활동을 매우 축소하는 거예요. 특히 여기 연해주(프리모르스키)가 모두 발해의 영토라고 하면 당연히 그 앞바다는 발해의 바다가 아닌가요? 그게 상식이죠? 그렇다면 현재 연해주의 앞바다, 타타르 해협은 우리의 바다이겠네요. 너무나 당연한 사실입니다. 그러니까 우리는 색다른 관점에서 봐야 합니다. 이 해역에서 생산되는 많은 어류와 패류는 발해인의 산물이고, 우리와 연관된 것입니다. 고래 물개 등 다 마찬가지입니다. 또 이런 것들은 항해상으로도 너무나 쉽게 증명이 됩니다.

시마네현 이즈모다이샤(出雲大社)

돛단배를 타고 동해를 건너가는 것은 매우 고통스럽고 어렵습니다. 한겨울에도 거칠고 높은 파도를 맞으면서 건너가야죠. 그런데 이 타타르 해협을 보세요. 이 바다는 전혀 정반대로 늦봄부터 초여름 사이에 항해해서 가는 항로가 개설되었습니다.

중국의 남쪽바다에서 한반도의 남부로 올 때는 늘 그렇듯이 음력 4월부터 5월, 6월에 출항합니다. 왜냐하면, 남서 계절풍을 타야 하니까. 여기 연해주해안에서도 이 계절에 남서풍을 타고 항해하면 자연스럽게 사할린에 도착합니다. 이렇게 사선으로 자연스럽게, 얼마나 쉽습니까. 더군다나 망망대해도 아니고 눈으로 양쪽의 육지를 확인해가면서 가는 항해인데, 더 위쪽으로 올라가면 양쪽 육지가 거의 붙어 있습니다. 그러니까 이런 환경이라면, 연해주 남부지역과 홋카이도, 연해주지역과 사할린 지역은 선사시대부터 교류가 있었을 가능성이 큽니다.

저는 이런 것에 착안해서 논문을 쓰다 보니까, 일본인들이 일본문화는 연해주 지역에서 사할린 남부 아니면 홋카이도 지역으로 들어왔다는 일본학자들의 주장을 볼 수 있었어요. 실제로 5000년을 전후한 시기부터 두 지역 간에는 꾸준하게 교류가 있었습니다. 그래서 제 이론과 함께 일본인들의 연구성과 그리고 근래의 고고학적 연구성과를 합쳐 '동해문화권'을 설정했습니다. 그랬을 때 황해, 동해, 남해도 있지만, 타타르해, 동중국해역까지 모두 합해서 동아지중해라고 부르고, 해양의 주역은 바로 우리였다고 주장하는 겁니다.

발해인들은 연해주 남부항로와 연해주 북부항로를 통해서 홋까이도 지역, 사할린 지역에 도착했지요. 앞으로 유적이 발견될 가능성은 매우 큽니다. 사할린과 홋카이도 쿠릴열도와 교섭한 증거들은 지금도 사할린 시의 박물관에 가면 확인할 수 있습니다. 혹시 여러분 '러브레터' 라는 일본영화 기억하십니까. 그 영화의 마지막 장면에서 선하고 슬픈 눈빛을 지닌 여주인공이 뭐라고 소리치죠? 눈이 하얗게 쌓인 먼 산군을 향해서 "오겐끼데쓰까?"라고. 그 러브레터라는 영화의 무대가 어딘지 아세요? 영화에서도 여러 번 언급되는데, 오타루입니다. 삿포로의 외항이죠, 바깥항구. 그리스에는 아테네가 있고 피레우스라는 외항이 따로 있습니다. 서울에 한성이 있다면 바깥에는 인천이나 강화라는 외항이 있듯이, 삿포로에는 오타루가 있습니다.

오타루 지역에서 고구려와 연관된 유물들이 발견됩니다. 그리고 발해가 멸망하고 난 다음 시대이지만 여진계의 유물이 발견됩니다. 그래서 사할린 남부나 홋카이도 북쪽지역에서는 흔히 말하는 말갈, 후대에는 여진이라고 명칭이 바뀌었지만, 여진계 유물이 발견되는 것이죠. 이것은 무엇을 말하는가 하면 선사시대 때도 그랬지만 고구려 시대라든가 발해시대 때도 이 타타르 해역을 통해서 교류가 활발했다는 것이죠.

저는 우스리스크, 체르니쯔 유적 발굴현장에 여러 번 갔었는데요. 두 번째 갔을 때였습니다. 그때 발굴현장에서 만난 러시아의 노교수가 이렇게 이야기했어요. 연해주지역과 사할린 지역은 5천 년 전부터 교류가 있었다고. 증거는 무엇이죠? 제가 물었더니 대답은 놀랍게도 굴 양식이었습니다. 굴은 수온이 섭씨 17도의 찬물에서는 죽는답니다. 그러니까 오오츠크 해의 한류가 흐르는 찬 바다인 타타르 해협으로는 굴의 자연스러운 이동이 불가능합니다. 인간이 굴의 씨앗을 가지고 건너가서 양식하지 않으면 재배가 안 된답니다. 그런데 사할린에서는 굴의 흔적이 발견됩니다. 그래서 5천 년 전부터 사할린지역과 연해주지역은 사람들의 교류가 있었다고 주장하는 것입니다.

인류는 이미 3만 5천 년 전에 남베트남 지역을 출발해서 다시 동남아시아를 거쳐 가지고 파푸아 뉴기니를 통과한 후에 오스트레일리아로 갔는데, 그때 징검다리 식으로 육지를 이용해서 건너갔지만, 가장 먼 항해 거리는 80km에 해당합니다. 그러니까 최소한 80km 거리를 3만 5천 년

연해주 북부와 사할린 사이의 타타르해협

전의 인류가 뗏목을 타고 건너간 거예요. 제가 뗏목을 타고 바다를 여러 번 건너다녔는데, 그 당시의 사람들은 조선술 항해술이 최고의 기술이었던 거예요.

인류는 시대마다 살기에 적합한 다양한 기술을 개발했습니다. 시대의 테크놀로지죠. 그리고 그 시대의 테크놀로지를 효율적으로 운영하기 위한 시스템이 있는 것이죠. 이걸 '시대 시스템'이라고 해요. 그리고 그 시대 전체를 관통하는 논리와 정신, 종교가 있지요. 그것을 시대정신이라고 부르는 것입니다. 현시대 사람들은 자꾸 자기 시대를 중심으로 과거사를 재단하는데, 한 시대는 그 시대 나름대로 각각의 존재 이유가 있고, 거기에 걸맞은 지식과 기술이 있는 것이죠. 다만, 기술의 종류가, 정신의 종류가 달라졌을 뿐인데, 그걸 망각을 해요.

고구려인들과 발해인들이 타타르해협을 넘어 홋카이도 지역과 사할린 지역에 진출하고 정착한 것은 하나도 이상하다고 보지 않아요. 현재까지는 우리가 직접 연구할 수 없기 때문에 러시아학자들이나 일본 학자들의 연구 성과를 받아들여 해석하는 방법밖에 없습니다. 하지만 조금 시간이 지나 다양한 자료들을 취합한다면 우리가 타타르 해협을 통해서도 사할린 지역과 연관이 되어 있었구나, 즉 우리 민족의 역사무대는 타타르라는 바다뿐만 아니라 현재 사할린 지역까지도 가능했겠구나, 이러한 상황들을 확인할 수가 있죠.

제가 다음 강의 때 언급할 것 같은데, 사할린 지역에는 '유귀'라는 종족 또는 나라가 있었습니다. 고구려와 수나라가 전쟁을 벌일 때, 유귀와 수나라는 외교관계를 맺습니다. 그러니까 사할린 지역은 당시 동아시아 중심부인 수나라까지 알려졌던 것이죠. 그 중간단계는 말할 것도 없으니까. 그렇다면 그 이후에 발해가 사할린 지역에 있는 주민 또는 종족들 또는 정치세력과 교류를 하는 것은 당연한 일이죠.

　우리가 우리 역사를 제대로 몰랐던 것입니다. 저는 오늘 발해를 통해서 동아시아 세계 특히 우리 민족의 해양활동을 얘기하면서 좀 독특한 부분을 말씀을 드렸습니다. 강의의 결론을 맺어야 할 것 같은데요. 첫 번째, 발해는 우리 민족국가임이 틀림없습니다. 그들은 고구려를 계승한 나라였었죠. 모든 존재들이 각각 존재 이유가 있듯이, 존재의 명분이 있듯이, 특히 우리는 늘 처음 있었던 원핵국가를 중심으로 해서 그것을 계승하려는 정신이 있거든요. 그런 면에서 볼 때, 고구려의 유민들이 요서지방에 거주하고 있다가, 주도가 돼서 세운 나라이면 그건 당연히 고구려를 계승한 나라이고, 당연히 우리의 민족국가임이 틀림이 없죠. 중국의 학자들이 동북공정을 이용해서 발해의 역사를 왜곡하고 있지만, 그들의 논리 문제이고, 중국의 현시대적 상황을 반영한 것뿐이지, 사실(fact)라는 측면에서, 우리 역사라는 측면에서 발해는 당연히 우리 민족국가입니다. 다만, 주변의 여러 종족이 공동으로 합의한 혼합 국가적인 성격을 갖고 있었습니다.

　그리고 두 번째, 고구려와 마찬가지로 발해 또한 한반도 북부지역과 현재 만주지역 일대를 차지했고 그리고 바다는 동해 북부의 모든 해역에서 활동했습니다. 당연히 동아지중해라는 큰 틀 속에서 발해는 해륙국가일 수밖에 없고, 해륙국가이기 때문에 발전하기 위해서는 국가정책으로 해륙정책을 수용할 수밖에 없었다는 것입니다. 그런 면에서 특히 해양을 활용해서 외교관계를 유지했고, 특히 초기에는 불안한 상황, 국제관계의 어려움을 극복하기 위해서 어려움을 무릅쓰고 동해를 건너서 당시 신흥 일본국과 동맹관계를 맺으면서 국가의 안위를 도모했습니다. 그 후에 안정을 도모한 다음에는 무역활동을 통해서 나라의 국력, 경제력을 확장시켰습니다.

　저는 해양사를 전공하는 학자입장에서 단호하게 말씀드리는데, 동아지중해를 서쪽과 동쪽으로 나눈다면 서쪽바다의 주인공은 물론 통일신라였습니다. 그러나 동쪽바다의 주인공들은 주로 북쪽이지만 발해인들이었습니다. 해양능력을 놓고 볼 때 저는 신라인들보다는, 장보고를 대표로 하는 신라인들의 해양활동능력보다는 발해인들이 오히려 뛰어났다고 봅니다. 항해의 난이도의 면에서도 증명이 됩니다. 그리고 무엇보다도 중요한 편안한 환경에서 자란 사람과 어렵고 거친 환경을 극복한 사람과는 삶의 무게와 질이 다릅니다. 그런 관점을 국가라든가, 정치체제, 민족에 적용한다면 저는 신라는 편안한 환경 속에서 당이라는 슈퍼파워의 중심으로 편입된 체제 속에 있었지만, 발해는 처음부터 당에 강력하게 저항을 했었고, 나중에는 독자성을 구축해서, 이를테면 연호를 사용해서 천손민족이란 자의식과 함께 활동했다는 것은 의미가 있다고 봅니다. 특히 한겨울 바다를 건너다니면서 자기들의 국가적 명분과 경제적 이익을 관철했다는 것은 정말 대단한 사람들이란 생각을 합니다.

　21세기 우리 민족에게 뭔가 기회가 왔을 때, 우리 민족을 발전시키고자 하는 전략과 힘을 얻고자 할 때, 저는 잃어버린 나라 그리고 잊진 역사 발해를 다시 한 번 부활시켜야 하지 않을까 생각을 합니다. 그럼 이 정도로 제4강을 마칩니다. 감사합니다.

한민족의 해양활동과 대외 진출사

5강
해양의 나라
고려의 외교와 국제무역

왕건 : 경기만의 해양세력으로서 서해안의 해양세력을 규합하면서 해양전을 활용하여 승리를 거두었으며, 고려를 건국하고 후삼국을 통일시켰다.

남북등거리외교 : 분단된 중국지역의 질서를 활용하여 해양력을 바탕으로 추진한 실리외교. 고려와 송·요나라, 고려와 송·금나라 등의 삼각외교 형태이다.

무역 : 항로를 이용하여 중국의 남쪽 지역은 물론이고, 오끼나와, 베트남, 태국, 인도 등과 직접 무역을 하고, 나아가 아라비아 지역까지 무역망을 확대하였다.

5강

해양의 나라
고려의 외교와 국제무역

안녕하세요. 동국대학교에서 역사학을 강의하고 있는 윤명철입니다. 저는 「한민족의 해양활동과 대외진출사」라는 제목으로 해양사에 대해 강의를 하고 있는데요. 오늘은 제5강이 되겠습니다. 지난번 4강에서는 동해를 건넌 발해선단이라는 제목으로 강의했었죠. 재미있었습니까? 발해에 관해서 아마 새롭고 의미 있는 사실들을 알았던 것 같아요. 오늘은 5강인데 이제 남북국시대가 끝이 나고 우리 한국사 속에서는 고려라는 나라가 등장을 합니다. 이 고려라는 나라 역시 해양활동이 매우 활발했거든요. 그래서 5강의 제목은 '해양의 나라 고려의 외교와 국제무역'이 되겠습니다.

제가 먼저 여러분에게 재미있는 사진 한 장을 보여 드리겠습니다. 지금 이런 인물이 있는데요. 일종의 동상입니다. 앉아 있는 좌상인데, 청동 주물이라 그런지 옷을 입고 있다는 느낌이 안 듭니다. 조금은 괴이한 느낌이 듭니다. 혹시 누군지 아십니까? 네, 아시는군요. 한 분이 말씀하셨습니까? 맞습니다. 왕건의 동상이 되겠습니다. 왕건의 동상은 현재 개성

박물관에 전시되고 있는데. 유일하게 남아 있는 임금의 동상이죠.

우리나라 역사상 건국시조들 가운데에서 실질적으로 이런 동상으로 남은 인물은 오로지 왕건밖에 없습니다. 그렇지만 고려가 어떤 나라인지 잘 모르듯이 왕건에 대해서 잘 모르고 있습니다. 그 중의 하나가 왕건은 육지에서 전쟁을 잘한 전쟁영웅으로만 알고 있는 겁니다. 당연히 그렇겠죠. 나라를 세우고 후삼국이라는 난세에서 전투로 승리를 거둔 사람이니까 얼마나 싸움을 잘하겠습니까. 그런데 왕건은 육군이 아니라 사실은 해

북한 개성박물관에 전시된 왕건 동상

군세력입니다. 역사상에 나타난 사료에도 왕건은 '해군대장', 또는 '백선장군', 즉 백 척의 배를 거느린 장군이란 정식명칭이 있을 정도로 강력한 해상세력이었죠.

먼저 그의 가계부터가 그렇습니다. 제가 3강 때 장보고에 대해서 말씀 드렸었는데요. 장보고 선단이 오늘날의 완도인 청해진을 구심점으로 삼고 열정적으로 해양활동을 벌이고 있을 때, 사실 신라에는 거기에 버금가는 해양세력이 또 있었습니다. 비교적 잘 안 알려져 있는데요. 그 세력은 바로 경기만에 있는 왕건의 선대입니다. 왕건의 할아버지쯤에 해당하는 작제건(作帝建)이 세력들을 거느리고 그 무렵의 경기만의 해상권을 장악하고 있었습니다. 그러니 말 그대로 장보고의 선단은 경기만을 들어오거나 통과할 수가 없었어요.

예를 들면, 산동반도의 해역을 출항해서 신라지역에 올 때도 짧게 직선항로를 통하지 않고 반쯤 건너서는 살짝 비켜서 남쪽으로 내려가는 항로를 취하게 됩니다. 엔닌이 승선한 장보고 재당 신라인 선단은 석도를 출항하고 나서 하루 반나절쯤 지나니까 멀리에 웅주계, 즉 현재 충청남도의 해안이 보인다고 했거든요. 당연히 경기만을 갈 수가 없었던 겁니다. 그래서 그 지역을 '적지(賊地)'라는 표현으로 쓰고 있습니다. 신라배들이 신라 영역에 있는데도 불구하고 적지라고 표현했다면 그것은 공식적으로는 신라의 국토 내이지만 현실적으로는 장보고 선단과는 성격이 다르거나 경쟁 관계에 있다는 것이죠. 그 해역에 있었던 작제건 때문입니다.

왕건의 선대는요, 우리 역사상에서 모든 특별한 인물들이나 건국영웅들이 그렇듯이, 높고 깊은 산에서 내려온 천신계열과 강의 신 또는 바다 신과 결합에서 탄생했습니다. 설화에 따르면 태백산, 백두산이죠, 백두산의 산신인 호경(虎景)이 남쪽으로 내려와서 몇 대를 거듭하면서 자손을 불리다가 작제건 시대에 이르렀습니다. 작제건은 당나라로 가다가 예기치 못했던 사건들을 겪고, 영웅설화의 주인공이 된 다음에 서해 용왕의 딸을 만나서 혼인을 했습니다. 그 자손이 결국은 왕건에까지 이르게 되는 것이죠. 그래서 신화 상으로 보면 왕건은 산, 육지, 하늘과 연결된 그리고 또 물과 결합한 소산이 되겠습니다. 그가 태어나고, 거주한 곳이 바로 경기만 지역이 되겠습니다.

최근에도 정치적으로 여러 가지 문제가 있습니다만, 경기만은 늘 역사의 중심부였었는데, 동아시아 지중해의 전 지역에서 가장 중요한 몇 개 해역 가운데 하나가 경기만입니다. 경기만은 넓이가 약 4,000㎢입니다. 그리고 한반도의 반 이상을 거치면서 흘러내려 온 한강이 바다와 만나는 지역입니다.

경기만의 자연환경을
묘사한 청구도

 이 넓은 경기만을 실질적으로 장악한 세력이 바로 왕건의 할아버지인 작제건입니다. 지금 남북한의 갈등으로 문제가 생기고 있는 개성공단이 있는 개성지역, 그다음에 현재 자유로 끝에서 북쪽으로 올라간 지역에 있는 풍덕(豊德)이 있습니다. 그다음에 배천(白川). 이런 경기만의 안쪽 내륙에 있는 모든 지역과 강화도를 장악한 겁니다. 강화도는 지금은 하나의 섬으로 알고 있지만, 사실 고려시대까지만 해도 세 개의 섬으로 나뉘어 있었습니다. 간척을 통해서 하나의 섬으로 굳어지게 된 것이죠. 그런데 행정구역상으로도 세 개로 나눠져 있는데, 예를 들면 교동도가 하나 독립되어 있고, 원래 강화본도, 그다음에 고인돌이 있는 유명한 하점면 북쪽 등 세 지역, 고구려 시대만 하더라도 세 개 현으로 되어 있었는데, 이 세 지역을 동시에 장악한 사람이 작제건입니다.

여러분이 잘 아시겠지만 신라는 말기가 되면서 피비린내 나는 왕권 쟁탈전, 귀족들의 부패, 기근 등으로 여러 가지 문제가 야기됩니다. 지방에서 민란 등이 일어나고 군인들이 각축전을 벌이다 보니, 우리가 얘기하는 후삼국 시대에 돌입하게 됩니다. 후삼국 시대는 원래부터 있었던 신라, 그리고 전라남도 북도지역을 거점으로 일어난 후백제, 특히 전주를 수도로 삼고 900년에 건국했기 때문에 후백제라고 표방했던 견훤의 세력이 있죠. 그리고 또 하나가 처음에는 강원도와 경기도 일대를 중심으로 해서 출발한 궁예세력이 있습니다. 그런데 육지세력인 궁예의 부하 또는 부장으로서 들어간 인물이 왕건의 아버지인 왕륭과 왕건이 되겠습니다. 초기에 후삼국 시대가 시작될 때는 왕건은 아직 역사의 중심인물로 등장하지 못했습니다. 하지만 곧 중심인물로 등장하게 됩니다. 분명한 이유는 딱 한 가지죠. 경기만의 해양세력이기 때문이죠.

오늘 간단히 말씀드리지만, 후삼국 시대를 놓고 볼 때 후반기는 육지세력들 간의 전쟁만이 아니라 해양세력 간의 전투가 많았습니다. 그러니까 당연히 경기도의 내륙지방, 강원도의 일부 지방을 차지하고 있는 궁예로서는 경기만의 해양세력을 세력권을 끌어들일 필요가 생겼고, 양보해서라도 포섭할 수밖에 없었던 것이죠. 그래서 결국은 왕건세력과 결탁하게 됩니다. 그런 상태에서 왕건은 궁예의 명령을 받아 경기만에 포진한 수군함대를 거느리고 오늘날의 전라남도 영산강 하구지역을 공격합니다. 이때 왕건의 나이가 20살입니다.

영산강 하구지역에서 가장 큰 도시이고, 과거에는 바다로 연결돼 있던 도시가 있습니다. 혹시 아세요? 어떤 도시인지? 목포입니까? 나주입니까? 광주입니까?

지금은 대부분, 특히 젊은 사람들은 당연한 듯이 목포라고 대답합니다. 그러나 목포는 섬이었고, 그 당시에는 나주(羅州)가 바닷가 항구도시였습니다. 전라도는 후백제의 세력권이었지만, 영산강 하구는 나주 오씨라는 강력한 해상세력이 독자적으로 존재하고 있었습니다. 그러니까 경기만 세력으로서는 이해가 충돌하지 않은 영산강 하구세력과 연합할 필요가 있었고, 그래서 먼저 나주 지역을 공략한 것이죠. 여기서 왕건 세력은 말 그대로 상륙작전에 성공한 다음에 영산강 하구세력과 연합해서 파죽지세로 공격하고, 승리를 거둡니다. 그 지역 전체를 일대를 장악하고 나서 나주를 설치합니다.

그때 굉장히 재미있는 역사의 낭만이 발생하는데요. 늘 그렇듯이 역사에서는 특별한 남자들과 특별한 여자들의 범상치 않은 만남이 있고, 그 만남의 결과로서 뭔가 엄청난 사건이 발생하죠. 여러분이 이 사진을 보시면 알겠지만, 왕건과 장화왕후라고 쓰여있죠? 현재 나주시청 앞에 세워진 동상입니다.

이 동상들이 어떤 장면이냐하면 왕건이 완사천에 다가가 말 위에 앉아 목이 마르니까 물을 마시고 싶다고 아리따운 여인에게 부탁하는 겁니다. 그런데 이 젊은 처녀는 물을 뜨더니 갑자기 검고 윤나는 머리 위로 길게 뻗은 버드나무 가지를 쭉 훑더니 이파리를 뜯어 바가지에 띄운 다음에 받치는 겁니다. 왕건은 놀라고 의아하다고 생각하면서도 일단 마셨습니다. 여인은 물론 그 모습을 바라보았겠죠. 왕건은 입가를 손으로 씻어내더니 여인에게 왜 나뭇잎을 띄웠느냐고 물었습니다. 여인은 고개를 푹 숙인 채

수줍은 말투로 급히 드시면 체할까 봐, 그렇게 했노라고 대답을 합니다. 이런 로망스 끝에 왕건과 장화왕후는 혼인이 맺어졌고, 이것은 정치적으로 말하면 일종의 혼인동맹이라고 부릅니다. 더 실질적으로 표현하면 경기만의 해양세력과 영산강하구, 넓게는 전라남도 서부 해양세력의 결합하게 되는 겁니다. 이 동상과 완사천은 이런 상황을 나타내고 있죠. 장화왕후 오씨는 왕건의 두 번째 부인이 되고, 그의 아들들이 3대 정종, 4대

완사천

장화왕후비

나주 시청앞 공원에 세운 왕건과 장화왕후의 동상(출처 http://blog.daum.net/kangdante)

5강 해양의 나라 고려의 외교와 국제무역 193

광종이 됩니다.

그럼 왕건은 첫 번째 부인을 어디에서 만났을 거 같아요? 역사를 너무 어렵게 생각하지 마세요. 왕건은 원래가 경기만 세력입니다. 아직은 성공하지 못한 세력이니 가장 가까운 곳의 세력과 힘을 합쳐야 하겠지요. 그래서 왕건의 첫째 비는 지금 김포와 강화가 마주치는 부근의 건너편에 있는 풍덕 처녀입니다. 예전에는 김포의 조강리에서 풍덕으로 넘어가는데, 그 풍덕에 있는 상인인 유장자의 딸입니다. 그들은 풍덕 유씨의 시조입니다. 이후에도 왕건은 정치적인 필요에 따라서 여러 지역 세력의 딸들과 결혼하게 됐습니다.

이렇게 해서 고려의 왕건이 경기만의 해양세력이라는 것을 살펴봤습니다. 그러니까 고려는 처음 출발할 때부터 해양활동능력을 갖출 수밖에 없었습니다. 그 당시에 경기만에, 예를 들면 강화지역이나 김포반도에도 호족세력이 있었는데요. 여러분 한강 하류에 있는 행주대교 아십니까? 행주대교. 그 옆에는 행주산성이라고 있죠. 행주지역에는 '행주 기씨' 세력들이 있었던 겁니다. 그들은 원나라가 고려를 간섭할 시기에 외척으로 상당한 권력을 행사했던 집안입니다. 왕건은 한강하구를 장악할 목적으로 그들과도 연합합니다. 그리고 건너편인 서울시 강서구 방화동은 예전에 '공암'이라고 불렀었는데 그 지역 세력들도 왕건세력이 규합합니다. 이래서 왕건세력을 중심으로 범경기만 세력들이 하나로 뭉칩니다.

그리고 조금 전에 얘기했던 대로 영산강 세력과도 결탁하고, 점점 확장되다 보니까 인천의 영종도에 기반을 두었던 인주 이씨 세력과도 결탁을 하죠. 인천만에서 조금 남쪽으로 내려가면 어디가 있습니까? 안산을 지나 남양만이 나오는데, 백제 고구려 신라가 번갈아가면 장악했던 그야말로 전략상의 요충지이죠. 이곳의 남양 홍씨 세력과도 결탁을 합니다.

다음에는 평택이 있고, 당진이 나오죠. 왕건은 당진만의 복지겸, 박술희 등의 세력과 결탁을 합니다. 이렇게 해서 경기만 전체 일대의 해양세력과 영산강 세력이 결합하고, 반대로 금강 하구세력인 후백제의 견훤은 섬진강 하구세력인 박영규, 김총 세력과 연합해서, 결국은 해양세력 연합 간에 결전을 벌이게 되는 거죠. 그리고 고려는 통일을 이룩했고, 처음부터 해양의 나라로 시작했던 겁니다. 당연히 해양이 중요했죠.

고려가 936년에 후삼국을 통일하는데, 그 무렵에 똑같이 동아시아에서도 국제질서의 대전환이 일어납니다. 중국 지역에 문제가 생기는 겁니다. 잘 아시겠지만, 오랫동안 통일국가로서 강력하게 유지했던 당나라가 멸망하면서, 중국지역은 말 그대로 분열되고, 소위 '5대 10국 시대'가 전개되는 겁니다. 즉 중국지역은 분열시대가 마감되는 무렵에 있었고, 우리는 후삼국 시대가 고려로 통일돼 있습니다. 그러니까 뭔가 국제역학관계에서 심각한 변화가 일어나려는 조짐이 보입니다. 더군다나 우리에게는 여간 안타까운 일이 아니지만, 228년 동안이나 존속해오던 발해가 926년에 거란족에게 급습을 받아 멸망하고 맙니다. 그리고 만주일대에는 요나라가 들어섭니다. 이제 동아시아 역학관계는 아직 완전하게 통일되지는 않았지만, 통일에 가까운 상태에 이른 중국세력과 이미 통일을 이룬 고려세력, 그리고 요나라가 있었습니다. 그리고 잠시 지나서 중국지역은 송나라로 통일됩니다.

제가 이번 강좌의 처음부터 말씀드렸는데 동아시아 지역은 육지질서나 육지사관으로써는 제대로 파악할 수가 없습니다. 육지와 해양을 하나의 유기체로 보는, 즉 해륙적 관점에서 봐야 합니다. 육지와 해양이 서로 만나 상생하는 관계이거든요. 그리고 우리는 해륙국가를 지향해야 하고, '해양력(sea power)'을 강화시켜서 해륙국가가 되어야만 동아시아에서 말 그대로 조정기능, '체크 앤드 밸런스(Check and balance)' 기능을 할 수 있는 겁니다. 역사는 큰 틀 속에서는 똑같은 겁니다. 그때나 지금이나.

제가 선언적으로 미리 말씀드리지만, 여러분의 통념과 달리 고려는 송나라 요나라, 또는 요나라를 멸망시키고 그 뒤에 일어난 금나라와 비교해 볼 때 허약한 나라가 아닙니다. 실제적으로도 강했을 뿐만 아니라, 역학관계를 놓고 보더라도 위상이 높았습니다. 동아시아의 질서는 세 개 축으로 이뤄져 있죠. 송나라, 요나라, 그리고 고려가 삼각체제를 이루고 있지 않습니까. 그렇다면 당연히 삼각동맹, 쉽게 말하면 삼각관계가 이뤄지는 겁니다. 그러니까 어느 한 편도 고려를 홀대할 수가 없었습니다.

그런가 하면 일본국이 있죠. 만주의 주변에는 여진이 있죠. 또 서북쪽으로 서하(西夏)가 있습니다. 그러니까 중요한 3개의 축과 함께 나머지 3개의 부차적인 축이 얽히고 섞이면서 복잡한 관계를 이루는 겁니다. 그러니까 만약에 고려가 자주성만 확보하고, 이 해륙적 위치를 유효적절하게 활용한다면 말 그대로 고려의 위상은 높아질 수밖에 없는 거죠. 이 관계의 장점은 처음부터 다 알고 있었어요. 그 이전에도 마찬가지였으니 결국 왕건도 이 점을 잘 알고 있었던 겁니다. 그는 통일을 이룩하기 전부터 산동반도의 후당, 그 뒤를 이은 후주, 그리고 양자강 남쪽에 있었던 오월국에 사신을 동시에 파견한 겁니다. 통일을 이룩하기 전에도. 그러니까 통일을 이룩한 고려는 더 말할 나위도 없었겠죠? 당연한 것이죠. 초기부터 중국 쪽과 외교관계를 맺고, 무역도 해야 하는데 그러한 상황 속에서 고려의 해양활동 능력은 뛰어날 수밖에 없는 것이죠.

당연히 만주에 있었던 거란족이 세운 요나라도 그렇겠습니다만. 특히 송나라는 북쪽에 있던 군사강국인 요나라에 늘 압박을 받으니까 고려의 도움을 받지 않으면 안 됩니다. 이건 사실입니다. 고려에서 어떠한 형태로든 도움을 받아야 하니까 어떻게 해서든지 고려와 우호관계를 맺으려고 애를 쓰죠. 그러면 고려로선는 송나라가 원하니까 주저하지 않고 송나라와 우호관계를 맺어야겠다고 판단을 내릴까요? 만약 여러분이라면 어떤 정책적인 판단을 내리겠습니까? 그렇지 않잖아요? 지금도 현실을 놓고 보면 북한과 남한이 분단되어 있으니까 중국이 등거리외교를 벌이면서 얄밉게 역학관계를 조절하지 않습니까? 그때와 똑같은 상황이 벌어지는 거죠. 다만, 입장에 달라진 것뿐입니다. 고려는 매우 신중하고 현실적으로 대할 수밖에 없었고, 실제로 그렇게 대합니다. 그러다 보니까 송나라에 오해를 많이 받고, 적대감을 갖게까지 합니다.

　제가 여러분에게 한 가지 재미있는 사실을 말씀드리겠습니다. 고려시대 때에 제일 유명한 사람? 누굽니까. 물론 왕건이 있죠. 그다음 두 번째는 서희죠. 세 번째가 누굽니까. 강감찬. 여러분은 역사를 많이 아시네요. 서희는 여러 가지 면에서 굉장히 뛰어난 능력을 지닌 분이죠. 그런데 고려 전기의 사람인 서희가 최근에 발생한 동북공정과 거의 같은 상황에 처했다는 사실은 잘 모르실 거예요. 발해를 멸망시키고 건국한 요나라가 이제는 고려를 공격하기 시작합니다. 막강한 힘으로 고려를 공격하는데 고려로서는 일단 거부감이 생기는데다가 또 발해를 멸망시켰기 때문에 강한 원한을 갖고 있었습니다. 그런데다 송과 맺은 우호관계 때문에 적대적인 관계를 유지하게 됩니다. 그러니까 요나라는 30만의 대병력을 파견해서 고려를 공격합니다. 그때 고려 조정에서는 한심한 모습을 보입니다. 역사를 훑어보면 예나 제나 정치인들은 비열하고 믿을 수 없는 존재들입니다. 말로만 떠들다가 다급해진 그들은 '할지론(割地論)'이라고 해서 고려 땅을 떼어주고 요나라에 항복하자는 주장을 합니다. 또는 "왕이 남쪽으로 피신하고 서경에 비축해놓은 식량들을 대동강에 빠트리자." 등의 논의들을 합니다. 이게 현실이에요.

역사를 보면 적극적으로 움직이는 사람이 있는가 하면, 입으로만, 말로만 하다가 나중에는 소극적인 태도를 보이거나 배반하는 경우가 정말 흔하죠. 그들은 목숨을 걸고 방어할 생각은 눈 꼼만치도 없었던 것이죠. 그때 서희가 나서서 절대 그럴 수가 없다고 주장하면서 임금에게 이렇게 말합니다. "전쟁의 승패는 군사 수의 많고 적음에 따른 것이 아닙니다. 또 제게는 비책이 있습니다. 그들이 요구하는 내용을 제가 알고 있습니다. 걱정하지 마십시오."라고 말했습니다.

그 요구내용이 무엇이냐면, 소손녕이 와서 하는 말은 이러한 얘기입니다. "너희는 신라를 계승한 나라인데 왜 고구려의 옛 땅을 차지하고 있느냐?"라고 묻습니다. 그러자 서희는 기다렸다는 듯이 미리 준비했던 데로 "우리는 국호가 고려이다. 즉 고구려를 계승한 나라이다. 우리 태조께서도 고구려를 계승했다고 분명히 말씀하셨다. 그런데 너희야말로 왜 오히려 고구려의 옛 땅인 요동지방을 차지하고 있느냐?"라고 반격을 가했습니다. 총사령관인 소손녕은 동경성에서 온 유수입니다. 동경성은 그 유명한 고구려의 요동성이죠. 그러니까 서희는 요나라의 속셈과 역사적인 사실을 알고 준비했다가 허를 정확하게 찌른 거죠. 그런 명분에 밀려서 결국 거란족들은 후퇴합니다. 실상은 요나라는 고려와 전면전을 벌일 의사가 없었고, 그럴 상황도 아니었습니다. 서희는 모든 것을 계산에 넣고, 소손녕이 후퇴할 수 있는 명분을 자연스럽게 제공해준 거죠. 서희는 국제질서의 실상을 파악하는 통찰력이 뛰어난 인물이었습니다.

그런데 서희가 한 중요한 역할 가운데 하나는 몇 년 동안 끊어졌던 송나라와의 교류를 이어줬다는 겁니다. 사실은 이 경험이 훗날 서희가 엄청난 일을 성사시킬 수 있는 능력을 갖추게 한 겁니다. 그는 지금 안산시의 성곡동 앞을 출항해서 항로를 복원시켰습니다.

이제 다시 고려 얘기로 돌아가겠습니다. 그 사건 이후에 고려와 송나라, 요나라 간에 생긴 삼각관계는 복잡해지고 심각해집니다. 그런데 요나라가 멸망하고 금나라가 만주지역과 회하(淮河) 이북의 중원 땅을 차지합니다. 금나라는 잘 알다시피 말갈의 후예인 여진족들이 세운 나라거든요. 호전적이고 영토를 팽창시키고 싶어 했습니다. 반면에 송나라는 문화적으로 우수하고 경제적으로 부강한 나라입니다. 하지만 군사적으로는 허약한 나라였습니다. 당연히 송나라는 고려에 정식으로 군사동맹을 제의합니다. 정식으로. 하지만 고려는 과거 요나라 때와 마찬가지로 반금동맹에 동의를 안 합니다.

송나라에서 흠종이 즉위했을 때 고려에서 축하사절로 파견된 사람이 그 유명한 김부식입니다. 그런데 김부식은 송나라에 도착했지만, 정작 수

산동성 교주(송나라의 밀주) 고려관이 있었다.

도에는 들어가지 못해요. 송나라 정부가 사신의 입궁을 거부했던 겁니다. 송나라로서는 군사동맹을 거절한 고려사신이 오니까 당연히 냉대할 필요가 있었고, 막는 거죠. 심지어는 고려의 사신들이 군사적인 첩자 역할을 한다는 식의 주장까지도 합니다. 이것이 현실이었습니다.

보통은 송나라와 고려는 우호적인 관계로 알고 있고, 또 우리는 송나라의 영향을 많이 받은 것으로 알고 있습니다. 고려 때 성리학자들, 조선시대 때 성리학자들이 가장 칭송하는 뛰어난 성리학자이고 뛰어난 문장가가 소동파입니다. 그런데 소동파야말로 그 당시에 가장 강력한 반고려파였던 겁니다.

소동파는 황제인 철종에게 세 번이나 글을 올려서 이렇게 주장합니다. "고려인들이 자주 들어와서 兩浙(강소성과 절강성) 지방이 소란하다. (고려)사신이 이르는 곳마다 산천을 그리고 서적을 구매한다." 그리고 또 "변방이 소홀해진다."라고 얘기하고 있습니다. 이러한 내용이 다음번에 또 나옵니다. 소동파가 직접 황제에게 올린 글에서 나타나듯이 송나라의 지식인들은 고려를 우호국으로 보는 정도가 아니라 오히려 적대국으로 의심하는 경향까지 나타납니다. 이러한 역사적 상황이 있었음에도 우리는 사실을 모르고, 고려가 송나라에 일방적으로 예속된 것으로 보고, 송나라는 강력한 나라라고 알고 있습니다. 그러나 현실은 그렇지 않다는 것을 말씀드립니다.

두 나라는 그런 불편한 관계 속에서도 교류를 많이 하는데 11세기부터 13세기까지 약 200년 동안에 고려 사신들은 무려 50차례 이상 송나라에 갑니다. 반면에 송나라 사신들도 약 25차례 정도 고려에 옵니다. 양쪽이 빈번하게 교류한 겁니다. 외교활동도 매우 활발했습니다. 그렇다면 이런 상황 속에서 고려는 송나라와 만 교류가 있었겠습니까? 그렇지 않아요.

고려는 요나라가 있을 때에는 교류관계를 맺었고, 외교사절을 보냈습니다. 또 국경에서는 '각장무역'이라고 해서 무역활동도 있었습니다. 그 이후에 금나라와도 마찬가지였습니다. 단, 경제적인 가치나 문화적인 가치를 볼 때는 송나라 쪽이 훨씬 유리하니까 그쪽과 교류가 더 빈번했고, 또 그것은 역사에 기록되어 있습니다. 우리 고려사에, 그리고 송나라의 역사책인 『송사』에 기록되어 있습니다. 그러나 고려로서는 늘 그렇듯이 '체크 앤드 밸런스', 즉 양쪽을 철저하게 활용하는 등거리외교를 전개했습니다.

이러한 정치적인 교류 속에서 필연적으로 따라오는 일이지만, 길이 있으면 그 길을 통해서 무엇이 흘러가지 않습니까? 소위 물자가 흘러가잖아요. 물자가 흘러가는 것을 우리는 무엇이라고 부르죠? 물류라고 부르죠. 지금 21세기에 들어오면서 가장 중요해진 것이 무엇입니까? 정치력도 아니고 군사력도 아니고 경제력, 그중에서도 무역이고, 무역을 일으키는 근본이 결국 물류가 아니겠습니까? 그러니까 그 당시에 다양한 종류의 고려인들이, 특히 상인들이 사신을 통해서 오고 갔다면, 물자들도 오가게 된 것이죠. 고려는 완벽하게 무역의 나라였습니다. 그 이전의 신라나 발해도 무역이 활발했었는데, 고려는 무역활동이 더욱 활발해서 무역활동의 범위가 동남아시아를 지나서 멀리 아라비아까지 연결됩니다. 이런 면을 한번 살펴보도록 하지요.

우리는 보통 무역이라고 하면 전근대 시대에는 공무역이라고 해서 사신선을 타고 무역하는 것을 말합니다. 사신단이 한 번 왕복하면 그것을 따라서 엄청나게 많은 재화가 오고 갑니다. 그런가 하면 민간무역, 즉 사무역도 발달하게 됩니다. 고려시대는 독자적으로 사무역선들도 오고 가는 사례들이 많이 나타납니다.

고려에 얼마나 많은 상인이 입국했는가를 살펴볼까요? 한 예로, 송나라에서 오는 사신단은 보통 신주(神州)라고 불리는 선박 2척, 손님 客자, 객주라고 불리는 선박 4척, 그래서 보통 대여섯 척의 배가 한 개의 선단을 이루면서 고려로 옵니다. 그러면 그 배는 어느 정도의 규모인가 궁금하지 않으세요? 주력선인 신주 말고, 객주만 하더라도 300명에서 400명의 사람이 많은 화물을 적재하고 배에 탑니다. 신주는 객주보다 두 세배 더 크니까 얼마나 많은 사람이 승선한 배인지 알 수 있습니다.

송나라 시대 때 배들은 동남아시아의 여러 해역을 통과한 후에 현재 아라비아 반도까지 갑니다. 간접무역이나 중계무역이 아니라 직접 무역을 하기 위해서. 그때 가는 배들의 규모는 보통 천 명이 승선할 정도였습니다. 그것이 그 무렵 동아시아의 해양문화 수준이고, 조선술의 수준이죠. 그런데 이런 성능을 가진 배들이 고려에 왔으니까 얼마나 많은 양의 무역품들이 고려에 수입됐겠습니까? 송나라 자체에서 만들어진 물건들도 있습니다만, 탁월한 장사수완을 가진 사람들이니 당연히 중계무역을 했잖아요. 그러다 보니까 당연히 동남아시아 물건들도 있을 것이고 인도의 물건도 있을 것이고, 심지어는 아라비아산 물건들도 많은 겁니다.

동남아시아에서 유명한 상품이 뭡니까. 정향, 육두구 같은 향료들이 굉장히 많거든요. 거기에 침향이나 자단목 같은 고급사치품들. 이런 것들이 무수히 오고, 또 동남아시아에서는 우리나라에서는 나지 않는 것들, 예를 들면 코끼리의 상아, 물소 뿔, 공작새 꼬리 등 이런 것들도 역시 공무역선을 통해서 고려에 들어옵니다. 물소 뿔과 연관된 재밌는 사실이 있습니다.

광개토태왕시대에도 사실은 무역이 있었습니다. 그때 광개토태왕이 산동지방의 남연에게 수입한 물건 중에는 능언조(能言鳥), 즉 말을 능숙하게 하는 새, 무슨 새겠습니까? 앵무새죠. 왠지 모르겠지만 능언조를 수입한 것이 사료에 나와요. 또 하나는 수우(水牛). 水자에 牛니까, 즉 물소를 수입했습니다. 그러면 광개토태왕이 물소고기가 먹고 싶어서 수우를 수입했겠습니까? 그럼 물소가죽이 좋아서? 원래 모피는 고구려 산이 더 좋습니다. 수우는 고려도 마찬가지겠지만 조선시대 때도 아주 중요한 수입품이었습니다. 바로 '뿔' 때문입니다. 물소뿔이 어디에 쓰입니까? 활 만드는데 쓰이는 거죠. 유명한 조선의 활, 고구려 때 맥궁(貊弓)이라고, 단궁이라고 불렀던 그 활의 가운데인 줌피를 만드는 데 쓰입니다. 그래서 무역 품목을 보면 물소 뿔도 있는 겁니다. 이런 것들을 많이 수입해오고 다시 수출합니다.

수출품목 중에는 특이하게 소나무도 있습니다. 제가 지난 시간에 말씀을 드렸어요. 전근대에는 나무가 아주 중요한 수출품목이었고, 그런데 소나무를 수출하고, 또 서양에서는 아직 제대로 사용되지 못하는 종이도 수

고려의 대외무역도(개성 박물관)

출합니다. 전주부채가 유명한데, 이런 부채도 수출합니다. 또 신라 때부터 유명한 먹도 수출하고. 그러니까 고려는 산업이 발달하고 공업이 발달했기 때문에 공산품들을 수출하게 되는 겁니다. 그리고 그 시대로서는 최고의 하이테크놀로지로 생산한 최고의 사치품도 수출합니다. 무엇이겠습니까? 그 당시에, 세계적으로 가장 값비싼 것. 바로 자기죠. 고려자기.

자기는 처음에는 중국에서 수입했습니다만, 우리는 나름대로 독자적으로 개발해서 세계에 자랑하는 고려자기를 만들었거든요. 송나라에서 물건이 오고, 고려에서도 송나라로 물건이 가고. 이렇게 왔다 갔다 했다는 겁니다. 그뿐만 아니라 송나라 상인들이 직접 오는 경우가 많았습니다만, 동남아시아부터 시작해서 서쪽으로는 아라비아까지 이어지는 지역의 사람들도 고려에 오기 시작합니다.

여러분, 이 대외무역도를 보면 아시겠지만 '안남'이라고 하는 이 지역, 여기 어딥니까? 베트남이죠. 보고 계신 이 지도는 우리나라에서 만든 지도가 아니에요. 나라 이름을 안남, 인도, 토본, 이렇게 써놓았는데, 어디서 만든 지도 같습니까? 퀴즈문제입니다. 네. 이것은 북한에 있는 개성박물관에서 찍어온 겁니다. 별로 잘 만들진 않았죠. 이 지도에는 당시 고려와 무역을 한 나라들, 그리고 고려에 사신들을 보내왔던 나라들을 표시한 겁니다.

예를 들면 교지국은 베트남, 삼라곡국은 태국이지요. 또 마팔국은 이상합니다만 인도입니다. 뭐 이런 나라들. 대식국, 현재 이란이라든가 아랍에 해당되겠죠. 이런 나라들과 직접 교역을 벌였기 때문에 그 사람들이 묵는 객관이 개경에는 무려 10여개나 있었습니다. 사람들이 얼마나 많이 왔는지, 보통 다른 외국인들은 송나라 상인들을 따라서 오는데, 아라비아 사람들이 독자적으로 백 명 이상이나 온 적도 역사기록에 있습니다. 외국인들은 개경 주변에 거주하면서 살기도 하고, 그러다 보니까 고려여인들과 결혼하는 일이 생깁니다. 그러다가 귀환한 사람도 생깁니다. 그 당시 고려는 국제적인 나라가 됐다는 거죠. 그래서 여러분이 잘 아는 '쌍화점'이라는 노래에서 고려 여인의 손을 잡는 아라비아 사람이 등장하는 겁니다. 우리가 생각했던 것 이상으로 고려는 국제적인 나라였었고, 아라비아까지 직접 이어지는 무역 루트를 가진 무역의 나라였다는 겁니다.

자, 이제는 수도인 개경, 개성을 한번 보도록 하겠습니다. 개성은 과연 어떤 곳인가? 궁금합니다. 왜 그러냐 하면 결국 모든 것이 물류의 문제고 교통의 문제입니다. 여러분 혹시 '벽란도'라는 지명을 기억하십니까? 학교 다닐 때 배운 것인데. 우리가 알고 있는 예성강 안쪽으로 거슬러 올라가면 예성항이 있었습니다. 현재 서울 한강에도 항구가 있었지만, 강에는 어디나 항구가 있는 겁니다. 필라델피아도 사실은 내륙 항구거든요. 예성항은 어느 때부턴가 벽란도라고 불리게 됩니다. 항구에는 언덕이 있는데,

개성박물관에 전시된 벽란도 유적의 모형

그 언덕에 벽란정이라는 정자를 세웠거든요. 그래서 벽란도라고 불리는데, 개성 주변의 여기가 되겠습니다.

우리는 고려를 생각할 때, 수도인 개성을 염두에 둘 수밖에 없는데요. 우리처럼 특별한 지형인 해륙적 환경 속에서, 해륙국가의 입장에서는 수도 또한 해륙적 성격을 띠어야 합니다. 만약에 수도가 내륙 한가운데 있다면, 센트럴 시티, 즉 중앙적 도시의 기능도 할 수 없을뿐더러 물류의 '허브(Hub)' 역할은 더더욱 할 수가 없습니다. 따라서 우리나라 역사에서 대부분의 중요 도시들은 대체적으로 강하구에 있을 수밖에 없는 것입니다. 거기에 가장 적합한 곳이 개성입니다.

개성은 서울보다도 더 바다에 직결되어 있습니다. 여러분 알다시피 예성강은 전체길이가 짧아서 바다 입구인 강화도까지는 먼 거리가 아니에

예성강 하구 왼쪽의 강을 따라 오르다 멀리 보이는 첫 번째 봉우리를 지나면 벽란도가 나온다
(출처 http://blog.daum.net/semflower)

요. 바로 예성항까지도 조류가 밀려 들어온다는 내용이 고려에 사신으로 왔었던 '서긍'이라는 송나라 사람이 쓴 고려도경이라는 책에도 기록이 되어 있습니다. 그만큼 예성항은 바다와 붙어 있는 것이죠.

그래서 개경은 해양도시에 적합합니다. 하지만 도시가 단순하게 바다 가까운 곳에 있으면 적으로부터 공격을 받을 땐 방어할 길이 없거든요. 경기만을 그린 이 지도를 보면 알겠지만, 예성강 하구와 마주치는 곳이 어디냐면 한강이 되겠습니다. 그 안쪽이 개경입니다. 적이 들어올 때는 반드시 김포반도나 강화를 거쳐서 들어올 수밖에 없어요.

여러분 강화도 가보셨죠? 김포에서 강화도로 건너갈 때 다리를 통과하지 않습니까. 그 다리 아래를 통과하는 좁은 폭은 물길을 급수문이라고 불렀습니다. 왜? 물이 워낙 급하게 흐르기 때문이죠. 이런 자연환경을 가

산동성 봉래시의 등주성

지고 있기 때문에 개경은 안정적으로 수도의 역할을 할 수가 있습니다. 물론 나중에는 왜구의 공격을 받기도 합니다만. 항구도시인 개경을 거점으로 중국 지역과 일본열도 지역, 멀리는 오키나와 지역까지도 연결된 항로를 개설한 것입니다.

한 번 고려의 항로도를 보도록 하겠습니다. 여기 개경의 예성항을 출항해서 강화도를 빠져나온 다음에는 항로가 몇 가지로 나뉩니다. 하나는 황해중부를 곧바로 횡단해서 현재 산동반도 북쪽에 있는 등주까지 가는 항로입니다. 지금 봉래시이지요. 단거리이지만 결코 쉬운 항해가 아니에요. 고려 초기에는, 963년의 일이죠. 여기 지금 연대시 앞바다에서 사신선이 침몰하면서 90명이 죽는 불상사도 일어나게 돼요.

여기가 청도만인데 교주입니다. 과거에는 밀주라는 곳이 있었습니다. 고려인들이 초기에 많이 도착했기 때문에 고려관도 있었고, 지금은 빈터에 돌비석만 있지만, 곧 복원한다고 합니다. 이 무렵에 압록강 하구에 定安國이라는 발해유민들이 세운 나라가 있었는데, 그들과 송이 동맹을 맺으면서 무역을 했다고 합니다. 그런데 요나라가 화북지역을 점령했으므로 송나라는 남쪽으로 도망갔고, 그래서 이렇게 회하(淮河) 이남의 지방에만 영토를 확보할 수밖에 없었습니다. 당연히 고려로서는 어쩔 수 없이 회하 이남의 지역과 교섭할 수밖에 없다는 것이죠.

그렇다면 항로가 바뀌어야 하지 않겠습니까. 황해중부를 곧바로 횡단하는 것이 아니라 이제는 황해 중간에서 남쪽을 향해 비켜서 내려가는 황해남부사단항로를 사용합니다. 여기가 어딘지 아시겠어요(영주, 영파지역)? 지금 상하이 엑스포가 열리고 있는 곳이죠. 상하이항을 통과해서 양자강을 거슬러 300km 정도 올라가면 남경이 나옵니다. 물론 고려 때는 항주가 더 중요했습니다. 남송의 수도역할도 했으니까. 고려 사람들은 이렇게 황해남부사단항로나 동중국해사단을 통해서 강남지방으로 오곤 했습니다.

　여기가 바로 영파시이고 만의 깊숙한 안쪽이 항주시가 되는데요. 이 지역에는 우리 고려랑 연관된 것들이 많이 있는데 그중에 하나는 여러분이 보시는 서호입니다. 중국 사람들은 살아서 서호를 보지 않으면 안 된다고 할 정도로 아름다움을 극찬합니다. 인공호수인데 서호를 만드는데 결정적 공을 세운 사람은 소동파이거든요.

　이 사진은 소동파의 동상인데, 근래에 목 부분이 발견돼서 몸뚱이를 만들어 붙여 복원한 겁니다. 이 소동파와 직접 연관된 사람이 의천대각국사에요. 고려왕자인 의천대각국사가 항주에 와서 고려사라는 절을 세웠습니다. 전에는 고려사의 위치를 몰랐었는데 연구를 통해서 근래에 위치를 알게 되었고, 그래서 고려사를 복원했죠. 그런데 아쉬운 것은 복원할

머리만 발견된 소동파 동상을 복원한 모습

5강 해양의 나라 고려의 외교와 국제무역 209

때 우리의 지원이 많이 있었다면 우리 형식에 맞게끔, 의천의 흔적이 많이 남아 있게끔 복원했을 텐데, 주로 중국 항주시정부 지원으로 만들어졌기 때문에 중국식 사찰로 지어졌고 명칭만 '혜인 고려사'이라고 한 것입니다. 간신히 고려의 흔적을 남기고 있죠. 항주는 여러모로 우리와 연관이 매우 깊습니다. 백범 선생이 묵던 임시정부청사도 있는 걸요. 기념관 건물 3층 전시실에는 제가 뗏목 탐험한 기록물들이 전시되어 있습니다.

고려로 가는 배들이 항주에서 출항할 때는 전당강이 바다로 흘러들어가는 바로 앞바다에서 출항하기도 하지만, 조금 더 남쪽으로 내려와 나와서 영파항에서 출항하는 경우가 많았습니다. 영파는 신석기 시대부터 문화가 발전한 유명한 지역이고요. 통일신라인들도, 장보고 선단도 신라나 일본으로 향할 때 출발한 곳이 되겠습니다. 그래서 영파에는 우리와 연관된 곳이 많이 있는데, 그중에 하나는 영파 시내에 '고려 장씨'들이 사는

항주시 정부가 복원한 고려사

겁니다. 제가 도대체 어떻게 된 것이냐고 물어봤더니, 그 사람들이 족보를 꺼내주면서 설명해주더군요. 자기들은 고려 사람들이 아니라 원래 이 지역에 살던 사람들인데 난을 피해서 고려에 가서 살다가 고향으로 돌아왔기 때문에 '고려 장씨'라고 명명했다는 겁니다. 그런데 엄격히 따지면 지난 시간에 강의했지만, 그 지역에는 신라인들의 집단 거주지가 있었거든요. 그리고 나주 오씨 같은 영산강 하구의 세력들은 강남지역이랑 교류하면서 부자가 된 사람들이거든요. 이런 여러 가지 정황을 놓고 보면 '고려 장씨'들은 재당신라인들의 후예이거나, 아니면 고려 사람들이 거기 가서 거주하면서 '고려 장씨'라고 불렀

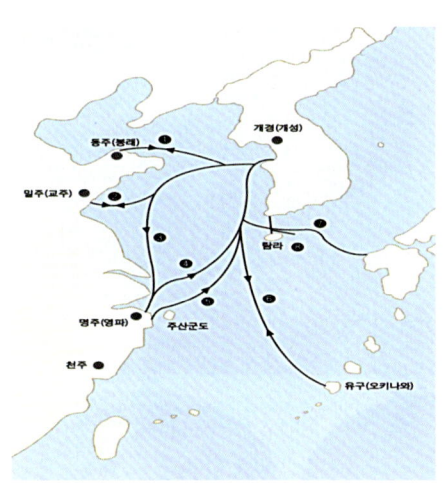

고려시대의 국제항로

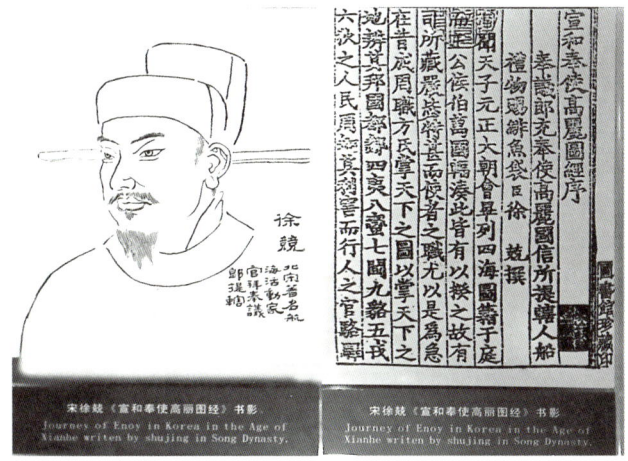

서긍과 그가 쓴
'선화봉사 고려도경'

던 것 같아요. 어쨌든 중요한 것은 지금도 시내에는 고려 장씨들이 사는 '진명령'이란 지역도 있고, 고려 장씨의 족보도 가지고 있다는 겁니다. 이것은 그 시대에 영파지역과 고려가 얼마나 밀접한 관계를 맺고 있는가. 이걸 알 수 있는 것이죠. 영파 앞의 주산군도에는 심청이의 고향이라고 하는 심씨 집성촌도 있는데요.

다시 한 번 지도를 보세요. 바로 여깁니다. 영파라는 곳이. 중국에서는 상하이 이남부터 대만 이북까지를 동해라고 부릅니다. 동중국해인 것이죠. 동중국해사단항로는 이 지역을 출항해서 이렇게 고려로 오가는 항로입니다(④번 항로). 이 항로는 굉장히 많이 자주 사용됐거든요. 특히 많이 알려진 것은 12세기 무렵에 서긍이라는 사람이 고려에 사신단의 일원으로 와서 돌아갈 때까지 과정을 쓴 『선화봉사고려도경』이라는 책 때문입니다. 그 책의 해도편에는 항로가 자세하게 기술이 되어 있습니다. "바다로 며칠 가게 되면 바닷물 색이, 황토물인 황색에서 백색으로 변하고, 또 며칠 가게 되면 백색에서 흑색으로 변하고, 그리고 흑산도까지 오는데, 걸린 시간은 일주일이 걸렸다. 흑산도에 오니까 사신들이 묵는 객사가 있었다."라면서 머무르기도 합니다. 현재 새만금으로 알려졌습니다만. 고군산군도의 해역을 통과하고, 물살이 급하기로 유명한 안흥량을 통과해서 현재 영종도의 경원정에 머무른 내용 등등, 모든 것이 샅샅이 기록이 되어 있어요. 그래서 송나라 사람이라든가 고려인들이 동중국해 사단항로를 이렇게 사용했구나 하는 것을 알 수 있습니다.

여러분, 그때 항해는 얼마나 기간이 걸렸는지 궁금하지 않으세요? 이렇게 먼 거리를, 현재 절강성 남쪽 끝 바다에서 현재 경기만까지는 도대체 얼마나 걸렸을까? 그 당시 때 배로. 사람마다 생각이 다릅니다. 일주일? 열흘? 한 달? 네, 사신단들은 약 20일 걸렸습니다. 그러나 상인들은 다르지요. 상인들이 사신단들처럼 천천히 쉬어가면서, 의식을 치르고, 대우받아가면서 가겠습니까? 돈을 벌려면 어떻게 해서든지 빨리빨리 가야겠죠. 얼마나 걸렸겠습니까? 개경까지 꼭 7일 걸렸습니다. 역사책인 『송사』에 나오는 기록입니다. 7일. 흑산도까지 도착하는데 만 7일 걸렸습니다. 그런데 보통은 5일 걸린다고 얘기하고 있고요. 상인들이 위험을 무릅쓰고 일주일만 항해하면 엄청나게 돈을 버는데 왜 무역이 안 이뤄졌겠습니까. 당연히 두 나라 간에는 무역이 번성할 수밖에 없지요.

전 궁금했어요. 정말 실제로는 항해가 얼마나 걸릴까. 그리고 어떤 항로를 이용했을까? 저는 개인적으로 고려시대뿐만 아니라 통일신라시대, 그 이전인 백제 때도, 이미 선사시대 때부터 중국의 강남지역과 우리 한반도 서남부해안은 연결돼 있다는 가설을 주장하고 있었거든요. 물론 다양한 증거들을 갖고 있었습니다. 그래서 96년에 뗏목을 타고 영파 앞의 주산군도를 출발했는데 실패해서 산동으로 올라갔고, 97년도에 또 출항했는데, 흑산도는 17일 만에 도착했어요. 우리가 지나온 항로를 해도에 그려놓고 보니까 서긍이 기록한 내용과 거의 비슷했어요. 그러니까 그 당시나 지금이나 자연조건을 활용한다면 항로는 거의 똑같다는 것이죠.

흑산도에 상륙한
동아지중해호(1997년)

『고려도경』에는 동중국해 사단항로뿐 아니라, 당시 벽란도항이 얼마나 번성한 무역항인가를 보여주는 글들이 있습니다. 전반적인 내용을 말씀 드리면, 수만에 달하는 사람들이 늘 모여 있고, "다양한 국적의 사람들이 모여서 재화가 어지럽다." 이런 표현이 나오고 있다는 것이죠. 그러니까 이런 지역을 출항해서 흑산도에 도착했다면, 마찬가지로 흑산도에도 역시 파시처럼 무역이 이뤄졌겠죠. 공무역선도, 사무역선도 마찬가지로 무역을 한 것입니다. 그렇다면 영산강 하구도 그렇고, 만경강 하구인 임피에서도, 물살이 심한 안흥에서도 마찬가지고, 더군다나 경원정이 있었던 영종도나 강화도에서는 더 큰 장이 섰을 겁니다. 지금은 아무런 흔적도 남아 있지 않지만 고려시대에는 여러 나라의 물건들이 오고, 여러 나라의 사람들이 모여서, 서로가 주고받는 그런 시장들이 형성됐던 곳이죠. 지금부터라도 사실이나 유적을 차근차근 찾게 돼서 복원한다면 우리 역사를

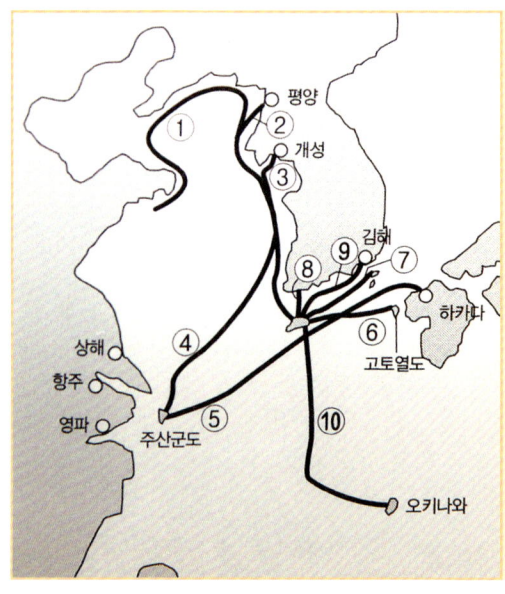

제주도를 거점으로 삼은 국제항로들

① 환황해 연근해항로
② 대동강 하구-서해연근해-제주도
③ 경기만 하구-서해연근해-제주도
④ 동중국해 사단항로
⑤ 동중국해 사단항로
⑥ 제주도-큐슈 항로 / 제주도 큐슈의 고토열도
⑦ 제주도-쓰시마
⑧ 제주도-강진
⑨ 제주도-김해 경유 울진
⑩ 제주도-오키나와(선사~고려)

새롭게 알 수 있는 것이죠. 우리는 정말 아무것도 없는 것이 아니라 적어도 고려시대 때에는 전 해역을 통해서 외국 사람들이 드나들면서 무역을 활발히 했고, 거기에 따라서 외국 문화도 연결됐다는 것이죠. 이러한 사실들이 중요합니다.

그리고 이 항로와 연관해서 하나 더 말씀드리면, 고려는 연안항로가 발달했는데, 그 이유는 수도인 개경으로 곡식이나 특산물을 운반하는 조운 때문입니다. 특히 고려자기 때문에 그렇습니다. 남쪽 해안가의 강진이나 부안 등에서 구워 만든 고려자기를 운반하는데 연안항로를 사용했단 겁니다. 그리고 그런 과정에서 많은 배가 난파되었고, 그래서 지금 서해에서 고려 배들이 발견되는 것입니다. 이렇게 모여든 고려자기가 이들에 의해 모여 여러 나라로 수출됐던 것이죠.

그러면 고려는 북으로는 요나라와 육로무역, 황해와 동중국해를 통해서는 송나라하고만 무역했을까요? 그렇지 않죠. 동남아시아를 통해서 저 멀리 아라비아 세계와도 연결됐고, 일본열도나 현재 오키나와 지역과도 무역이 활발했다는 겁니다.

우리가 어렸을 때는 귤을 먹기 어려웠어요. 워낙 비싸서 아무나 사 먹을 수 없었거든요. 그렇죠? 지금은 너무나 흔해서 제일 싼 과일이 바나나하고 귤 아닙니까? 그렇다면 귤은 근래에 처음 들어온 것일까요? 그렇지 않습니다. 이미 고려시대 때부터 들어왔습니다. 오키나와 지역이나 일본열도에서 이렇게 제주도를 거쳐서 고려에 들어왔거든요. 고려인들은 당연히 오키나와 지역과도 무역이 활발했는데. 다만, 송나라와 교류한 만큼은 활발하지 않았던 것이죠. 이익도 적을 뿐만 아니라 항해가 조금 어려웠거든요. 일본과는 잠시 소강상태였지만, 12세기경부터 무역활동을 다시 벌입니다. 그렇지만 아주 번성하지는 않죠. 지금도 마찬가지인데, 이상하게 일본열도와 한반도지역과는 서로가 의심하는 관계를 맺고 있어요. 그 당시에도 그런 일이 있었는데, 전 시대는 신라 해적들이 일본열도 해안을 많이 침략했었습니다.

그런데 고려시대에도 전기에 일본열도 해안에 정체 모를 해적들이 공격하는 겁니다. 당연히 일본정부 입장에서는 '또 고려해적들이 침범하는구나.' 이렇게 오해하면서 전쟁준비까지 합니다. 어떤 때는 고려 정부가 500여 척의 병선을 동원해서 일본을 공격하려 한다는 첩보를 듣고 전쟁준비에 돌입한 일도 있었습니다. 사료에 나오는 겁니다. 그런데 사실 그 해적들은 고려해적들이 아니라 동해 북부에서 내려온 여진족 해적들이었어요. 여진 해적들이 얼마나 극성스러웠느냐면, 11세기 동안은 내내 우리나라 동해안을 공격해서 초토화하고, 심지어는 경주까지 공격합니다. 그

절강성 동중국해를 항해하는 동아지중해호(1997년)

리고 울릉도를 공격해서 점령합니다. 그래서 울릉도 주민이 그때 빠져나와 강릉 쪽에 머물러 있다가 나중에 돌아가기도 합니다. 그만큼 여진 해적들이 극성을 부렸는데 그 해적들이 일본열도를 공격한 겁니다. 그런데 고려가 수군을 동원하여 이 여진 해적들을 토벌을 했기 때문에, 일본은 안심하고 의심을 풀면서 고려와 무역을 합니다. 이것이 당시 고려와 일본열도 간에 무역이 이루어지면서 생겨난 하나의 에피소드입니다.

그다음에 중요한 것은 오키나와, 당시는 유구국(琉球國)입니다. 유구국은 19세기(1879년) 중반에 일본에 병합되기 전까지는 엄연한 독립국이었습니다. 굉장히 뛰어난 해상능력을 갖춘 동중국해의 해상왕국이었습니다. 그 유구국은 '일본' 보다는 오히려 우리 고려나 조선과 더 친밀한 관계를 유지했습니다. 오키나와 사람들은 지금도 일본을 '우리나라' 가 아니라 일본이라고 불러요. 자기 나라인데도 불구하고 일본이라고 부릅니다. 그만큼 일본 본토에 대한 야릇한 감정을 품는 것이죠. 세월이 거의 200년 가까이 흘렀는데도 말입니다.

고려시대 때 유구국과 고려의 교섭이 이뤄졌는데, 그렇다면 그 매개체가 된 지역은 어디겠습니까? 개경에서 출발해서 오키나와까지 직접, 한 번에 가긴 힘들잖아요. 오키나와에서도 마찬가지로 직접 갈 수 없으니까 중간에 한 번은 경유지를 거쳐야겠죠. 그 경유지가 제주도입니다. 그러니까 제주도는 지금뿐만이 아니라 조선시대, 그리고 고려시대, 더 거슬러 올라가 선사시대부터 동아시아에 있는 모든 물길이 모여지는 항로의 허브(Hub)가 된다는 겁니다. 당연히 동쪽 아시아에 사는 여러 종족이 모여들었던 곳도 제주도죠.

우리와 연관된 사람들, 심지어는 몽골사람들도 거주하다가 그대로 남아 살았죠. 또 동남아시아에서도 사람들이 많이 올라옵니다. 중국의 강남지방에서는 무수히, 무수히 많은 사람이 올라옵니다. 때로는 표류자까지 합해서. 물론 제주도 사람들도 그런 지역으로 표류하지만. 그리고 큐슈의 북서부 지역인 오도열도에서도 사람들이 옵니다. 제주도는 말 그대로 동아시아의 모든 사람과 문화가 모여지는 센터이고 항아리이죠. 그래서 더욱 중요하다는 겁니다. 그런데 의아한 점들이 많이 있습니다. 대체로 바다에는 물길이 있거든요. 물길을 결정하는 요소 가운데 첫 번째가 바람이에요. 두 번째가 해류이고, 세 번째가 조류입니다. 그런데 북쪽에서 남쪽으로 항해하려면 북풍계열의 바람을 이용해야 하니까 한겨울에 항해할 수밖에 없어요. 매우 어려운 항해입니다. 반대로 오기는 쉽습니다. 쿠쿠로시오라는 해류와 남풍계열의 바람을 잘 이용하면 오키나와에서 제주도까지는 금방 오죠. 온 사람들이 있으니까 다소 어렵더라도 돌아가는 사람들이 있는 겁니다. 그런데 그들이 오키나와나 동남아시아로 돌아간다면 바람을 보아 한겨울에 항해할 수밖에 없는데, 겨울 항해는 굉장히 어렵죠.

그런데 제가 2003년도에 뗏목항해를 할 때 산동해안을 출항하여 마지막 경유지는 제주도였습니다. 원래 계획은 제주도를 출항하면 큐슈 북부의 가라쯔까지 7일 동안 항해하려고 계획을 했는데, 결국은 13일 만에, 그것도 큐슈 북부의 가라쯔(唐津)가 아니라 서쪽 바다인 오도(五島)열도에 도착을 했어요. 항해기간도 예상했던 것보다 꼭 2배가 더 걸렸습니다. 왜 그랬냐 하면 태풍과 파랑을 무려 다섯 번이나 만났어요. 그래서 뗏목이 남쪽으로 내려갔다가 돌고, 또 돌고 하면서 동진해 간 겁니다.

그때 제가 느낀 사실이 있습니다. "아, 계절풍이 부는 시대에도 어떤 특정한 방향으로 바람이 부는구나." 이런 것입니다. 실제로 3-4일 정도씩은 다른 방향으로 바람이 부는 사실을 또 한 번 확인한 것이죠. 현장에서 체감한 것입니다. 고려시대의 항해술을 가지면 3-4일 정도 만에 현재 제주도 지역에서 오키나와 본토까지는 얼마든지 항해가 가능하거든요. 그래서 전근대 시대에도 아마도 겨울이 아닌 다른 계절에 오키나와 제주도, 제주도와 오키나와 간에는 교류가 있었구나, 이런 것들을 확인할 수 있었어요.

이런 과정에서 고려시대에는 조선시대도 마찬가집니다만 표류사고들이 참 많이 있었어요. 지금은 표류하는 일들이 별로 없습니다만, 당시에는 상황이 나쁘면 늘 표류하게 되는데. 표류한 기록들을 보면 제주도라든가 오키나와, 중국의 절강성 등에서 많이 나타나고 있어요. 이 뗏목은

보타도의 바닷가 암벽에 새겨진 불상(주성지 촬영, 1996년)

1997년도에 절강성에 있는 주산군도에서도 바로 이 마애불이 있는 보타도를 출항한 것이거든요. 보타도는 우리가 흔히 얘기하는 보타락카산의 보타산을 얘기합니다.

그러니까 중국으로서는 불교 관음신앙의 성지인데. 이 관음신앙의 성지가 된 이유 중 하나는 우리와 인연이 깊은 것입니다. 신라인들이 오대산에서 불상을 모셔서 본국으로 가려고 하다가 이 보타도 앞에 있는 암초에 걸려서 배가 파손되었습니다. 그러자 상인들은 그만 불상을 놓고 돌아갔어요. 그 암초는 지금도 신라초라고 부릅니다. 그래서 모신 불상을 놓고 중국의 관음신앙의 성지가 됐습니다.

오끼나와제도 미야꼬섬에 있는 고인돌(1991년)

그러다 보니까 동아시아 바다에서 적어도 해양과 연관된 신앙은 관음신앙입니다. 바닷가에는 늘 보타와 관련된 관음신앙의 성지가 있죠. 우리나라 가장 대표적인 경우가 어디입니까? 낙산사죠. 거기가 보타락카산 낙산사입니다. 그다음에 남해에 가면 보리암이, 여수의 향일암이 있죠. 또 강화도에 있는 석모도의 보문사도 마찬가지로 다 관음신앙인데, 이렇게 모든 게 연결되어 있는 것이죠.

이것은 오키나와의 제일 끝, 대만 옆에 있는 미야코(宮古島)라는 섬인데요. 미야코 섬에 가니까 전형적인 고인돌을 응용한 무덤들이 있었습니다.

이 사진 속의 고인돌은 제주도의 고인돌과 동형의 것입니다. 같은 형태입니다. 그러니까 당시에는 오키나와뿐만 아니라 오키나와의 서남쪽의 끝인 이런 미야코 지역과 제주도 문화교류가 있었구나, 이렇게 볼 수가 있죠. 이런 이론들을 발전해가면서 우리나라 고인돌의 기원은 북방이 아니라 오히려 동남아시아 지역이라고 주장하는 사람이 있고, 그런 과정에서 오키나와 지역이 징검다리라고 얘기하는 사람도 있어요. 이 사진은 제가 1991년도에 현장에 가서 조사하고 찍은 겁니다.

이렇게 해서 '해양의 나라 고려의 외교와 국제무역'에 관해서 말씀을 드렸는데요. 종합적으로 정리를 해 드리겠습니다. 우리 역사에서 해양활동은 늘 활발했습니다만, 해양세력이 건국한 유일한 나라가 바로 왕건의 고려입니다. 그래서 고려는 초기부터 해양활동이 활발할 수밖에 없었습니다. 더더욱 고려는 한반도의 대부분을 통일했기 때문에 해륙국가적인 성격을 가지고 있었고, 그렇다면 당연히 육지와 함께 해양활동을 활발히 해야지만 됩니다. 당시 동아시아의 국제관계는 북방세력인 요나라, 뒤를 이은 금나라 그리고 중국세력인 남쪽의 송나라, 동방의 고려가 3개 축을 이루고 있었습니다. 그렇다면 고려 입장에서 역학관계를 조절해야 한다면, 해양활동과 연관될 수밖에 없습니다. 그래서 초기부터 해양을 이용해 외교활동이 활발했고 그 결과, 무역도 번성했다는 겁니다.

고려인들이 사용했던 항로는 200km에서 250km에 불과한 황해중부 횡단항로뿐 아니라 현재 상해지역이나, 절강성 지역, 또는 복권성 지역까지 이어지는 동중국해사단항로를 활용했고, 나아가서는 오키나와지역까지도 연결되는 복잡한 항로만을 구성했습니다. 그러나 유감스럽게도 일본열도와는 초기에는 교역이 없었고, 12세기 들어서 일시적으로 무역활동이 있었습니다. 그러나 일본과 고려는 활발한 교역관계는 끝내 이뤄지지 않았습니다. 오히려 후기에 가면서 여몽 연합군이 대규모 군선을 동원해서 일본을 2차례나 공격하고, 그 후에는 반대로 왜구들이 고려를 집요하게 습격합니다.

결론적으로 고려는 해양활동을 통해서 국제적 지위를 높였을 뿐만 아니라 무역활동을 통해서 경제력을 확장시키면서 강력한 나라를 이루었습니다.

고려는 '해양의 나라' 였습니다. 감사합니다.

한민족의 해양활동과 대외 진출사

6강
해양의 나라
고려의 해양활동과 대전쟁

강도정부 : 몽골의 침략을 방어할 목적으로 천도한 강화도에 세운 정부. 조운 등의 물류망을 존속시키면서 39년 동안 머물렀다.

삼별초 항쟁 : 강화정부의 항복을 반대한 삼별초가 정부를 세우고 4년간 벌인 전쟁이다. 진도와 제주도를 거점으로 삼은 일종의 해양 정권이다.

여몽연합군의 일본 정벌
 - 1차 공격 : 고려의 전선 900여척과 병사, 몽골군으로 이루어졌다. 일본 큐슈에 상륙하여 승리했으나 폭풍으로 실패한 후 철수했다.
 - 2차 공격 : 고려군과 10여만의 병력과 3500여척을 동원한 강남군이 연합작전을 시도했으나 폭풍으로 인하여 실패했다.

유엔해양법협약 : 1994년에 발효된 해양에 관한 협약. 바다도 영토라는 해양영토의 개념을 현실화시킨 조약이다. 남쿠릴열도, 센카쿠제도(조어도), 남사군도 등은 해양영토분쟁해역이다.

6강

해양의 나라
고려의 해양활동과 대전쟁

　안녕하세요. 동국대학교에서 역사학을 강의하고 있는 윤명철입니다. 제가 한민족의 해양활동과 대외진출사라는 제목으로 시리즈 6강을 계획했었는데 벌써 5강이 끝났습니다. 오늘은 마지막 6강이 되는데요. '해양의 나라 고려의 해양활동과 대전쟁'이 되겠습니다. 5강까지 강의하는 도중에 미진한 부분이 많이 있었고, 혹간 실수한 부분도 있었습니다. 오늘 6강을 좋게 마무리 짓고 해양이 얼마나 중요한가를 결론 내리겠습니다. 방청객 여러분이나 시청자 여러분도 우리 역사에서 해양이 정말 필요했고, 우리는 해양활동이 활발했었구나. 이런 점들을 자각하는 계기가 됐으면 좋겠습니다.
　지난 시간에 말씀드렸다시피 고려는 유일하게 해양세력이 건국한 나라입니다. 그래서인지 초기부터 해양활동이 활발했고, 반면에 나라가 멸망하는 과정에서도 해양이 많은 영향을 끼쳤습니다. 고려의 해양활동과 관련해서 몇 가지 전쟁이 있습니다. 그 중의 하나가 고려와 원나라의 싸움입니다. 서울이나 경기도 주변에 계신 분들은 강화도에 많이 놀러 가시잖아요. 그곳에서 첫 번째 떠올리는 역사는 주로 근대입니다. 1871년 신미양요 때 벌어진 광성진 전투부터 1875년의 운양호 사건 등을 떠올리게 되는데. 사실 강화도는 선사시대부터 매우 중요한 역사의 무대였습니다. 그리고 고려시대 때, 1230년도에 들어가서 약 39년 동안 그곳에 임시정부를, 말 그대로 강도정부를 세웠고, 그래서 강화라는 명칭이 생깁니다. 고려는 강화도를 떠나 1270년에 개경으로 오면서 원나라에 간섭, 또는 지배를 받게 됩니다.

제가 중고등학교에 다닐 때는 국사 시간에 원나라의 간섭기라고 배웠거든요. 엄격히 따지면 간섭보다는 더 심한 상태였습니다. 충렬왕, 충선왕, 충혜왕 등등 이렇게 시호 앞에 '忠' 자가 들어가는 왕들은 원나라 정부에 충성한다는 의미가 있습니다. 그들은 고려의 피와 몽골의 피가 함께 섞였고. 오히려 몽골의 피가 더 진하게 섞인 사람들이고, 성장한 곳도 고려가 아니라 원나라 궁정입니다.

그러니까 이 시기는 간섭 정도가 아니라 상당히 예속돼 있었던 것이죠. 그런 비참한 상황을 가져온 사건이 고려와 원나라의 전쟁이고, 그 무대가 강화도입니다. 강화는 섬이면서도 사실은 좁은 수로를 사이에 두고 육지에 근접해 있습니다. "무신정권이 몽골에 항전을 계속하기로 한 다음에 강화도로 들어갔다. 이유는?"하고 물어보면 누구나 한결같은 대답을 합니다. "몽골군들은 수전에 약하기 때문에……."라고. 우리는 모두 그렇게 배웠고, 그 주장을 믿어 의심치 않습니다. 지금까지도. 정말 그럴까요?

저는 고향이 김포이기 때문에 강화에 자주 갑니다. 지난 시간에 말씀드렸지만, 김포반도와 강화 사이에는 아주 좁은 해협이 있어서, 물이 꽝

장히 빠르게 지나갑니다. 적당한 표현인지 모르겠습니다만, 잔인했던 몽골군의 성격으로 볼 때 고려인들의 시체를 쌓아서라도 메울 수 있을 정도로 좁습니다. 그런데도 몽골군들은 강화도로 가지 않았거든요. 공격다운 공격을 한 번도 한 일이 없습니다. 그건 흔히 말하듯 수전과는 무관한 것입니다. 그리고 왜 몽골군이 수전능력이 없다고 상상들을 하죠? 몽골군은 사실은 수전능력이 있었습니다. 그리고 기본적으로 초원을 달리는 집단들에는 농경민들에게는 찾아볼 수 없는 특성이 하나가 있는데 모바일, 즉 모빌리티형이라는 문화의 특성입니다. 문화의 특성과 기질 때문에 그들은 필요에 따라서는 초원뿐만 아니라 사막으로도, 바다로도 이동합니다. 더군다나 몽골 사람들은 필요에 따라서 해군력을 동원해서 해양작전을 한 적이 있었습니다.

로마군도 원래는 짧은 칼과 방패를 갖고 접전을 벌이는 보병이잖습니까. 그런데 필요하니까 선박을 동원한 다음에 보병전술을 채용해서 유명한 해양 도시국가인 카르타르와 전쟁을 벌였고, 결국은 승리를 거뒀잖아

강화도의
수로망을
표현한
지도

요. 사람들은 몽골군의 이러한 실상을 보지 않고, 착각하는 거죠.

그래서 고려 정부 혹은 무신정권의 강화천도를 놓고 이렇게 얘기하고 있습니다. 작전의 일환인가? 아니면 피신인가? 여러분의 생각은 어떻습니까. 고려정부가 항전을 포기하고 백성을 내버려둔 채 강화도로 들어간 것이 항전을 위한 작전입니까? 아니면 말 그대로 지배계급만의 안일을 위한 피신입니까? 그런데 미리 말씀드리자면 고려정부로 봐서는 강화도로 궁궐을 옮겨도 별 커다란 손실이 없었습니다. 물론 제가 말씀드린 고려정부는 백성 모두를 포함한 고려가 아니라 지배계급만을 얘기하는 것이죠. 그것이 바로 천도를 선택한 비밀이에요.

강화도는 거의 육지나 마찬가지입니다. 더군다나 면적이 넓기 때문에 (302.4㎢) 궁궐의 내성, 심지어는 외성을 쌓을 수 있을 만큼 적당한 넓이입니다. 또한, 거기는 처음부터 수도권입니다. 서울이 개경의 주변부인 강북이라면 강화도는 현실적으로는 강남에 해당하는 곳이거든요. 그러니까 이전부터 문화적으로 경제적으로 충분한 토대가 마련되어 있었고, 고려의 권신 귀족들은 성장했던 겁니다. 그러니까 강화도로 도망간다 할지라도 별 지장이 없었고, 또 하나 중요한 사실이 있습니다. 국가에 가장 중요한 수입원은 국가재정이 아니겠어요? 그런 전시상황 속에서 국가재정은 어떻게, 어떤 방식으로 충당했을까요? 대외무역을 통해서? 그것은 이익은 많이 나지만 불안정적인 것이고 가장 안정적인 국가재정정책은 무엇이겠습니까? 예나 제나 세금이죠. 그럼 그 시대에는 세금을 돈으로 냈습니까? 물론 산한통보 같은 동전은 있었지만, 그렇다고 화폐경제는 아니잖아요. 고려 사람들은 독특한 부기법을 세계최초로 개발했을 정도로 상업에 능한 사람들이에요. 나름대로 산업이 활발했던 겁니다. 그런데 역시 안정적으로 재정을 조달하는 것은 지방에서 올라오는 공물들입니다.

쌀, 미곡이죠. 소금, 생선, 그다음에 각종 의류제품들, 그릇, 또 값비싼 고려자기 등등. 그런 것들이 수도로 모여들어야 국가재정이 안정적으로 확보되는 것인데, 결국 유통의 통로인 길의 문제가 아니겠어요?

그 당시에도 고속도로가 있었습니다. 그 고속도로는 우리가 생각하는 육로가 아닙니다. 물길이었었죠. 물길 중에서도 강은 일부이고, 대부분이 바닷길이었어요. 당시에는 전국에 공물을 쌓아둔 조창이 13개나 있었습니다. 고려는 초기부터 조운제를 조직적으로 발달시켜 국가의 세정을 이끌어 갔습니다. 곡식, 소금, 특산물 등으로 세금을 받아들였는데, 조운로는 남한강 물길에 설치한 두 군데만 빼놓고 나머지 대부분은 바닷길인 것이죠. 지난 시간에 얘기했었던 나주, 안흥량, 인천, 다 유명한 조창이었습니다. 조운이 이렇게 형성되고, 물류망이 이렇게 형성되니까 결국 모든 조운선이 강화도를 통과해 들어갈 수밖에 없었습니다. 그러니까 고려 조정의 입장에서는 개성 대신에 강화도에 정부가 있어도, 즉 물류망에는, 조세수입에는 크게 지장이 없다는 것이죠.

강화도는 말 그대로 혈구(穴口)입니다. 고구려인들이 강화를 점령하고 나서 혈구군을 설치하였습니다. 구멍 혈 자죠. 중요한 목이라는 의미입니다. 그 이후에 신라인들은, 경덕왕 때입니다만, '해구(海口)- 바다의 입구'라고 했습니다. 그리고 조선 사람들은 '인후지처', 인후염 잘 걸리시죠? 인체에서 인후에 해당할 인후지처라고 부를 만큼 중요한 장소거든요.

반복하지만 고려정부의 입장에서는 개경은 버리더라도 강화도만 확보하면 물류는 장악할 수 있으니까, 결정적인 타격은 안 받는다는 겁니다. 물론 이것은 지배계급의 이익에 한정되어서입니다. 백성을 배신한 것은 변함없는 진실입니다. 그리고 또 한 가지 중요한 이유가 있습니다. 당시에 몽골, 즉 원나라로서는 굳이 큰 이해관계가 없는 고려랑 전면전을 펼 하등의 이유가 없었다는 겁니다. 원나라 입장에서는 고려가 중요한 것이 아니라 더 강력한 나라들이나 이익을 크게 낼 수 있는 나라들과 전쟁을 벌이는 것이 더 중요했죠. 몽골군대는 아시아의 서쪽 끝까지도 진군하지만, 동쪽에서 역시 가장 강력한 나라는, 몽골 특히 칭기즈칸이 원수로 여기는 나라는 여진족이 세운 금나라였거든요. 금나라가 세운 대도시가 지금 베이찡인 북경이죠. 수도가 어디입니까? 지금 베이징이죠. 오늘날의 중국 수도인 베이징은 한족이 건설한 것이 아닙니다. 요나라의 거란족이 건설했고, 그다음에는 금나라가 발전시킨 곳이고, 나중에 몽골이 이를 계승하여 말 그대로 大都로 완성한 곳이죠.

그 무렵 원나라로서는 무슨 수를 써서든지 먼저 금나라를 쓰러뜨리는 것이 중요했습니다. 금나라를 공격하는 상황에서 강화천도가 이뤄진 것이죠. 그러니까 원나라의 살례탑이 1231년에 고려를 공격했을 때, 단지 고려에 부분적인 타격을 가하는 정도였었지 전면전을 치를 의사는 없었던 것이죠. 그러니까 곧 물러가고, 그 고려정부는 무신정권의 강압 내지는 화의에 의해서 강도로 피신한 것이죠. 당시 국제정세는 고려가 강도정부를 설립해도 되게끔 조정됐다는 겁니다. 여기에 대해서 몽골군의 수전 능력이 약하다. 또는 고려가 항전의지가 있었다. 긍정적으로 해석하는 것도 필요합니다. 그러나 꼭 그렇게 해석해야 할까요? 역사를, 사실을 정확하게 보는 것이 중요하죠. 이런 문제들을 정확히 알아야 우리의 역사상도 분명히 알지만, 현재나 미래에 문제가 발생했을 때 대응전략을 구사할 수가 있는 것이죠. 자기 위안만 해서는 교훈은커녕 아무런 해결책을 찾을 수가 없어요.

그래서 결국은 강도정부가 수립된 상태에서 항전을 지속하는데, 나름대로 강도정부의 이점을 알았기 때문에 해도입보책을 씁니다. 바다 가운데 섬에 들어가서 적군을 방어하는 전략을 '해도입보책(海島入保策)'이라고 그래요. 강화도도 마찬가지겠지만, 주로 전라남도나 전라북도에 많은 섬들에 농민이 들어가서 살거나, 아니면 육지에 살다가 농사철에만 들어가서 농사짓고 나오는 겁니다. 농민들이 섬에서 농사짓고 수확해서 세금을 바치면, 그것을 창고에 모아 두었다가 배에 실어 강도정부로 보냅니다. 고려 전역을 몽골군이 점령할 수도 없고, 그러다 보니까 때때로 타격전을 벌이다가 마는 겁니다. 이렇게 흐지부지한 상태로 39년간 지속하는 겁니다.

그런데 이러한 위태롭고 미묘한 정책은 국제정세가 허용할 때만 가능한 것이죠. 국제정서는 수시로 변합니다. 1234년에 이르러 금나라가 멸망했습니다. 당연히 원나라는 마지막으로 남은 송나라를 향해서 말 그대로 칼끝을, 말머리를 남쪽으로 돌리게 됩니다. 또 다른 전쟁이 시작된 겁니다. 원나라와 송나라가 전쟁을 치열하게 벌이는 가운데에 고려의 운명이 있습니다.

송나라는 초기에는 몽골과 싸우는 도중에 강도정부로 사신을 보내고, 송나라의 상인들이 강도정부에 도착하는 예도 있었어요. 강도정부를 존속(?)시키고 있었던 원나라가 의심할 정도로 송나라와 고려 간의 교섭이 간헐적으로 있었습니다. 그러나 송나라가 계속해서 패배하고, 멸망에 이를 무렵에 고려정부는 결국 강화도를 포기하게 됩니다. 도저히 견딜 여력이 없었습니다.

그리고 외적 요인뿐만 아니라 내적 요인들도 강력하게 작용을 했거든요. 역사에서 중요했던 사건들은 대부분 다 그렇습니다. 우리는 역사를 이해할 때, 대체로 국내적인 요인을 더 많이 강조했거든요. 그런데 사실은 국외적인 요인도 중요하죠. 내부에서 일어나는 계급모순과 권력투쟁도 도 중요하지만, 국가 간에 발생하는 민족모순은 정말 강력하고 중요합니다. 특히 우리 같은 동아지중해의 가운데에 있는 지정학적, 지경학적, 지리문화적 환경 속에서는 내부적인 요인마저도 때로는 외부적 요인에 의해서 영향받을 때가 많이 있습니다. 우리가 이러한 특성을 간과한 채 현실과 역사를 대한다면 모든 문제는 해결 난망인 거죠.

고려 내부에서도 문제들이 하나둘씩 생겼습니다. 예를 들면 백 년 동안 막강한 권력을 휘두르면서 지속하였던 무신정권이 기득권을 유지할 목적으로 강도로 피난을 갔는데, 이제는 그것을 추진했던 무신정권이 무너져 내린 겁니다. 고려 왕조의 입장에서도 무신정권이 쓰러지게 될 단계에 이르니까 당연히 원나라를 새로운 파트너, 후견자로 요청할 수 있게 된 거죠. 왕실이나 문신 귀족들로서는 무신정권보다는 오히려 원나라의 보호를 받는 것이 더 좋을 수도 있어요. 상대적으로. 이러한 국내외적인 상황 속에서 드디어 환도를 결정합니다.

결국은 개경으로 환도하면서 원나라의 간섭, 또는 지배하에 들어가게 되는 겁니다. 언제 어디서나 마찬가진데, 국난이 있을 때는 적극적이고, 능동적으로 대항하는 항전파들이 있죠. 그런가 하면 굴복하고 화의하자는 주화파들이 있는 겁니다. 어느 것이 옳은 결정인지는 몰라요, 사실은. 그건 현실 속에서 생긴 전략과 전술에 관한 문제입니다. 단지 후세에 역사적으로 평가한다면 그 결과를 놓고 옳고 그름의 평가를 합니다. 또 한 가지는 생각이나 능력과는 관계없이 그 사람들의 순수성이 평가의 기준이 됩니다. 병자호란이 일어났을 때도 항전파와 주화파가 일종의 노선싸움을 벌였잖아요. 결국, 조선은 심전도에서 청나라에 항복했는데, 그때 주화파들 가운데서도 일부 사람들은 자신들의 의견을 관철하기 위해서 끝까지 청나라에 항전하잖아요. 이런 사람들은 비록 전략적인 실수를 범했다 하더라도 그 순수성만큼은 인정해주는 것이 바람직합니다.

그래서 어디나 다 마찬가지지만, 강도정부가 항복하는 과정에도 무슨 소리냐. 우리는 끝까지 항전해야지. 이렇게 주장한 사람들이 있었어요. 그런데 그 사람들은 어쩔 수 없는 현실이지만 부정적인 평가를 받는 무신정권과 연루가 됐다는 겁니다. 그래서 흔히 '삼별초의 난'이라고 불리는 삼별초 항쟁이 때로는 부정적인 평가를 받는 예도 있습니다. 하지만 그 시대 상황 속에서는 지배계급이 구축한 시스템 속에서 모든 사람은 무신정권과 연관될 수밖에 없었습니다. 특히 항전의 주된 군사력은 무신정권과 연관될 수밖에 없었겠죠.

삼별초는 무신정권이 치안을 위해 만들어놓은 일종의 특수조직이에요. 야별초. 이 야별초가 좌별초 우별초로 나뉘고, 거기에 몽골군에게 잡혀갔다가 빠져나온 사람들, 신의군이 합쳐져서 세 개의 별초, 즉 삼별초가 되는 거죠.

그것을 무신정권의 계급적 이익만 연관 지어서 부정적으로만 해석한다면 역사에는 정의로서 남는 것이 없어요. 저는 삼별초를 매우 긍정적으로 보고 있습니다. 그러니까 삼별초의 난이 아니라 삼별초 항쟁이라고 평가합니다.

고려가 원나라에 항복하자 반대하면서 항복할 수 없다는 뜻을 가진 사람들과 함께 강화도에서 대탈출을 감행합니다. 그때, 약 천여 척에 달하는 배들이 꼬리를 물고 이어졌다고 합니다. 얼마나 많은 병력이 삼별초를 따라갔는지는 모르겠습니다. 그러나 강화도라는 섬이 가지는 한계가 있잖아요. 천 척이라는 표현이 관념적으로 많다는 것인지, 아니면 조그만 배들까지 다 합한 것인지 알 수 없어요. 그런데 중요한 사실은 엄청난 숫

자의 배들이 강화도를 출발해서 진도까지 갔다는 겁니다. 그들은 진도에 정부를 세우고 승화후 온을 임금으로 추대하면서 배중손을 중심으로 저항을 시작하죠.

그런데 역사라는 건 참 유감스럽고, 특히 우리 같은 경우 문제점이 있습니다. 장보고의 해양활동과 재당신라인들의 구체적 활동상황은 우리 기록이 아니라, 일본기록에 남아 있다고 말씀드렸죠? 발해에 관하여도 우리 역사책에는 몇 줄도 안 남아 있다고.『삼국사기』와『삼국유사』에 단 두어 세 줄밖에 없어요. 그리고 중국에 약간, 일본 측 기록에 주로 남아 있습니다.

그와 마찬가지로 우린 삼별초의 실체에 대해서도 잘 모를 뿐만 아니라, 심지어는 천여 척에 달하는 배들이 출발했는데도, 지금까지 마지막으로 출항한 곳을 모르고 있어요. 그래서 강화도 사람들 중심으로 여기일 것으로 추정하고 있죠. 그분들이 작성한 지도를 제가 책에다가 옮겼습니다. 그만큼 우린 자기 역사에 대해서 너무나 무지한 거죠.

삼별초는 군대와 수천 명의 백성은 진도에 정착합니다. 진도라고 하면 떠오르는 지명이 있을 텐데, 울돌목. 한자로는 '명량'이라고 얘기하죠. 울 명(鳴)자, 여울 량(梁)자. 이런 지명은 강화도에도 있습니다. 손돌목이라고 들어보셨어요? 손돌목은 어떤 임금이 배를 타고 강화도로 건너가야 하는데, 사공이 자꾸 배를 삐뚤삐뚤 돌려가면서 건너가는 거예요. 의심이 생겨서 죽이려고 했는데, 그 뱃사공은 나는 죽어도 좋은데 임금님은 건너가야 하니 제가 드리는 바가지가 움직이는 곳으로만 배를 움직여달라고 얘기했습니다. 바가지를 따라 가다 보니까 급수문을 무사히 통과할 수가 있었어요. 그래서 그 사공을 기리기 위해서 손돌의 무덤을 만들어 놓고 해마다 제사를 지냈습니다. 그 손돌 무덤이 지금 김포반도의 덕포진에 있습니다. 그런데 손돌은 사실은 사람 이름이 아닙니다. 울돌목과 마찬가지로 손돌목입니다. 노량해선 아시죠? 이곳도 갈대랑 연관된 것이 아니라 물살이 돈다는 여울을 의미하는 겁니다.

진도에 울돌목이 있는데요. 거기 때문에 삼별초군은 일단 일차항전지를 그곳으로 결정한 것이죠. 주변 세력들이 접근하기도 어렵고, 물길은 그 해역 어부만이 아는 겁니다. 거기에다 주변에 크고 작은 섬들이 무수히 많았습니다. 진도도 강화도만큼 넓은 것은 아니지만, 일정한 면적이 있기 때문에 한동안은 독립국의 근거지 역할을 할 정도가 되는 것이죠. 이곳을 근거지로 삼아서 삼별초군은 저항을 합니다.

삼별초군들이 서남해안의 주변해역을 다니면서 활동을 합니다. 심지어는 경상도의 해안에도 진출합니다. 물론 고려정부의 입장에서 보면 약탈행위가 되겠죠. 섬들과 해안지역을 장악하니까 고려정부로 가는 조운선들을 탈취할 수 있는 겁니다. 그래서 해상왕국을 건설하고, 약 일 년간 항전을 했습니다. 하지만 국제질서는 이를 용납할 수 없었습니다. 송나라와 원나라의 전쟁에서도 원나라가 완전히 승기를 잡았기 때문에, 이제는 전력을 삼별초를 토벌하는 데 집중시킬 수 있었습니다. 드디어 고려정부와 원나라는 연합군을 편성해서 1271년 약 400여 척의 전선을 동원해서 진도를 공격해 들어갔습니다.

여러분이 보시는 것이 삼별초군이 항전을 벌였던 용장산성인데요. 이 용장산성에서 여몽 연합군과 맞서 항전을 하다가 결국은 함락당하고 임금이었던 승화후도 죽고, 배중선도 남포에서 전사하면서 진도정부는 1년 만에 막을 내립니다. 하지만 일부 사람들이 탈출을 감행해서 김통정의 지휘 아래 오늘날의 제주도로 갑니다. 제주도는 이미 진도정부 시절에 상륙해서 점령한 후에 세금도 받아들이던 상태였습니다. 그러니까 제주도에 대해서 모든 것을 파악하고 있었고, 그 상태에서 제주도 정부를 세우는 것은 너무나 당연하죠. 그래서 제주도를 거점으로 약 3년간에 걸쳐서 항전을 벌입니다. 그들은 여몽군의 침입을 대비하여 다양한 해양방어체제를 구축하였습니다. '환해장성(環海長城)'이라는 긴 장성이 해안을 따라 구축되었고, 북제주군의 애월읍에는 항파두성을 쌓았습니다.

그때 삼별초군의 세가 굉장히 강했던 모양이에요. 진도보다는 제주도가 조건이 유리하죠. 우선 넓지 않습니까. 일본열도나 오키나와와도 바다로 연결돼 있죠. 제주도에 있던 삼별초정권은 직접 국서를 일본정부에 보냅니다. 고려 정부와는 무관하게 직접 외교관계를 독자적으로 수립하는 겁니다.

제주도라는 독특한 지정학적 위치를 최대한 활용하여 제주도를 거점으로 충청도와 경기도 일대의 해안을 공격하였고, 심지어는 내륙으로 들어가 개경을 위협할 정도까지 되었습니다. 나중에는 경상도도 공격하여 활동범위를 확대하면서 삼 년 동안 항전을 합니다.

그러나 송나라가 멸망하기 직전 무렵, 여몽연합군은 제주도를 공격하고 삼별초 정부는 멸망합니다. 이 사진은 항전의 장소였던 항파두성입니다.

제주도에 가시면 한번 가보세요. 항파두성을. 그리고 환해장성, 바다를 둥글게 쌓은 긴 성이 있습니다. 삼별초군들이 쌓은 장성입니다. 현무암을 가지고 쌓은 것이죠. 모두 4년에 걸친 삼별초항전은 끝나고, 고려는 완벽하게 원나라에 복속됩니다. 참 안타까운 일이죠. 1274년 4월의 일입니다. 대단한 일이죠. 삼별초군이 고려정부와 원나라를 상대로 4년 동안 전쟁을 벌였다는 사실은.

그런데 재미있고, 한편 슬픈 이야기들이 있습니다. 삼별초군이 전멸할 때 마지막 남은 사람들이 탈출에 성공해서 유구국에 가서 새 나라를 건설했다는 얘기들이 있습니다. 조선 시대의 홍길동도 그곳에 갔다는 설이 있습니다. 지난 시간에 말씀드렸는데 오키나와라는 곳이 거리로나 문화로나 생활로 보아 우리와 결코 멀지 않습니다. 늘 역사 영역과 가까이 있었기 때문에 그럴 가능성은 많습니다. 그 후에 고려와 원나라는 연합해서 또 다른 형태의 해양활동을 전개합니다.

1279년에 송나라는 드디어 완벽하게 멸망합니다. 중국의 절강성 항주시에 가면 전단강이라는 바다처럼 넓은 강이 있는데, 폭이 60km라고 합니다. 중국인들에게는 특별한 의미가 있는 강입니다. 이 전단강 전투에서 송나라 수군은 완벽하게 대패하면서 원나라의 쿠빌라이가 전 중국을 완전하게 통일합니다. 원나라로서는 고려의 항복, 삼별초 항복, 그다음에 송나라의 항복 직전. 그러니까 당연히 전략적인 타격 목표가 어디가 되겠습니까? 이제 동아시아에서 점령하지 못한 지역은 오로지 일본열도 하나죠. 그래서 일본국을 향해서 전쟁준비를 합니다.

삼별초를 멸망시킨 다음에 그 여세를 몰아서 막 바로 시도한 것이 우리가 흔히 얘기하는 여몽 연합군의 일본열도 공격입니다. 1차, 2차로 전개되었는데요. 여러분 알고 계시는 가미가제, 즉 神風에 의한 것은 2차 공격 때이고요. 1차 공격은 사실상 성공을 거듭합니다. 지금도 대마도에 가면 남쪽에 '고모다하마(小茂田浜)'라는, 큐슈에 가면 역시 사가의 해안지역에는 원군을 막은 방어막 같은 유적이 남아 있거든요.

그런데 특기할 만한 사실은 고려의 해양활동이 이때 빛을 발한다는 겁니다. 고려는 워낙 뛰어난 해양능력이 있었거든요. 조선술도 뛰어났습니다. 원나라는 고려에 빠른 전선 1,000척을 만들라고 요구합니다. 불가능한 일이죠. 그런데 고려는 김방경의 지휘를 받아가며 4개월 반 만에 900여 척의 배를 만듭니다. 그중에서 300척은 빠른 전선, 경질선이죠. 300

척은 급수선, 그러니까 물과 식량을 운반하는 식량보급선이죠. 그리고 나머지는 일반전선입니다. 이렇게 900척의 전선이 대마도를 거쳐서 17일 만에 일본열도의 하카다(博多)만에 상륙합니다.

일본군은 대략 1만 명이 동원돼서 저항합니다. 하지만 애당초에 상대가 될 수 없었죠. 여몽 연합군은 장거리용의 단궁(短弓)과 철포(鐵包, 폭발탄) 같은 최신식의 무기를 동원했습니다. 승리를 거두고 정박시켜놓은 배로 돌아갔습니다. 그런데 우연히도 저녁에 폭풍우가 몰아쳤고, 몇몇 함

제주도의 환해장성 유적

제주도의 항파두성 유적

선들이 파손되고 병사들은 물에 빠져 죽기도 했습니다. 그래서인지 연합군은 결국 철수하고 말았습니다. 그리고 송나라가 완전히 멸망한 후에 1281년 다시 2차 공격을 시도합니다.

강남군은 약 10만여 명의 병력이었고, 배는 3,500척이었습니다. 이 배들은 절강성의 영파(寧波)항을 출항하여 동중국해를 건너왔습니다. 이들은 고려군과 합세하였습니다. 그런데 공격 하루 전날인 8월 1일에 그 유명한 가미가제, 즉 신풍을 맞았습니다. 중국배들은 거의 파손되었고, 병사들도 무수하게 죽었습니다. 결국, 실패로 돌아갑니다. 그런 놀라운 사실은 가미가제 때문에 모든 전선들이 대파되는데 주로 파괴된 것은 송나라 배들이고 고려의 배들은 거의 온전했다고 합니다. 이유가 있어요. 조선술이 달랐거든요. 송나라, 특히 남송의 조선능력이나 해양능력은 세계 최고였습니다. 그런데 일본배나 남송배의 특징은 부력을 중요시하고 먼

대마도 남쪽 여몽연합군이 상륙한 고모다하마의 몽골침공도 간판

거리를 항해해야 하기 때문에 나무 종류가 다른 거죠. 거기에 반해서 고려배들은 먼 거리용이 아니고 일본열도를 공략할 목적으로 건조된 배들이니까 마산, 부안 지역의 소나무로 만들었거든요. 당연히 부력은 약하고 속력은 느린 거죠. 대신에 선체는 강하고 단단합니다. 그래서 우리 배들은 대체로 온전했고 나머지 배들은 박살이 난 겁니다. 어쨌든 중요한 것은 고려의 해양활동 능력이 뛰어났다는 겁니다. 이 전투로 고려, 원나라 연합군과 일본군과의 싸움은 싱겁게 끝나고, 동아시아의 질서는 새로운 국면에 접어들게 됩니다.

시간관계 때문에 일단 고려의 조선술에 관해서 말씀드리겠습니다. 이 사진은 평전선이라고 합니다. 『몽고습래회사』, 즉 몽골군이 일본열도에 습격한 상황을 묘사한 책이거든요. 그 책에 그려진 고려의 전함입니다.

또 이 그림을 보면 독특한 무기들이 동원됐습니다. 예를 들면 입화석타 즉, 불 속에 돌을 집어넣어 쏘는 무기입니다. 지금으로 말하면 바주카

큐슈 북부해안에 있는 일본군의 방어 성벽(몽고방루)

포라고 할까요. 주화(走火)는 나는 활, 나는 불이라는 뜻인데, 불화살의 일종으로 보기도 합니다. 토기 같은 그릇에다 불덩어리를 담아서 던지는 그림도 있습니다.

고려전함 중에는 과선이라는 배가 있었어요. 과선은 말 그대로 창 戈자를 쓰는 겁니다. 생각해보세요. 창이 꽂힌 배, 어떤 배일까요? 이런 과선이 어떤 지역에는 75척이 구비되어 있었다는 기록이 있습니다. 과선은 고려 전기에 이미 나타나고 있어요. 배의 곳곳에 창 내지는 칼을 꽂아놓고 앞부분은 충각이라는 다른 배와 충돌하면 깨뜨리게 하는 장치입니다. 이 과선을 기록을 보면 여진 해적들을 격파하는데 동원됐습니다. 1050년에는 전함 23척을 이끌고 여진 해적들을 공격합니다. 또, 1107년에는 육군과 협동작전을 벌이면서 수륙양면작전으로 여진의 본거지를 공격합니다. 이때 과선이 동원된 겁니다.

또 어떤 기록에는 검선(劍船)이라고 해서 칼 검자를 쓰는 경우가 있어

'몽고습래회사'에 그려진 고려의 전선과 군사들

요. 이 과선과 검선이 같은 배인지는 모르겠습니다. 그러니까 우리가 생각하는 일반적인 배의 몸체에 창이나 칼이 꽂혀 있는 것입니다. 그것을 점점 발전시키면 어느 정도까지 발전할까요? 거북선이라고 말씀하셨죠. 거북선이 되는 겁니다. 구선. 그래서 조선 초기에 이미 구선이 등장하는 것이죠. 고려 배는 과선, 검선 같은 전선도 있고, 용도에 따라서 막선이라고 불리는 것도 있고, 다양한 형태의 배들이 많았습니다.

그리고 민간배로서는 이런 것들이 있었습니다. 온 세상을 누비는 배라는 뜻으로 '온누비호'라고 지었는데요. 작년에 강진군에서 고려배를 재현해서 만든 겁니다. 강진의 청자가마에서 구운 고려청자를 실은 조운선들은 서해를 통과해서 개경까지 올라갑니다. 그러다가 중간인 전라 북부 연안인 고군산 군도에서 침몰하고, 또 태안 앞바다에서도 빠지고, 안흥량에서 무수히 난파당합니다. 그리고 난 다음에야 비교적 안전하게 개경까지 올라가는 것이죠. 지금 제가 말씀드린 몇몇 해역에서는 지금도 침몰한

선박이 항해하는 모습이 있는 고려동경

고려배들이 발견됩니다. 이런 고려 배들의 유물을 토대로 복원한 것이 온누비호입니다. 저는 전문가로서 만드는 일에 참여했습니다. 꼭 타고 싶었는데, 결국은 못 탔습니다. 서운합니다.

대체로 고려의 배들은 큰 것은 길이가 보통 30미터, 적재량이 300~350톤 정도 되는 배들이 운행됐다고 합니다. 물론 무역선이나 사신선 같은 배들입니다. 송나라에서 온 배들은 객주는 3~400백 명, 신주는 두세 배 된다고 하니까 보통 5~600명씩 타는 배입니다. 이런 큰 배들이 오고 가는 것이 송나라와 고려의 무역양상이죠.

당시 고려에 오고 갔던 배의 진짜 모습을 짐작할 수 있는 것이 이 배입니다. 목포의 해양유물전시관에 가면 전시되어 있습니다. 1975년도에 신

강진군에서 만든 고려청자 운반선을 복원한 온누비호

안 앞바다에서 발견된 유물선인데요. 700년 전에 명주 오늘날의 영파시 앞바다를 출항해서 일본열도의 교토로 가다가 신안앞바다에서 침몰했던 배입니다. 그러니까 700년 만에 발견이 된 것이죠.

저는 이 배는 정상항로가 아니라 피항을 하다가 이곳에서 좌초됐다고 봅니다. 원래 항로인 동중국해사단항로를 이용해서 일본열도로 가는데 중간에 태풍을 만나거나 특별한 상황이 생기면 피항해야 하거든요. 육지

인양한 신안 해저 유물선을 전시한 모습(목포 국립해양유물전시관)

초기 인양했을 때의 상태와 복원해가는 과정

가까이 피항해야 하는데 한반도 서남해안 지역 즉 신안 앞바다밖에 더 있어요? 그런데 그런 곳은 물길이 복잡하고, 수면이 낮으니까 배 바닥이 평평한 평저선인 우리 배는 모르겠지만, 깊고 뾰족한 첨저선형의 배들은 좌초될 가능성이 큽니다. 제가 1996년도에 영파항에서 뗏목을 띄웠었는데, 이 신안유물선을 재현한 '700년의 약속' 호가 보름 정도 먼저 출항했습니다. 그때 만드는 과정을 좀 살펴봤죠. 이 배는 원나라 초기의 것이지만 실질적으로는 송나라 배라고 보면 됩니다. 여기서 발견된 물건들은 원나라 시대에 사용된 각종 동전부터 시작해서 후추나 동남아시아산 자단목에 이르기까지 많은 물건이 실려 있습니다. 고려는 일본보다 교섭한 빈도가 더 높았고, 무역량이 많았으니 고려에 왔었던 동남아시아나 아라비아 물품들이 얼마나 많았고, 무역규모가 얼마나 컸는가를 짐작할 수가 있습니다. 이것이 바로 신안 앞바다에서 발견된 침몰선입니다.

이것은 천주의 범선입니다. 지금 상하이에서 해양 엑스포가 열리고 있죠. 우리는 이 사실을 잘 모르고 있을 뿐 아니라 관심을 거의 안 두고 있는데, 여수 엑스포와 경합을 해서 이겼기 때문에 상하이에서 열리는 겁니다. 그래서 우리는 할 수 없이 그 사이에 열리는 중간엑스포 개최권을 따서 여수 엑스포를 2012년에 개최하는 겁니다. 상하이 엑스포가 가진 의미는 동아시아의 국제관계에서 중요할 뿐만 아니라 우리 한민족의 미래와 직결되는 겁니다. 그런데도 우리가 잘 모르고 있습니다. 그만큼 우리는 해양의 가치에 대해서 무지한 거죠.

이 상하이 남쪽에는 항주시가 있고, 다시 그 아래에는 영파시가 있고, 다시 그 밑에 가면 복권성으로 넘어갑니다. 복권성에 있는 도시가 바로 천주(泉州)인데요. 송나라에서는 고려에 사신들을 많이 보내지만, 민간상인들이 매우, 매우 많이 왔거든요. 중국학자가 11세기부터 13세기까지 약

250년간 고려에 온 중국 상인들을 통계 냈는데, 한 5천 명 정도가 왔습니다. 그런데 상인들의 출신지를 비교해보니까 산동성 상인들도 아니고, 절강성 상인들도 아니고, 놀랍게도 바로 복권성 상인들이 제일 많이 왔고, 그중에서도 천주 사람들이었습니다. 그러니까 우리들의 통념과는 아주 달랐습니다.

천주는 대만 건너편의 도시인 샤이몬(夏廈)의 위쪽에 있거든요. 그 시대 세계에서 가장 번성한 무역항입니다. 우리 문화에 얼마나 천주적인 요소가 많겠습니까. 앞에 사진은 그 시대에 사용됐던 천주의 범선입니다. 그리고 이것을 비슷하게 재현한 선박이 있습니다. 고니호라고 그러는데, 우리나라에도 두 번 정도 온 적이 있습니다. 97년도, 2003년에도 뗏목탐험을 할 때, 우리를 직접 도와줬던 호목이라는 지역관리가 있었는데, 그

복건성 천주의 범선 고려에 왔을 가능성이 크다.

가 주도해서 송나라 시대의 배를 재현했습니다. 중국에서는 얼마 전에 '정화 600주년 기념행사'를 국가적으로 벌였습니다. 해양강국과 무역입국을 주장하려면 정화의 업적을 부각하고 국민에게 교육 할 필요가 있었거든요. 그 배를 가지고 동남아시아까지도 갔고, 작년에는 여수에도 왔습니다. 중국만 하더라도 예전에 사용됐던 거대한 배들을 재연해서 중국의 해양문화를 널리 알리는 작업을 하고 있습니다. 우리는 그런 생각을 하지 않을 뿐만 아니라, 명색이 여수 엑스포가 해양엑스포인데도 불구하고 시도 자체가 없습니다. 참 안타까운 일이 아닐 수 없어요.

이것이 바로 고니호입니다. 완성되기 전에 기본적인 작업할 때 가서 찍은 사진인데, 크죠? 다 믿을 수는 없지만, 『고려사』를 보면 왕건이 나주를 정벌하러 갈 때 탄 배가 얼마나 큰지 사방 16보나 되고 위에서 말을 달릴 수 있다는 기록이 나옵니다. 얼마나 사실일지는 모르겠는데, 유명한 바이킹 선단들도 자신들의 배에 병사 44명과 군마 2필을 싣는 것이 적절합니다. 물론 송나라 배나 명나라 배들은 엄청나게 크지만. 그런데 10세기 초에, 아직 경기만 세력에 불과한, 왕건이 사용한 전함이 말을 달릴 수 있을 정도라면 좀 과장 되지 않았나 하는 생각이 들지만, 기본적으로 고려의 조선능력은 뛰어났습니다.

이렇게 해서 삼별초의 활동과 함께 고려의 조선능력을 살펴봤는데, 뛰어난 해양활동 능력을 갖췄지만 결국 원나라의 지배, 간섭기에 들어서면서 해양활동 능력은 많이 상실하게 됩니다. 이제 동아시아 바다, 제가 설정한 동아지중해는 우리가 아니라 일본으로 주인이 바뀌어 가는 겁니다. 그래서 그토록 싫어하는 왜구가 등장해서 동남아시아의 바다를 짓밟고, 중국의 북부인 요동반도 해안 깊숙이까지 유린함과 동시에 한반도 곳곳에 상륙한 겁니다. 고려 말에 왜구는 수도인 개경까지 위협하고 현재 서울까지도 위협할 정도였습니다.

　우리 같은 지중해적 환경 속에서는 해양능력을 강화시켜야만 적을 공격하기에 가능하고, 또한 방어도 가능합니다. 고려는 그 작업을 소홀히 했기 때문에 왜구에게 약탈을 당합니다. 그리고 공도정책이란 소극정책을 취합니다. 공도정책은 섬 안에 거주하는 백성을 육지로 강제로 나오게 해서 섬을 비워버리는 정책입니다. 왜구의 약탈을 피하기 위해서입니다. 나중에는 결국 결정적 타격을 입게 되죠.

　왜구를 방어하는 과정에서 역사에 등장한 인물이 여러분이 잘 아는 이성계입니다. 그러니까 고려의 멸망을 촉진하는데 '고려의 해양능력 약화'가 결정적인 의미가 있는 셈이죠. 물론 그 가운데에도 박위 같은 사람들이 왜구를 정벌하기 위해 대마도를 공략하는 작업들도 있었지만, 실질

중국 절강성 진해구에서 건조중인 고니호(송시대의 범선을 재현한 배)

적으로 왜구의 본거지인 대마도, 이끼 섬, 큐슈의 오도열도 지역을 분쇄할 만한 능력도 의지도 없었던 것이죠. 그리고 왜구란 것은 단순한 좀도둑의 무리가 아니라 일본의 각 지방에 있는 호족세력과 결탁한 정치와 상인 세력이기 때문에 고려정부의 그런 소극적인 정책만 가지고는 타개될 수가 없는 것이죠. 이렇게 해서 고려는 멸망의 길로 접어들게 됩니다.

조선은 처음부터 해양활동능력을 강화시킬 마음이 없었습니다. 지난 시간에 잠깐 언급했지만, 해양세력으로 고려를 건국한 왕건마저도 해양세력을 약화시키는 정책을 취했습니다. 해양세력들은 중심에서 멀리 떨어진 바다에 있어서 중앙정부로부터 간섭이 적습니다. 또한, 바닷가는 모든 물류의 목이기 때문에 경제력이 육지와는 비교할 수 없을 정도로 풍부합니다. 그리고 주변에 다른 지역이라든가 외국과 교섭하기 편하므로 국제정보에 밝습니다. 그뿐만 아니라 세계를 이루는 질서, 이런 것들이 자기들이 소속된 나라 질서뿐만 아니라, 또 다른 국가와 세계가 있다는 것을 확인할 수 있습니다. 그러니까 내륙에 있는 수도 중심의 질서에 굴복할 이유가 없는 것이죠. 그래서 해양세력은 늘 무정부성, 호족성을 띠우게 되는 겁니다. 왕건조차 해양세력을 억압했듯이, 권력을 찬탈하고 조선을 세운 이성계 정권으로 봐서는 해양세력을 양성하거나 놓아둘 리가 없는 것이죠.

조선은 기본적으로 외세 의존적인 성격이 강한 나라입니다. 출발부터 정치적으로나 사상적으로. 당연히 내부에서는 신분제도를 심화시키면서 계급모순을 더 확대해야죠. 그래서 사농공상, 즉 가장 높은 계급은 선비들이고, 그다음은 농민들, 각종 장인이고 상인들, 가장 밑에 있는 직종이 바닷사람들입니다.

농민들은 기본적으로 움직이는 사람들이 아니에요. 지배계급들은 농민들을 늘 토지에 묶어놓고 농민들 또한 스스로 묶이길 원하는 사람들이니까. 그 사람들은 정부에 대해서 저항하려는 의지가 적을 뿐만 아니라 실력조차 없는 사람들입니다. 이러한 이유 때문에 정부의 생각에서는 농업위주의 정책을 선호할 수밖에 없죠.

우왕 초년의 왜구 침구 상황

오늘날 우리는 모두 농사꾼의 자식입니다. 그래서 마치 우리는 역사의 초창기부터 농업문화만 발전한 것으로 알고 있지만, 사실은 선사시대부터 원조선, 고구려, 백제, 신라, 그리고 발해, 고려에 이르기까지 해양활동이 활발했습니다. 해양활동을 강화했을 때 말 그대로 군사력도 마찬가지지만 경제력이 부강했습니다. 농업도 다른 것과 마찬가지로 산업의 한 부분일 뿐인데, 조선조에 들어와 사농공상 체제로 편입되면서 마치 우리 역사 자체가 농업국가인양 인식됐던 것이죠. 그리고 그것을 연관 지어 다양한 이데올로기를 만들어냈던 겁니다. 조선정부는 처음부터 해양문화를 천시했고 해양세력을 억압했고, 그런 과정에서 고려 말부터 지속시켜왔던 공도정책을 더 심화시켰던 겁니다.

조선은 전기에 한동안은 적어도 지배계급만큼은 안정적으로 살았지만, 임진왜란을 겪으면서 일본이라는 해양세력에 완전히 격파하고, 쓰러

각선도본의 병선

6강 해양의 나라 고려의 해양활동과 대전쟁 251

지게 됩니다. 저는 학생들에게 시험문제로도 냈습니다만, 개인적으로는 조선은 임진왜란 또는 병자호란 때 멸망했어야 할 나라라고 주장합니다. 제가 하는 말이 좀 이상합니까? 여러분 생각에는 어떻습니까? 조선이 멸망하고, 조선 대신에 다른 나라가 세워지면 안 됩니까? 그리고 우리가 알고 있는 전주 이씨 중심의 그런 조선왕조가 아니라 다른 성씨나 다른 세

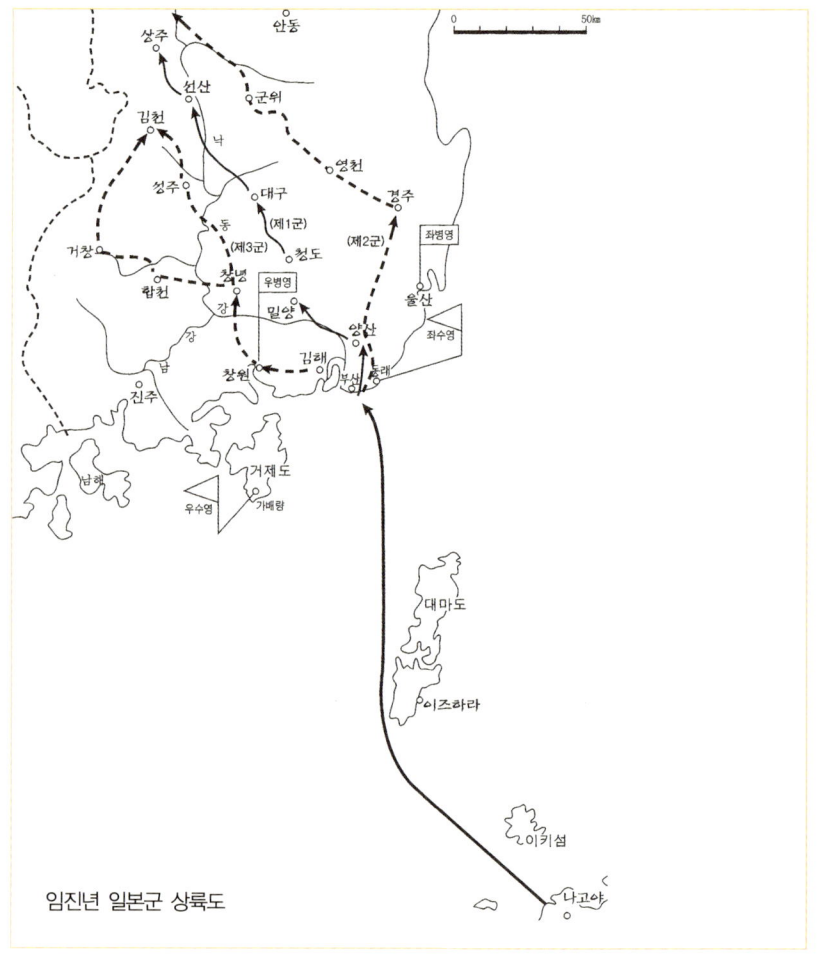

임진년 일본군 상륙도

력 중심으로 새 나라가 세워지면 안 됩니까? 되잖습니까? 당연히 조선이란 정체는 그때 멸망했어야 했고, 만약 새로운 세력에 의해서 새로운 나라가 완성됐다면, 그다음의 우리 역사는 좀 더 긍정적이고 적극적이지 않았을까 생각을 합니다.

막 바로 뒤를 이어서 병자호란이 일어나지 않습니까. 병자호란 때, 조선이 얼마나 처참한 피해를 보았습니까? 얼마나 많은 사람이. 최소한 50만에 해당하는 사람들이 청나라에 포로로 끌려갔습니다. 그 사람들은 대체로 누구입니까? 농민, 군인, 그리고 아녀자들입니다. 그리고 그 상황들. 돌아온 여자들이 화냥년으로 멸시받았지요. 그 이후에도 조선왕조는 반성하지 않은 채 점점 더 내부의 계급모순을 심화시키고 신분제 사회를 더욱 철저하게 만들었고, 송시열을 비롯한 당시의 성리학자들은 철저하게 교조적이었습니다. 더욱더 이념 지향적으로 변해갔던 겁니다. 그 결과 조선은 허망하게 멸망하고, 35년간 식민지 생활을 겪었고, 그 여파로 아직도 분단 상태에 머물러 있습니다. 해양력의 약화가 우리 역사에 끼친 악영향은 말로 할 수 없죠.

이제 6강을 마무리해야 할 것 같습니다.

21세기는 해양의 세기입니다. 물론 그 이전에도 해양력이 중요했죠. 인류역사 전체가 그렇습니다. 20세기가 중반에 들어오면서부터 전 세계가 양대 질서로 다시 구축됐습니다. 이것을 우리는 보통 소비에트 중심의 공산주의와 미국 중심의 자본주의 질서로 이해하고 있거든요. 분명히 맞습니다. 그런 면이 있습니다. 하지만 그것은 일종의 화장술이죠, 외피죠. 그러한 이데올로기가 등장하기 이전에도 지구도, 역사도 있었습니다. 북방세력도 있었고 남방세력도 있었고, 대륙질서도 있었고 해양질서도 있었던 겁니다. 그러니까 그러한 역학관계 측면에서 보면 말 그대로 소비에트와 미국의 대결도 역사상에서 보게 되면, 그 이전인 칭기즈칸 때 성공했던 대륙질서와 이슬람 세력이 성공을 거두었던 해양질서의 대결과 똑같은 것입니다.

이런 대륙세력과 해양세력의 갈등구조가 이데올로기라는 외피를 쓴 채, 수십 년간 지속했던 겁니다. 그러다가 1991년도에 소비에트체제가 완전히 붕괴하면서 세계가 달라졌습니다. 미국이란 슈퍼파워를 중심으로 변해갔는데, 그 질서의 핵은 바로 해양입니다. 1994년도에 UN은 바로 해양도 영토라는 국제법을 소급해서 통과시켰습니다.

지금 바다는 영토입니다. 즉 해양영토라고 합니다. 그리고 이런 관점에서 볼 때 해양영토까지 포함하면 일본은 세계에서 다섯 번째로 넓은 영토대국이 됩니다. 일본은 해양영토의 대국이면서 완벽하게 우리를 삼태기처럼 포위하고 있는 것이죠. 그런데 우리나라의 수출물동량의 99.3%는 바다를 통해 국외로 나가고 있습니다. 이런 상황 속에서 해양능력의 약화라는 것은 우리의 목줄을 죄는 거나 마찬가집니다.

일본은 해양영토의 개념을 적용하면서, 동시에 EEZ, 즉 배타적 경제수역(Exclusive Economic Zone), 약 200해리까지는 자국의 영토라는 국제법을 적용하고 있습니다. 중국도 마찬가지입니다. 따라서 동아시아 지중해에서 일본과 우리, 우리와 중국, 중국과 일본 간에는 해양영토 분쟁이 일어나고, 그 연장 선상에 독도문제가 있습니다.

일본은 한 발짝 더더욱 나가서 어업직선기선제를 적용합니다. 해안선이 발달한 일본열도는 섬이 있으면 섬들의 끝과 끝을 연결해 직선으로 만들어 적어도 그 직선 내부만큼은 흔히 얘기하는 12해리 영해에 해당하는 정도까지 의미를 부여하는 정책을 취하고 있습니다. 세계가 이렇게 긴박하게 돌아가고 있어요.

대한민국 해양수산부에서 만든 어업협정수역도(2005.12.31 기준)를 바탕으로 제작된 지도.

영해는 연안으로부터 12해리인데 비해, 배타적 경제수역(Exclusive Economic Zone)은 200해리 범위 내의 수역이다. 한국과 일본의 배타적 경제수역이 겹치기 때문에, 1999년 동해상에 중간수역을 설정하였다. 이곳에서는 상대국의 국민과 어선에 대해 자국의 법령을 적용하지 않으며, 공동으로 어업자원을 보존·관리하게 되어 있다. 2001년에는 중국과의 어업협정을 통해 이와 유사한 개념의 잠정조치수역을 설정하였다.

이러한 국제질서와 역학적 관계에서 해양능력의 중요성은 매우 중요합니다. 21세기는 새로운 문명의 세기입니다. 이제는 과거의 문명이 아니라 신문명의 세기가 도래하는데, 그 신문명을 어떤 식으로 이끌어가야 할까. 거기는 논리도 필요하고 시스템도 필요한데, 궁극적인 목적은 인류 공동체의 실현이거든요. 공동체라는 것은 결국 무엇입니까? 만남과 화합의 실체이지요. 육지는 서로 만나기가 어렵고, 활발한 교류를 막습니다. 물길은 멀건, 가깝건, 직선이건, 곡선이건 어쨌든 다 연결합니다. 그래서 해양능력이 중요하다는 겁니다. 실질적인 면이나, 논리적인 면이나, 관념적인 면에서 해양문명은 바로 21세기 우리 인류가 지향할 수밖에 없는 조화와 합일, 즉 상생의 문명을 지향하고 있습니다.

상생이라는 단어와 개념은 우리 한국사에서, 한민족사에서 늘 맥맥히 이어왔습니다. 그런 의미에서 바로 이 동아시아의 해양문화, 한민족의 해양문화라는 인류가 지향해야 하는 그런 부분과 연관됩니다. 이 땅에서, 이 시대에, 특별한 사람들이 앞으로 인류를 위해서, 동아시아 안정을 위해서, 한민족의 발전을 위해서 논리를 추구하고, 새로운 사상을 만들어 가야 합니다. 그렇다면 거기에는 육지적 해석과 함께 바로 해양적 해석도 병행해야 한다는 겁니다. 그래서 제가 말했던 그대로 해륙사관, 해륙문명, 그리고 동아시아를 단순히 한반도 또는 바다가 아니라 동아지중해라고 보는 것이죠.

우리가 살아온 터는 동아지중해의 코어(Core), 동아지중해의 허브(Hub), 동아지중해의 심장(Heart)에 있습니다. 아무쪼록 이번 강의를 통해서 여러분은 해양문화의 중요성을 인식하고 해양능력을 강화시키는 데 큰 역할을 하는 분들이 되시기를 간곡히 바랍니다. 이제 6강에 걸친 '한민족의 해양활동과 대외진출사' 강의를 끝내겠습니다. 고맙습니다.

특강의 이해를 높이기 위한 윤명철 교수의 저서 및 논문목록

【저서】

1989 『일본기행-일본 속의 한국문화와 역사』(온누리)
1996 『동아지중해와 고대일본』(청노루)
2000 『바닷길은 문화의 고속도로였다』(사계절)
2000 『고구려 산성과 해양방어체제』(공저)
2002 『장보고 시대의 해양활동과 동아지중해』(학연)
2002 『한민족의 해양활동과 동아지중해』(학연)
2003 『고구려 해양사 연구』(사계절)
2003 『한국 해양사』(학연)
2004 『역사전쟁』(안그래픽스)
2004 『고구려는 우리의 미래다』(고래실)
2004 『고구려의 정신과 정책』(학연문화사)
2005 『광개토태왕과 한고려의 꿈』(삼성 경제연구소)
2006 『장수왕 장보고 그들에게 길을 묻다』(포름)
2011 『왜 장보고를 바다의 왕자라고 부를까?』(자음과 모음)

【논문】

1989 「海路를 통한 先史時代 韓日 양지역의 文化接觸可能性檢討」『韓國上古史學報』2, 한국상고사학회

1994 「高句麗 末期의 海洋活動과 東亞地中海의 秩序再編」『國史館論叢』第52輯, 국사편찬위원회

1995 「長壽王의 南進政策과 東亞地中海 力學關係」『고구려 남진경영연구』, 백산학회

1995 「高句麗發展期의 海洋活動能力에 대한 檢討(5~6세기를 중심으로)」『皐村 申延澈 敎授停年退任論叢』, 일월서각

1995 「海洋條件을 통해서 본 古代韓日關係史의 理解」『日本學』15, 동국대 일본학연구소

1997 「廣開土大王의 對外政策과 東亞地中海의 秩序再編」『廣開好太王碑 研究 100年』 2회 高句麗國際學術大會,『廣開土好太王碑 研究 100年』高句麗研究會

1997 「黃海의 地中海的 性格研究」『韓中文化交流와 南方海路』, 국학자료원

1998 「西海岸 一帶의 海洋歷史的 環境에 대한 檢討」『扶安 竹幕洞祭祀遺蹟 研究』국립전주박물관, 1998

1998 「古代 韓中(江南)海洋交流와 21世紀的 意味」『中韓人文科學硏究』3집, 中韓人文科 學硏究會, 1998

1998 「黃海文化圈의 形成과 海洋活動에 대한 연구」『先史와 古代』, 한국고대학회

1998 「渤海의 海洋活動과 東아시아의 秩序再編」『高句麗研究』, 학연문화사

1999 「江華지역의 해양방어체제연구-關彌城 位置와 관련하여」『사학연구』합집호

1999 「遼東지방의 해양방어체제연구」『정신문화연구』겨울호, 통권 77호

2000 「新羅下代의 해양활동 연구」『국사관논총』91집, 국사편찬위원회

2000 「고구려의 東亞地中海 모델과 21세기적 意味」『아시아文化研究』, 목포대학교 아시아문화연구소

2000 「범신라인들의 해상교류와 중국강남지역의 신라문화」『세기 아시아에 있어서의 신라의 허상』, 한국사학회

2001 「한강 고대 강변 방어체제 연구-한강하류지역을 중심으로-」『향토서울』61

2002 「광개토태왕의 군사작전에 대하여-수군을 중심으로-」『고구려연구회 학술총서』 3, 고구려연구회

2002 「제주도의 해양교류와 대외항로」『동국사학』 37, 동국대

2002 「후백제 시기 전주의 국제도시적 성격 검토」『후백제의 대외교류』, 전주역사박물관

2002 「고구려의 고조선 계승성에 관한 연구1」『고구려연구』 13, 고구려연구회

2002 「서복의 해상활동에 대한 연구-항로를 중심으로」『제주도연구』 21, 제주학회

2003 「장보고를 통해서 본 경제특구의 역사적 교훈과 가능성」『경제특구(남덕우편)』 삼성경제연구소

2003 「고구려와 수당전쟁에 대한 중국 東北工程의 시각」『고구려는 중국사, 중국의 논리는 무엇인가』, 고구려연구회

2003 「海洋史觀으로 본 한국 고대사의 발전과 종언」『한국사연구』 123호, 한국사연구

2004 「한국사 이해를 위한 몇 가지 제언」『한국사학사학회보』 9집, 한국사학사학회

2004 「동북공정의 배경과 21세기 동아시아 신질서의 구축」『단군학 연구』 10호, 단군학회

2004 「한국 고대사 연구의 반성과 대안」『단군학 연구』 11, 단군학회

2004 「한국의 고대문화 형성과 해양남방문화-소위 해양실크로드와의 관계를 중심으로」『국사관 논총』 106

2005 「동해문화권의 설정 검토」『동아시아 역사상과 우리문화의 형성』, 한국학중앙연구원 동북아고대사연구소

2006 「迎日灣의 해양환경과 岩刻畵 길의 관련성 검토」『韓國 岩刻畵研究』, 한국암각화학회

2006 「東아시아의 海洋空間에 관한 再認識과 活用-동아지중해모델을 중심으로」『동아시아 고대학』 14집, 동아시아 고대학회, 경인문화사

2008 「고구려 문화형성에 작용한 자연환경의 검토- '터와 多核(field & multi-core) 이론'을 통해서」『한민족』 4호

2008 「고구려 수도의 해륙적 성격」『백산학보』 80

2008 「渤海 유역의 역사문화와 동아시아 세계의 이해- '터(場, field) 이론'의 적용을 통해서」『동아시아 고대학』 17집

2008 「표류의 발생과 역사적인 역할에 대한 탐구」『동아시아 고대학』제18호, 동아시아 고대학회

2009 「백제 수도 한성의 해양적 연관성 검토」『위례문화』11·12합본호, 하남문화원

2009 「경주의 해항도시적 성격에 대한 검토」『동아시아 고대학』20집

2009 「해양사 연구의 방법론 검토와 제언」『해양문화학 학술대회』, 목포대학교 도서문화연구소

2009 「Maritime History and Ships in Korea(Based on the East Asian-Mediterranean-Sea Model)」『Of Ships and Men~in Asian Maritime History and Archaeology』Centre national de la recherche scientifique 中國社會科學院 考古所. 2009, 11,09~11

2010 「연해주 및 동해북부 항로에 대한 연구」『이사부와 동해』, 창간호, 한국 이사부학회.

2010 「서울지역의 강해도시적 성격 검토」『2010,동아시아 고대학회 학술발표대회』, 동아시아 고대학회, 2010. 06,05

2010 「백제의 역사 속에 함축된 해양문화적 요소」『교류 왕국, 백제의 발자취를 찾아서』, 2010, 세계대백제전 국제학술회의 , 2010. 09, 30

2010 「고조선 문화의 형성과 멸망에 작용한 해양적 질서」『한국 상고문화의 기원연구』, 북방문화사업단

2010 「울릉도 독도의 역사적 환경과 의미」『독도 학술 쎄미나』, 한국문화원 연합회

2010 「울산의 해항도시적 성격과 국제항로」『신라의 대외관계와 울산항』, 울산대 박물관, 한일 관계사학회